연대하는
여성신학

여성신학사상 제15집

연대하는 여성신학

2024년 4월 18일 처음 발행

엮은이 | 한국여성신학회
지은이 | 강호숙 구미정 김성희 김순영 김혜령
        박유미 백소영 이주아 최순양
펴낸이 | 김영호
펴낸곳 | 도서출판 동연
등 록 | 제1-1383호(1992. 6. 12.)
주 소 | (우 03962) 서울시 마포구 월드컵로 163-3
전 화 | (02) 335-2630
팩 스 | (02) 335-2640
이메일 | h-4321@daum.net / yh4321@gmail.com
인스타그램 | https://www.instagram.com/dongyeon_press

ISBN 978-89-6447-989-6 94230
     978-89-6447-578-2(세트)

- 여성신학사상 제15집 -

연대하는 여성신학

한국여성신학회 엮음

강호숙 구미정 김성희 김순영 김혜령
박유미 백소영 이주아 최순양 함께 씀

동연

| 책 을 펴 내 며 |

1985년에 출범한 한국여성신학회! 어느덧 29기(2022. 5~2024. 5) 임원단도 소임을 마치고 바통을 건네줄 시간을 맞았습니다. 전례 없는 비대면 시절을 오롯이 통과하며 어려운 조건, 낯선(온라인) 방식으로도 훌륭하게 학회를 이어왔던 전 임원단에게 건네받은 바통이기에, 떨어 뜨리지 않고 잘 들고 달려야 한다는 책임감이 컸습니다. 다른 조직이나 단체도 같은 상황이겠습니다만, 오랜 팬데믹 기간을 마치고 새롭게 얼 굴을 마주하게 되는 학회의 쇄신을 위해 무엇을 해야 할까 고민도 많았 습니다.

그중 한 가지 주력했던 것은 임원단과 회원 구성에서 스펙트럼을 넓 혀보자는 것이었습니다. 가부장적 제도의 견고함이 어느 학계보다 컸 던 신학계이기에, 그동안 학회 활동을 하며 편견과 싸우는 일은 주로 진보적 신학교에 소속된 여성신학자들의 몫이었습니다. 여성을 비롯 하여 소수자의 목소리를 대변하는 일은 교계는 물론 사회에서도 이슈화되기 쉬웠고, 누구보다 앞장서 목소리를 내었던 우리 학회에 대한 비판과 도전이 없지 않았습니다. 물론 우리의 행동에 잘못이 없었으나, 잘 버티고 이겨내기 위해 여성신학의 언어를 예리한 학문적 무기로 다듬는 과정에서 보수 교단에 속한 여성신학자들로부터 학회 진입 장벽이 높다는 피드백을 듣기도 했지요. 그러다가 총신대학교 여성 강사들의 해임 소식, 페미니즘을 '독학'으로 배우며 교단과 싸우고 있다는 당사자들의 이야기를 접하며 '문턱을 낮추는' 학회가 되었으면 좋겠다고 생각했습니다. 총신대학교에서 여성 리더십 강의를 했던 강호숙 박사님을 편집위원장으로 모시고, 편집위원의 신학적 성향에서 보수와 진보 신학자들을 같은 비율로 구성하게 된 것도 그런 까닭입니다. 학회 단위로 울타리를 가지고 페미니스트적 활동을 해보기는 처음이라 하시면서도, 임기 동안 열심을 다해주신 편집위원장님과 위원님들, 특히 박유미, 김순영 박사님께 더 큰 감사를 전합니다. 그리고 총무 진미리 박사님께도 크게 감사드립니다. 신학적 스펙트럼이 다른 편집위원들의 소통 속에 원고를 청탁하고 구성하는 과정에서 서로 성장하고 열매가 컸던 시간이었습니다. 그 결과물로 〈여성신학사상〉 제15집 『연대하는 여성신학』을 내어놓습니다. 옥고로 참여해주신 구미정, 김성희, 김혜령, 이주아, 최순양 박사님께도 감사함을 전합니다.

또한 29기 임원단은 일종의 교량적 역할을 정체성으로 삼았습니다. 기존 방식의 학회 유지가 인원 동원이나 실질적 효과를 가져오지 않는다는 인식을 공유하며, 3월 신진학자 발표회와 5월 학술제, 10월 기독교학회 지학회 가을 학술제, 12월 송년 학술제로 이어져 오던 네 번의 정기모임을 29기 회기 동안에는 3회로 줄였습니다. 다만 각 학술제의 특성과 강점을 살리기 위해 1월 신년 하례회 및 신진학제 학술제, 5월

정기학술제, 10월 공동학회로 구성하고 지난 2년간을 운영하였습니다. 2023년 1월에는 "함께 구상하는 한국여성신학 학회의 미래"라는 주제로 전·현직 회장과 새 임원단, 신구 회원들이 함께 모여 열띤 토론을 하였고 이를 문서화했습니다(학회 홈페이지 https://cafe.daum.net/ka-femtheo를 통해 다운로드 가능). 2024년 1월에는 교육위원회(위원장 이주아 박사)가 주관하여 "과거와 현재를 이어 미래를 여는 여성신학"이라는 주제로 그동안 발간되었던 사상집에서 여전히 유효한 핵심 의제들을 현재로 불러오고 이를 미래를 향해 걷는 지표로 삼는 시간을 가졌습니다. 2회의 5월 정기학술제, 10월 공동학회 학술제에서 귀한 발표를 해주신 회원님들께도 감사함을 전합니다. 무엇보다 차기 임원단을 이끌기 위해 힘을 비축하셔야 할 부회장님, 강희수 박사님께서는 이번 회기에도 온 힘을 다해주셨습니다. 성실한 회의록으로 우리 학회의 일들을 기록해주신 서기 한경미 박사님, 알뜰살뜰 예산을 똑 부러지게 운영해주신 회계 장양미 박사님께도 감사함을 전합니다.

이번 29기 임원단의 또 다른 특징은, 의도한 것은 아니었지만 회장을 제외한 모든 임원이 비전임 교원이거나 독립연구자였다는 사실입니다. 혹자에게는 불편할 수 있는 이 사실을 이렇게 발간사에서 명시적으로 언급하는 이유는 30기로, 그리고 다시 이어질 '한국여성신학' 학회가 약자들에게 더 무게를 얹는 방식으로 유지되지 않았으면 하는 바람 때문입니다. 개인 단위의 실적 경쟁과 대학 위기를 맞아 요구되는 조직 내 과도한 업무량 등을 모르는 바 아니지만, 우리 학회의 임원이 되어 2년을 꾸려가는 일을 고사하시는 전임 교원들의 사례를 접하면서, 저는 가장 큰 원인으로 우리 사상집이 등재(후보)지가 아니기 때문이라는 생각을 해보았습니다. 개인 업적 평가지표에서 전혀 유리함을 주지 않는 학회…. 만약 그러한 이유에서 불안정한 고용 상태의 비전임 교원이나 독립연구자가 우리 학회를 유지하고, 나아가 한국 신학계와 교계, 사회에서 맡은 책임을 이어가야 한다면, 이는 여성신학의 이율배반입니다. 하여, 보통의 발간사와는 다르게 무거운 마음으로 이 사상집을 펼치실 회원님들께 간곡하게 부탁드립니다. 한국여성신학회에 시간과 에너지, 물질과 연구의 몫을 내어주십시오. 하나님 나라의 통치 질서가, 교회의 사는 원리가 우리 학회 안에서도 실재하기를 희망합니다. 그런 의미에서 이번 사상집의 제목이 참 좋다고 생각해봅니다. '연대', 이제는 개인 역량 면에서 부족함이 없는 한국의 여성신학자들이 연대하는 학문의 장이 바로 한국여성신학회가 되기를 소망합니다.

29기 한국여성신학회

회장 백소영

하나님 가족으로서의 '마주 봄'과 균형, 치유와 공존 그리고 생명 돌봄과 평화를 지향하는 연대

〈여성신학사상〉 15집 『연대하는 여성신학』은 '진보의 기독 여성주의'와 '보수의 기독 여성주의'의 연대로부터 시작하였다. 9명의 저자들은 '왜 기독교 페미니스트가 되었는지' 그리고 '연대한다는 게 무얼 의미하는가?'라는 물음으로, '성경', '담론', '젠더 이슈'의 세 가지 영역에서 글을 쓰게 되었다. 마침 〈여성신학사상〉 15집이 4월에 나올 수 있게 되어 뜻깊다. 3월이 긴 겨울의 꽁꽁 얼어붙은 '닫힘'을 뚫고 나와 생명의 씨앗을 '제각기' 품어내는 계절이라면, 4월은 연두색 잎을 낸 나무들과 꽃들이 '마주 봄'으로 함께 어우러져 생명의 활기와 다채로움을 선사하는 '연대'의 계절이니까!

김순영의 "호세아 1-3장 드라마의 젠더 역전과 하나님 사랑"은 호세아 1-3장의 결혼과 음행 은유의 해석 방향을 호세아의 자리에서 고멜의 자리로 이동하는 재탐색으로서, 페미니즘 비평을 느슨하게 적용한 글이다. 이로써 남성과 여성을 대립시키는 이분법의 논리와 지배와 종속의 위계적인 관계의 퇴행을 넘어, 하나님의 결혼 언약이 동반자적인 관계의 이상을 수립하고 우주적인 회복으로 확장됨을 제시한다.

박유미의 "딸을 위한 어머니는 없었다"는 구약 속 딸들이 곤란을 겪는 사건에서 가부장제 문화의 영향으로 어머니가 부재한다는 것을 발견하고, '곤란한 아들을 적극적으로 돕는 어머니 이야기' 연구를 통해, 아들을 돕는 것처럼 교회 안에 여성을 위한 연대와 보호가 있을 때 여성의 인권이 향상되고 교회의 일원으로 동등하게 인정받고 당당히 살아갈 수 있음을 보여준다.

김성희의 "생태 여성 선지자, 마리아가 부르는 생명의 노래"는 환경 및 여성, 지구의 다양한 문제가 함께 얽혀 있음을 인지하고, 이를 위한 해결의 출발점을 자연과 여성을 포함한 약자들의 시각에서 성서를 읽고, 가족공동체로서의 지구 치유와 생태계 구성원들의 구원을 지향하는 '생태 여성학적 성서 해석학'에서 찾는다. 특히, '마리아의 노래'(눅 1:46-55)를 통해 인간의 죄를 고발할 뿐 아니라, 지구의 치유와 함께 새 창조의 생태적 비전을 꿈꾼다.

백소영의 "'기독 여성주의'는 교회 담론이 될 가능성이 있는가?"는 '기독 여성주의'가 한국교회 내부에서 하나의 '담론(discourse)'으로 자리 잡지 못한 이유로서, 권력 선점 주체들의 '우선성 이데올로기', 기독교와 한국 문화 양쪽에서 근본주의적 계보학을 수렴한 한국교회의 배제 정치, 기독교 유입 초기 봉건화와 낭만화의 가부장제 함정에 빠진 개신교 여성 담론의 한계였음을 지적한다. 이에 기독 여성주의의 두 원칙인 '살아내라'라는 존재적 명령과 '살려내라'라는 구원 명령이 '교회 담론'이 될 수 있다는 가능성을 모색한다.

최순양의 "낙인찍힌 죄에 대한 해체: 해체주의적 관점에서 바라본 죄론"은 민중신학에서 말하는 죄 이해와 여성을 해방한다는 의미 안에 내포된 언어적 이분법과 차별적 요소를 해체함으로써, 여성들을 죄인의 위치에 놓으면 안 된다고 제안한다. 특히 포스트 식민 여성운동가 가야트리 스피박(Gayatri Spivak)과 젠더 이분법을 해체한 주디스 버틀러(Judith Butler)의 이론을 빌려와, 성매매 여성들의 사례를 통해 언어에 담긴 선입견과 차별을 극복하여 여성의 서열화를 없애는 것이 여성 해방을 위한 중요한 과제임을 밝힌다.

구미정의 "종전선언과 반공기독교 성찰: 황석영의 『손님』을 중심으로"는 2020년 문재인 전 대통령이 유엔 총회에서 제안한 '종전선언'의 의미와 가치를 되짚는다. '뒤틀린 해방체제'를 극복함으로써 한반도에 영구 평화를 실현하려는 꿈은 한민족의 오랜 염원이지만 현실에서는 힘을 못 쓰는 경우가 많다. 해서 이글은 기독교가 반공주의와의 친연성을 드러내며 '평화'와 '통일'에 미온적인 이유를 검토하되, 황석영의 소설 『손님』을 중심으로 이야기를 풀어나간다. 이로써 '두려움의 정치화'를 넘어 타자를 환대하는 평화 생태계 구축을 위한 방도를 모색한다.

강호숙의 "보수기독교 내 젠더 문제를 푸는 코드, 성경적 페미니즘: 젠더 정체성, 성폭력, 이혼을 중심으로"는 현대 사회에서 페미니즘과 젠더는 성경을 읽어내는 '필수 코드'이기에, 보수기독교 내 여성의 주체적 성경 읽기와 젠더의 만남으로써 '성경적 페미니즘'의 필요성을 강조한다. 구체적으로 슬로브핫의 딸들(수 27:12-11), 레위인 첩 사건(삿 19-12장), 사마리아 여자(요 4:3-30)의 세 본문에 대한 성경적 페미니즘 해석을 통해, 보수 기독교 내에서 '젠더 정체성', '성폭력', '결혼과 이혼'의 젠더 문제를 어떻게 풀어나가야 할지 실천 과제를 제시한다.

김혜령의 "여성주의 기독교 윤리학의 재생산권 변증: 인공임신중절의 전면적 허용을 중심으로"는 엄마가 되거나 아니면 살인자가 되어야 하는 양자택일 앞에 선 기독교 여성들을 위한 안내의 글이다. 특히 기독교 여성이 직면한 임신 중지의 딜레마를 어떻게 이해해야 할 것인지 그리고 '자기 결정권'이라는 기독교 밖 페미니즘의 논리로 설명될 수 없는 기독교 여성의 죄책감에 대하여 여성주의 기독교 윤리학의 입장에서 "신학적"인 답을 건넨다.

이주아의 "질문하기: 기독교의 정상 가족 이데올로기와 생물학적 모성 담론은 유일한 하나님의 질서이자 인간의 소명인가?"는 기독교 공동체가 정상 가족 이데올로기와 생물학적 모성 담론을 성서와 기독교 전통에 비추어 보고, 이를 다시 재개념화하기 위한 질문을 던진다. 아울러 변화하는 시대 속에서 하나님의 뜻으로서의 돌봄 모성이 새롭게 제시되어 다양한 삶의 양태를 담아냄과 동시에 새로운 하나님의 큰 가족으로 거듭나기 위해 근거 없는 수치심이나 죄책감을 공동체 내에서 제거하는 것이 필요하다고 지적한다.

'연대하자'라는 말은 쉬우나 실제로 이뤄지긴 매우 어렵다. 연대하려다 도리어 관점 차이만 깊어지고 관계가 깨지는 경우가 수없이 많으니까 말이다. 그렇지만 산책길에서 수많은 개미가 자신들보다 몇십 배, 혹은 몇백 배가 되는 먹잇감을 나르기 위해 힘을 합쳐 연대하는 모습을 보노라면, 우리에게 왜 '연대'가 절실한지 깨닫게 된다. 그리하여 여성신학은 "연대 없이 희망 없다"라는 결기로 처음으로 '진보와 보수의 연대'로 발걸음을 딛는다. 아홉 편의 글 속에서 저자들은 진보와 보수를 뛰어넘어, 젊은 세대와 기성세대의 연대, 여성과 남성의 연대, 궁극적으론 하나님 가족으로서의 생명 돌봄과 균형, 정의와 아름다움, 치유와 공존 그리고 '마주 봄'과 평화를 갈망하고 있다. 분열과 혐오가 판치는 메마르고 불온한 시절에, 이 책이 독자들에게 '연대'의 절실함과 따뜻한 혜안을 주는 이정표가 될 수 있기를 바란다.

29기 한국여성신학회

편집위원장 강호숙

| 차 례 |

3부 _ 젠더: 소외와 딜레마 속에서 피어난 치유와 돌봄 모성

| 1부 |

성 서

· ·

꽃
잎
처
럼 흩
날
리
며 삶
을 짓
다

김순영 | 호세아 1-3장 드라마의 젠더 역전과 하나님 사랑
박유미 | 딸을 위한 어머니는 없었다
김성희 | 생태여성 선지자, 마리아가 부르는 생명의 노래(눅 1:46-55)

호세아 1-3장 드라마의
젠더 역전과 하나님 사랑*

김순영 | 미주장로회신학대학교, 구약학

I. 들어가는 말: 불균형을 넘어 협상과 공존으로

무엇이 나를 기독교 페미니스트가 되게 했나. 불균형에 대한 자각이다. 신학을 하겠다고 10년 동안 제도권 교육의 틀에서 학생 신분으로 공부하고, 10년 조금 넘게 구약성서와 신학을 가르치는 강사와 연구자의 삶을 살아내고 있다. 어느새 중년이 되어 돌아보니 내가 위치했던 교회와 신학의 세계에서 '균형'이라는 아름다움이 존재하지 않음을 자각했다. 내가 선 곳은 언제나 한쪽으로 치우쳐 있었다. 안타깝게도 신앙과 함께 '신학 하기'의 영역에서 나의 '위치성'을 냉정하게 관찰하기 전까지 '여성신학(feminism theology)'이라는 세계에 무지했다. 내가 여

---

* 이 글은 "페미니즘 관점으로 읽는 호세아서 1-3장"이라는 제목으로 「구약논단」 85(2022), 43-71에 게재된 논문을 조금 수정한 것이다. 가독성을 높이기 위해 약간의 첨삭을 했지만 판단은 독자의 몫이다.

성임에도.

여성신학 하기는 성서 본문 연구와 밀접하게 연결된다. 나는 구약성서 '본문' 메시지의 중요성만큼이나 본문 자체에 깃든 예술적인 형식의 아름다움을 발견하려고 분투하는 연구자다. 그런데 본문의 '아름다움'에는 중요한 조건이 있다. 균형이다. 성서 본문에는 일관된 신학적 흐름, 곧 언약과 구원, 역사와 예언이라는 큰 주제가 거대한 강물처럼 굽이쳐 흐르지만, 동시에 일상의 다양한 문제를 말하는 지혜자의 목소리와 시인의 언어가 어우러져 다른 색깔의 목소리를 낸다. 지혜 본문들은 '다름'이라는 어색함과 모호함을 가미하여 혼란과 긴장감을 낳기도 하지만, 거기서 새로운 의미들이 솟구치기도 한다. 이처럼 여성신학 하기는 균형과 긴장의 절묘한 외줄 타기다. 즉 그동안의 익숙함과 결별하고 긴장과 균형 속에서 새로운 의미와 아름다움을 확장하는 일이다. 예컨대, 팽팽한 긴장이 감도는 토론 자리에서도 언어의 균형 감각이 얼음장 같던 마음을 녹여주고 조화로운 공존과 맞바꾸는 힘을 가지듯 조화와 균형은 아름다움의 다른 이름이다. 무엇보다 '진리'와 '착함'만큼 '아름다움'이라는 심미적 판단은 하나님의 창조에서도 발견된다(창 1:4, 10, 12, 18, 21, 25, 31; 참조. 호 10:11, '토브'). 그러나 '신학 하기'에서 진(眞)과 선(善)은 환호받았으나 '미'는 부차적인 것으로 여겨졌듯 '신학'과 '해석'의 영토에서 여성의 시선은 부차적이거나 지워져 있기 일쑤였다. 그 대표적인 예가 호세아서 1-3장에 그려진 예언 드라마다. 따라서 이 글은 그동안 호세아서 전체 구성의 핵심으로 여기고 연구와 비평의 중심이었던 결혼 은유에서 호세아 예언자에게만 감정이입을 시도했던 해석 방향성에 대한 재고다.[1] 1-3장은 수 세기에 걸쳐 해석상 어려움이 많았던 만큼 다양한 해석이 쏟아져 나왔다.[2] 그러나 1-3장의 호세아와 고멜 사이의 결혼과 파경 이야기에서 독자들은 주로 호세아 예언자에게만 몰입하면서 1-3장을 해석해왔다. 이런 이유로 이 글은 호세아의 아내로 등장하지만, 잘 들리지 않는 고멜의 목소리에 관심을 가져보자는 재탐색이다. 이를 위해 남편이 아내를 통제하는 가부장의 위기를 드러내는 페미니즘 비평을 느슨하게 적용했다. 누군가는 많고 많은 해석 방법론 중에 왜 페미니즘이냐고 질문할 수도 있겠다. 그러나 게일 이 (Gale A. Yee)가 말한 대로 호세아서가 페미니스트 성서학자들 사이에서 가장 많이 연구된 작품이라고 하지만,[3] 페미니즘 관점을 적용한 해석이 교회에서 새로운 바람이나 동조 현상을 일으키지 못했다. 도리어 최근 한국 사회는 '여성 상위시대'라든지 '남성 역차별'이라는 말을 생산하고 유통하면서 계층적인 구조적 차별을 젠더 문제로 치환시켜 페미니즘을 무력화하는 움직임까지 거셌다. 더군다나 페미니즘은 유달리 교회에서 원만한 관계를 불편하게 만드는 불온한 사상이나 운동으

---

1 호세아서 결혼 은유에 대한 다양한 비평적 연구물 소개는 박경식, "호세아서의 결혼비유에 담긴 사회정치학적 수사학 연구,"「구약논단」68(2018), 62-92의 각주 1번을 참고하라. 호세아와 고멜 관계에 대한 다양한 해석들에 대한 요약은 Michael P. V. Barrett, *Love Divine and Unfailing: The Gospel According to Hosea* (New Jersey: P&R Publishing, 2008), 74-91을 보라. '하나님은 남편이다'라는 은유와 관련한 수용사와 해석에 대한 요약은 Tchavdar S. Hadjiev, "(Not) Her Husband": Hosea's God and Ricoeur's Hermeneutics of Suspicion and Trust," *Religions* 13(2) 163(2022), 1-11을 보라.

2 호세아 수용사에서 논쟁과 해석에 대한 어려움들을 일곱 가지로 정리한 논문, Bradford A. Anderson, "Family Dynamics, Fertility Cults, and Feminist Critiques: The Reception of Hosea 1-3 through the Centuries," *Religions* 12(9)(2021), 1-20을 참고하라.

3 Gale A. Yee, "호세아,"『여성들을 위한 성서주석』, 캐롤 A. 뉴섬 외 엮음, 이화성서신학연구소 옮김(서울: 대한기독교서회, 2015), 515. 게일 이(Gale A. Yee)는 중국계 미국인으로서 아시아계 미국인 관점에서 성서 해석에 대한 글을 썼고, 탈식민주의 비평과 이데올로기 비평 및 문화 비평에 관심을 두고, 성서 본문에 여성주의적인 틀을 적용한다.

로 취급당하고 있다.

페미니즘은 1970년대 이후 하나의 해석학으로 출현한 이후[4] 수많은 찬성과 반대의 세월을 통과했다. 대표적으로 다나 놀란 퓨엘(Danna Nolan Fewell)은 페미니즘이 "본문성과 섹슈얼리티, 장르와 젠더, 심리적 성 정체성과 문화적인 권위 사이의 연관성을 은폐했던 위장된 질문들과 답변을 해독하고 비신화화하기"를 원한다고 밝혔다.[5] 정희진은 페미니즘을 "문명과 함께 시작된 기울어진 운동장에서 협상과 공존을 위한 사상"으로 정리했다.[6] 이러한 정의는 페미니즘이 인문학을 비롯해 과학의 모든 분야로 점차 침투하고 있는 일반 학문 영역이라는 사실에 근거한다.[7] 이렇듯 페미니즘은 단순히 남녀 대립 구도가 아니라 여성을 더 많이 포함하는 이상이다.[8] 그리고 운동장의 기울기가 제각각인 것처럼 다양한 페미니즘이 존재하며, 페미니즘 비평도 단일한 성격

---

4 이 논문에서 해석학적인 방법론으로서 페미니즘 비평 이론 소개는 생략하겠다. 구약과 신약 본문의 페미니즘 비평의 개괄적인 요약은 Christl M. Maier, "Feminist Interpretation of the Prophets," Carolyn J. Sharp, ed., *The Oxford Handbook of the Prophets* (New York: Oxford University Press, 2016)를 참고하라.

5 Danna Nolan Fewell, "Reading the Bible Ideologically: Feminist Criticism," in *To Each Its Own Meaning: An Introduction to Biblical Criticism and Their Application* (Louisville: Westminster John Knox, 1999), 268. 다나 퓨엘(Danna Fewell)은 산드라 길버트(Sandra M. Gilbert)의 말을 인용하면서 페미니즘 비평을 이데올로기적인 성서 읽기로 제시한다. 그리고 은유와 함께 페미니스트 해석과 성경해석학의 이론적 근거는 Claudia V. Camp, "Metaphor in Feminist Biblical Interpretation: Theoretical Perspectives," *Semeia* 61(1993), 1-35를 참고하라.

6 이 문장은 여성학자 정희진이 여성의 날을 기념하여 기고한 글(2022년 3월 8일자「한겨레」)에서 따왔다.

7 Fewell, "Reading the Bible Ideologically: Feminist Criticism," 268-269.

8 리베카 솔닛, 『남자들은 자꾸 나를 가르치려 든다』, 김명남 옮김(서울: 창비, 2015). 여성 인권 운동가 리베카 솔닛(Rebecca Solnit)은 페미니즘의 목표를 남성 배제가 아니라 여성을 더 많이 포함하는 것이라고 말한다.

으로 규정되지 않는다.

이 맥락에서 여성을 성적으로 대상화하는 고대사회 문화를 반영한 호세아서 1-3장의 서사와 시에 나타난 젠더 불균형적인 묘사를 재고하려고 한다. 즉 호세아 1-3장의 드라마 같은 구성과 토대 위에서 우리 시대의 사회문화적인 맥락을 고려하여 본문의 또 다른 의미를 찾기 위한 시도다. 이는 본문이 처음 생산된 삶의 자리를 독자가 인식할지라도 신학은 고정되지 않고, 독자의 시대에서 새롭게 재탄생한다는 점을 고려한 것이다. 이것은 또한 몸과 정신, 이성과 감성, 자아와 타자, 남성과 여성을 대립시키는 이분법의 논리를 넘어서는 발돋움이다. 즉, 페미니즘 관점이 남성중심적인 해석과 양립 불가하다고 말하며 대척점에 서려는 것이 아니다. 기독교 페미니즘에 중대한 영향을 끼친 필리스 트리블(Phyllis Trible)이 그녀의 책 『하나님과 성의 수사학』(*God and Rhetoric of Sexuality*)에서 말한 것처럼 성서와 세상 사이의 모든 상호작용을 위한 것이며, 성서 자체의 내적인 역동성을 반영하는 작업이다.[9] 이를 달성하기 위해 해석자는 본문의 단어, 구문, 단락의 관계뿐만 아니라 독특한 표현이나 색다른 구성적 기술과 예술을 꼼꼼하게 살펴야 한다. 이러한 읽기 과정에서 호세아서 본문의 어떤 목소리는 확실하지만 어떤 목소리는 불안정하고 모호하다. 이것은 언제나 확정적이고 교조적인 진리에 익숙한 신앙의 독자를 불편하게 만들지 모른다. 마찬가지로 페미니즘 비평을 적용한 해석의 불확정성과 불안정성도 불편할 수 있다. 그러나 시와 산문의 세계를 넘나드는 호세아서 본문의 확정적이지

---

9 필리스 트리블, "하나님과 성의 수사학," 유연희 옮김, 「한국여성신학」 26(1996), 8-28. 같은 역자에 의해 단행본으로 출판된 『하나님과 성의 수사학』(서울: 태초, 1996)을 참고하라.

않고 유동적인 의미들을 인정한다면, 페미니즘 비평을 적용한 읽기는 전통과 기득권의 경계를 넘어 성서 본문과 세상을 연결하는 고리로서 더 폭넓은 의미의 세계로 안내할 것이다.

II. 호세아서 1-3장의 드라마적 구성과 개요

호세아서 1-3장은 결혼 은유와 음란 모티프 색채가 뚜렷하다. 1-3장에 그려진 호세아와 고멜의 결혼 이야기는 현대 독자들에게 다소 불편하고 충격적인 드라마로 읽힐 수 있다. 그러나 이 드라마의 이면은 하나님과 북이스라엘의 관계를 육감적인 은유로 표현한 것이다. 한마디로 1-3장은 호세아와 고멜의 결혼(내러티브)-이혼(시)-재혼(내러티브) 과정을 통해 하나님과 이스라엘 사이의 깨진 언약을 갱신하는 회복의 예언 드라마다. 그러나 주요 등장인물인 고멜과 이스라엘/호세아와 하나님 역할이 교차하는 모호한 구성은 독자를 혼란스럽게 한다. 먼저 1장의 내러티브 본문은 음란한 여자로 소개되는 고멜과 호세아의 결혼 그리고 태생적으로 어머니의 음란함을 물려받은 것처럼 묘사한 세 자녀 출생과 작명 이야기다. 이때 자녀들의 이름은 이스라엘 운명의 전조로 기능한다.

2장은[10] 호세아 예언자와 하나님 목소리의 경계가 가장 명확하지 않은 본문이다. 하나님과 호세아의 목소리가 교차하면서, 이스라엘과 하

---

10 히브리어 맛소라 본문 1장은 9절로 끝난다. 이 때문에 현대 역본들의 1장 10절은 맛소라 본문의 2장 1절이다. 따라서 히브리어 본문과 현대 역본에서 두 절 차이가 난다. 이 글에서는 현대 역본의 장절 구분을 따르되 히브리어 본문의 장절을 대괄호로 표시했다.

나님 사이의 언약 파기는 호세아와 고멜의 파국적인 결혼에 비유되고, 고멜은 풍요를 추구하며 가나안 신들을 숭배하는 북이스라엘의 상징적인 존재다. 그리고 2장은 시 형식으로 구성된 드라마로서 크게 두 단락으로 구분하여 읽을 수 있다. 전반부(2:2-13[4-15])는 자극적인 언어로 아내의 음행을 고발하면서 결혼의 종말을 다루지만, 후반부(2:14-23[16-25])는 완전히 다른 분위기로 역전되면서 수치를 무릅쓴 하나님의 집요한 사랑을 그려낸다. 3장은 다섯 절의 짧은 본문이지만, 1장처럼 다시 내러티브 형식으로 전환된다. 3장은 호세아-고멜 이야기(3:1-3)와 이스라엘 후손들 이야기(3:4-5)를 하나의 이야기로 통합한다. 이는 호세아의 재결합 계획과 실행이 이스라엘의 음행을 용서하고 회복하는 하나님 사랑의 핵심 서사임을 보여준 것이다.

III. 호세아-고멜의 결혼과 해석의 유동성

호세아와 고멜의 결혼은 실제 있었던 이야기일까? 많은 이가 의문을 품었다. 전통적으로 호세아와 고멜의 결혼은 실제가 아니라 호세아의 환상 경험 또는 일종의 비유, 풍유, 은유로서 '상징 행위 보도(symbolic actions report)'로 해석되었다.11 다시 말해 이것은 예언 문학 장르

---

11 예언 문학 장르의 스무 가지 정도에 이르는 다양한 특징에 대한 설명은 마빈 A. 스위니, 『예언서』, 홍국평 옮김(서울: 대한기독교서회, 2015), 47-57을 보라. 이러한 "상징 행위" 관점에 대한 논의는 현창학, "소선지서 연구 (1): 호세아서," 『신학정론』 29(2011), 43-72를 참고하라. 현창학은 예언자의 결혼을 이스라엘의 배신을 꾸짖는 상징 행동으로 표현했고, 호세아서가 반역하는 인간을 향한 하나님의 아프고 깊은 사랑을 비범한 방식으로 보여준 책이라고 정리한다. 이것은 W. D. Stacey, *Prophetic Drama in the*

의 여러 특징 중 하나로서 역사 기록에 초점을 둔 것이 아니라 상징적인 사건이자 예언적인 드라마이기에 호세아의 결혼이 사실에 근거한 실제 이야기인지 아닌지는 중요하지 않다는 뜻이다.[12] 실제로 호세아서는 호세아 개인의 일생을 기록한 전기가 아니다.

반면에 고멜과 호세아의 결혼을 실제 사건으로 보고, 고멜이 어떤 여성인지 다양한 의견들이 오갔다. 예컨대, 고멜이 거리의 창녀인지 신전의 제의 창녀(cultic prostitute)인지[13] 아니면 호세아와 결혼 당시 신실했으나 이후 다른 남자와 불륜 행각을 벌인 것인지 엇갈렸다.[14] 반면에 직업적인 창녀나 불륜 이야기가 아니라는 주장도 있다. 왜냐하면 고멜을 '음란한 여자(אֵשֶׁת זְנוּנִים/에쉣-제누님)'로 표현할 때, '음란'으로 번역된 '제누님(זְנוּנִים)'이 실제 매춘 행위보다는 종교적인 배도에 대한 상징적인 의미로도 해석되기 때문이다.[15] 이런 점에서 언어의 상징성을

Old Testament (London: Epworth, 1990)에서 먼저 제시한 설명이다. 이 책은 2018년 Wipf and Stock 출판사에서 재발행되었다. 최근 Robin Routledge, "Hosea's Marriage Reconsidered," *Tyndale Bulletin* 69.1(2018), 25-42에서도 이 관점을 이어간다.

12 예컨대 이사야 예언자가 벌거벗은 채로 예루살렘 성 바깥 둘레를 걷거나(사20장), 예레미야가 등에 멍에를 메고 예루살렘 성을 도는 상징적 행위는 유다 왕국에게 바벨론에 굴복하라는 하나님의 메시지를 전달하는 방법이었다(렘 27-28장). 에스겔 역시 왼편으로 390일을, 오른편으로 40일을 누워 있는 것은 이스라엘과 유다의 죄를 짊어진 상징적인 행동이었으며 상징 행동 자체가 예루살렘 멸망에 대한 긴박한 메시지였다(겔 4:1-5:7).

13 가나안 제의 배경에서 '신전 창녀'(קְדֵשָׁה/케데샤, 창 38:21; 참고. 왕상 14:24) 용어가 별도로 존재했기 때문에 음란, 음행, 매춘(호 1:2)으로 번역되는 복수명사 제누님(זְנוּנִים)을 신전 창녀로 단정하기 어렵다.

14 Francis I. Andersen et al., *Hosea* (The Anchor Yale Bible Commentaries; London: Yale University Press, 1996), 115-172.

15 Hans Walter Wolff, *Hosea: A Commentary on the Book of the Prophet* (Hermeneia; Minneapolis: Fortress, 1988), 14, 60.

무시하고 고멜의 파행적인 일탈 이미지만 강조한다면, 본문은 여성의 정결 이데올로기를 강화하는 메시지로 소비될 뿐이다.

그러나 1-3장의 결혼과 음행 은유는 예언자의 삶을 형성한 특정 시대와 분리할 수 없다. 이 때문에 이(Yee)는 현대 독자의 관점에서 신학적인 문제를 지적했다. 즉, 호세아가 남편 은유를 사용하여 하나님을 배신한 이스라엘에게 음란한 아내라는 부정적인 여성 이미지를 덧씌웠을 뿐만 아니라, 여성이 남성에게 종속된 시대를 반영한 조건 지워진 관계가 자연스럽게 호세아 신학에 깊은 영향을 주었다는 것이다.[16] 이는 하나님의 정당한 형벌이 남편이 아내에게 가하는 신체적인 폭력 묘사로 제시되었다는 것이다. 임효명 역시 결혼을 상징의 도구로 사용해서 이스라엘과 하나님 관계를 외설적이고 폭력적이며 여성 혐오적인 언어로 묘사한 구약 본문들에 관심을 가졌다(렘 3장; 사 50:1-2; 겔 16장, 23장).[17] 이 본문들에서 남편은 사랑에 상처받고 명예 잃은 피해자처럼 해석되어 남편의 분노와 폭력적인 행위가 정당화되는 오해를 불러올 수 있다.

이처럼 하나님과 이스라엘의 관계가 외설적이고 폭력적이고 여성 혐오적인 언어로 고착되면, 현대 독자에게 충격을 주는 것은 말할 것도 없고 예상치 못한 결과를 가져올 수 있다. 이를테면, 20세기 여성 인권 운동이 시작된 이후 뜻밖에도 21세기 한국의 사회정치적인 역학관계

---

16 이, "호세아," 515.
17 폭력적이고 여성 혐오적인 언어와 관련된 많은 연구가 이미 진행되었다. 에스겔 16장에 주목한 임효명, "에스겔 16장의 폭력적 야웨 상과 상징의 재고," 「구약논단」 72(2019), 91-117을 참고하라. 이스라엘과 야웨의 결혼 관계 속에서 이스라엘의 배신-하나님의 징계-회복이 어떻게 진행되는지, 그리고 상징적 이야기의 기능과 문제점 및 유효성을 함께 다뤘다.

속에서 여성 혐오 현상이 증폭된 것처럼, 독자는 호세아서 1-3장의 결혼 은유 본문에 공감할 수도 있지만, 냉담하거나 적대적일 수 있다. 예컨대, 최근 구글·네이버·카카오 번역기가 여성우월주의를 '페미니즘(feminism)'으로 오역하여 페미니즘에 대한 편견과 성차별 정보를 학습한 것으로 드러났다.[18] 이러한 사회적 격랑 속에서 독자들은 본문이 생산된 그때와 지금의 유사함과 다름을 인식하고 과거로부터 현재를 이해하고 재적용해야 하는 부지런함을 포기해선 안 된다.

특히 2장의 시형 본문은 결혼 언약을 위반한 이스라엘과 고멜을 향한 형벌 예고다. 이 본문에 대해 크리스틀 마이어(Christl Maier)는 이스라엘에 대한 폭력적인 보복 예언이 여성의 성적인 표현을 공개적으로 수치스럽게 묘사하고 있다는 것과 여성의 성이 남성의 통제와 소유의 대상으로 정의된 것을 지적했다.[19] 마찬가지로 앤드류 디어만(J. Andrew Dearman)은 1-3장에서 다양한 젠더 이미지와 은유를 통해 이스라엘의 성격과 정체성 측면들을 살피면서 유감스럽게 여성의 성과 관련된 모든 것, 즉 여성의 '섹슈얼리티(sexuality)'[20]를 외설적이고 혐오스러운

---

18 이는 인공지능이 학습하는 한국어 문장에 반여성주의적 표현이 상당수라는 뜻이다. 또한 여성우월주의와 페미니즘을 혼용하여 도출하는 번역 현상은 페미니즘 개념이 오염됐다는 뜻이기도 하다. 이것은 영어권 사회에서 'feminism'을 여성운동이나 사회이론(마르크스주의, 젠더, 퀴어 등)과 역사를 지칭하는 운동의 맥락으로 사용하는 것과 다르다는 뜻이다. 이러한 현상은 지윤주, "웹 코퍼스를 활용한 신경망 기계번역의 안티-페미니즘(Anti-feminism) 현상 연구," 「번역학연구」 22(5)(2021), 299-326에서 논의되었다.

19 Christl Maier, "Feminist Interpretation of the Prophets," Carolyn J. Sharp ed., *The Oxford Handbook of the Prophets*, 5. 마이어는 1985년 드보라 세텔(T. Deborah Setel)에 의해 호세아 2장이 폭력적이고 보복적인 예언 묘사라고 처음으로 명명됐음을 밝혔다.

20 섹슈얼리티(sexuality)는 19세기 이후 성적인 것 전체를 가리키는 용어가 되었다. 성

것으로 받아들이는 것에 대해 논했다.[21] 다시 말해 섹슈얼리티에 대한 고정관념을 해석에 투영하면, 호세아 1-3장이 자칫 여성 전체를 부정적으로 특성화하는 반면, 남성의 위엄을 강화하게 된다는 뜻이다. 이런 점에서 최근 페미니스트 학자들은 호세아서의 결혼 은유에 대해 "남성성을 미화하고 여성에 대한 젠더 기반 폭력을 정상화하기 때문에 이 은유의 문제적 성격을 강조했다."[22] 이처럼 페미니즘 관점을 호세아서 본문에 적용하면, 언약 파트너 이스라엘을 향한 하나님의 분노와 사랑은 왜 여성이 부정당하는 방식인지 질문하지 않을 수 없게 된다. 따라서 이후 논의는 1-3장의 드라마 구성의 결을 따라 그 함의를 찾는 과정이 된다.

적인 욕망, 심리, 이데올로기, 제도나 관습에 의해 규정되는 사회적인 요소들까지 포함하는 개념이다. 따라서 이것은 철학적 의미부터 정치 담론에 이르기까지 다양한 영역에서 논의되었다. 이는 성(性)이 생물학적인 것이 아니라 삶의 방향을 근원부터 규정한다는 문화적·사회적인 현상으로 이해되기 때문이다. 근대 이후 이 문제에 대한 철저한 고찰은 미셸 푸코, 『성의 역사: 지식의 의지』, 이규현 옮김(서울: 나남, 2020)을 보라.

21 J. Andrew Dearman, *The Book of Hosea* (The New International Commentary on the Old Testament; Grand Rapids: Eerdmans, 2010), 87.

22 Hadjiev, "(Not) Her Husband," 1. 하지예프는 교부시대부터 20세기에 이르기까지 경건한 예언자가 평판 나쁜 여자와 결혼한 것을 안타까워하는 해석자들의 시선을 짧게 정리했다.

IV. 남편의 명예와 아내의 수치에 대한 비판적 고찰

1. 호세아는 불행한 결혼의 피해자?

하나님은 호세아에게, '음란한 여자'와 결혼하여 '음란한 자녀'를 낳으라고 명령하셨다(1:2). 옛 주석가들 중 일부는 예언자에게 음란한 아내와 자식이 있다는 것이 가증스러운 일이라고 열렬하게 성토했다.[23] 이경숙은 이미 남성 주석가들이 호세아의 고뇌에만 동정심을 표하고 감정적인 지지를 보냈을 뿐 고멜에 대한 이해는 전혀 없다고 토로했다. 다시 말해 고멜을 호세아의 그리움과 순수함을 발로 짓밟은 여성으로 이해했다는 뜻이다.[24] 이처럼 독자가 호세아에게만 감정이입을 하거나 연대감을 표시하면서 호세아의 고뇌와 사랑이 하나님의 고뇌와 사랑을 반영하는 것으로만 성급하게 결론지으면, 여성은 고멜 이미지 안에서 부정적인 이미지로 고착될 위험성이 크다. 반면에 남성은 긍정적으로 각인되고 심지어 신적인 존재로 동일시되거나 급기야 하나님이 가부장적인 남성 신으로 오해될 수 있다. 반면에 여성을 혐오의 대상이나 죄인으로 규정하는 해석의 오류에 빠지게 된다. 그러니 호세아와 고멜의 결혼 은유를 과도하게 호세아에게 감정이입을 시도하는 것은 폐기 처분되어야 한다. 이런 이유로 페미니스트나 우머니스트가 아닌 이들조차[25] 호세아서의 드라마를 불편하고 파편적이고 모욕적이며 악

---

23 Hadjiev, "(Not) Her Husband," 3.
24 이경숙, "여성신학적 시각에서 본 예언자 호세아(1)," 「한국여성신학」 10(1992), 5-12.
25 페미니즘 해석학과 우머니즘 해석학은 다양한 방식으로 정의된다. 페미니즘 해석학은

명 높은 문제적 본문으로 평가한 것이다.26 이렇게 되면 전통적인 해석과 페미니스트의 해석 사이에 갈등이 발생한다. 그렇다고 불편함과 갈등을 무조건 두려워할 필요는 없다. 왜냐하면 성서 본문에 대한 불편함을 인식하고 자각하면서 본문의 진리를 새롭게 발견할 수 있기 때문이다.

2. 남편의 명예와 아내의 수치?

하나님이 호세아에게, '음란한 여자'와 결혼하여 '음란한 자녀'를 낳으라고 명령하신 이유가 있다. 그 땅이 야웨를 버리고 음란했기 때문이다(1:2). 이때 음행 또는 음란을 뜻하는 복수 명사 '제누님(זְנוּנִים)'이 두 번 반복되는데, '매음하다'는 뜻의 동사 '자나(זָנָה)'가 절대형 부정사와 정동사 형태로(זָנֹה תִזְנֶה/자노 티즈네) 쓰였다. 이것은 히브리 구문법상 사태의 심각성을 강조하기 위함이다. 왜냐하면 이러한 문법 구성은 지속적이며 반복적인 상태를 강조하려는 의도가 담긴 표현이기 때문이다.27 그리고 이 구성에서 매음의 주체는 '그 땅'이지 '음란한 여자'가 아니다

일차적으로 여성의 눈을 통한 성서 텍스트 읽기로 정의된다. 반면에 우머니즘 해석학은 페미니즘을 긍정하지만, 이것을 주로 중산층 전문직 여성운동으로 의심하고, 아프리카나 아프리카계 미국인 여성의 문제와 경험을 무시하는 경향성이 있음을 지적한다. 이와 관련된 이론은 앤서니 티슬턴, 『성경해석학 개론: 철학적·신학적 해석학의 역사와 의의』, 김동규 옮김(서울: 새물결플러스, 2012), 424-462를 참고.

26 마이클 카든, "호세아서," 『퀴어성서주석』, 퀴어성서주석 출판위원회 옮김(서울: 무지개신학연구소, 2021), 697.

27 이 구문법을 적용하면 '왜냐하면 그 땅이 지속적으로 행음했기 때문이다'(תִזְנֶה הָאָרֶץ i כִּי־זָנֹה/키 자노 티즈네 하아레츠)라는 뜻이다. 이러한 구문 설명은 Ronald J. Williams, *Hebrew Syntax: An Outline* (Toronto, Ontario, Canada: University of Toronto Press, 1968), 206을 보라.

(1:2). 따라서 이것은 호세아와 고멜의 결혼이 북이스라엘의 실체를 재연하는 드라마로 기능하고 있다는 것을 보여주려는 수사적 장치인 셈이다. 예컨대, 이사야 예언자도 신실한 성읍이 어찌하여 창녀가 되었는지 탄식하면서 정의와 공의가 사라진 도시를 향해 탄식했다(사 1:21).

그러면 '음란한 여자(זְנוּנִים אֵשֶׁת)'는 정확히 어떤 뜻인가? 첫째, 사전적으로 직업적인 매춘을 뜻하지만(창 38:24; 수 2:1; 삿 11:1), '제누님'처럼 절대형의 복수 명사는 직업보다는 기질이나 특성을 지시하거나[28] 종교적인 배도에 대한 상징적인 의미로 쓰인다.[29] 그러니 높은 도덕성을 요구받는 예언자에게 이 결혼 명령은 평범하지 않거니와[30] 수용하기 어렵다. 그러나 호세아는 하나님 명령대로 디블라임의 딸 고멜과 결혼한다(1:2). 그렇게 둘의 결혼이 성사되었으나 이때 여자의 동의는 필요 없었다. 더군다나 '음란한 자녀들(זְנוּנִים יַלְדֵי/얄데 제누님)'(1:2)이라는 표현은, 아무 죄 없는 자녀들을 낙인찍는 부정적인 효과를 낳는다.

둘째, 고멜이 낳은 아들-딸-아들의 이름은 이스라엘의 불행한 운명을 예징한다. 첫째 아들, 이즈르엘(יִזְרְעֶאל/하나님이 씨를 뿌리다)은 사마리아와 갈릴리 지역 산들 사이에 펼쳐진 광활한 계곡평원을 일컫는 명칭이다. 이 용어는 호세아서에서 복과 저주의 이중성을 함축하고 있다. 왜냐하면 이후 하나님은 그들이 바람을 심고 광풍을 거둘 것이며, 심은

---

28 보통 직업적인 창녀는 '조나(זֹנָה)'의 여성 복수형 '조노트(זוֹנוֹת)' 또는 '에셸 조나(זֹנָה אֵשֶׁת)' 형태로 표현된다. 이 용어에 대한 간략한 설명은 Douglas Stuart, *Hosea-Jonah* (WBC; Waco: Word Books, 1987), 26을 참고. 자세한 논의는 Routledge, "Hosea's Marriage Reconsidered," 27-29를 보라.

29 Wolff, *Hosea: A Commentary on the Book of the Prophet*, 14, 60.

30 몸을 팔아 생계를 유지하는 창녀와 음란한 성향의 여자를 동일시할지 구분할지의 문제가 발생하지만, זָנָה(자나/매음하다) 동사에서 파생한 זֹנָה(조나/창녀)는 일차적으로 혼외 성관계를 의미하기 때문에 모두 성적인 위법행위다.

것은 줄기가 없고, 이삭은 열매를 맺지 못하며, 맺을지라도 이방 사람이 삼킬 것이라고 말씀하기 때문이다(8:7). 둘째 딸, 로 루하마(לֹא רֻחָמָה/긍휼함을 받지 못한 여자), 셋째 아들, 로 암미(לֹא עַמִּי/내 백성이 아니다) 역시 하나님의 분노와 심판의 징조를 알리는 이름이다. 따라서 세 자녀의 이름은 전쟁의 위협에서 구원받지 못할 이스라엘의 운명을 예고한다(1:6-9).

문제는 이러한 결혼이 고대 문화에서 아버지와 남편의 명예를 침해하는 심각한 사건이라는 점이다. 마이클 카든(Michael Carden)의 설명처럼, 부계 중심 사회에서 남자의 명예는 그의 아내든 딸이든 누이든 어머니든 남자가 속한 여성의 성적인 행실에 달려 있었다. 여성이 성적으로 수치를 모르는 행동을 하면 그녀를 통제하지 못한 남편, 아버지, 오빠, 아들은 가문의 명예를 지키지 못한 것이 된다. 그리고 그들은 자기들이 속한 공동체에서 명예와 평판을 잃는다. 무엇보다 명예와 수치 문화에서 가장 큰 범죄는 간음이었다. 특히 아내의 간음은 아내의 성에 대한 남편의 절대적 권리를 침해한 것이며 부권을 의문에 빠뜨리는 것이다. 또한 수치를 모르는 아내는 가족의 명예를 보존하는 의무에 충실하지 못한 것으로서 남편 권위에 도전하는 태도로 여겨졌다.[31] 따라서 명예를 중시하는 가부장 사회에서 호세아는 수치를 뒤집어쓰고 명예를 잃은 남자가 된다. 이러한 인식과 감정은 오랜 해석 역사에서 면면히 이어졌고, 급기야 "이 여성혐오적인 시가 신의 말씀이 될 수 없다"[32]

---

31 카든, "호세아서," 522.

32 Susanne Scholz, "Reading the Minor Prophets for Gender and Sexuality," *The Oxford Handbook of the Minor Prophets* (New York: Oxford University Press, 2021), 2.

라는 말까지 나오게 되었다.

3. 법정에 선 아내: 고멜은 남편의 명예를 훼손한 가해자?

고대 이스라엘 사회에서 남자의 명예는 남자다움, 용기, 가족을 부양하고 가족의 명예를 지키는 능력에 달려 있다. 이것으로 남자는 남성성을 과시하고 긍정적인 평가를 받게 된다. 반면에 여성은 성적인 순결, 온순함, 수줍음, 남성의 권위에 순종하는 수동성이 중요한 덕목이었다.[33] 이러한 기준에서 고멜은 수치심도 없고 남편 권위에 도전한 아내가 된다. 그러나 역설적으로 호세아서 1장에서 고멜의 목소리는 없다. 이혼 절차를 위해 남편과 아내가 자녀들과 함께 법정에 출석한 장면처럼 보이는 곳에서도(2:2[4]), 고멜의 말은 호세아에 의해 인용될 뿐이다(2:5[7], 7[9], 12[14]). 곧이어 호세아는 자녀들에게 너희 어머니를 고발하고, 증언하라고 한다(2:2[4]).[34] 그러고서 그녀는 내 아내가 아니고 나는 그녀의 남편이 아니라(2:2[4]) 말하고 결혼 언약을 파기한다.[35] 이 말은 야웨가 이스라엘에게 "너희는 내 백성이 아니며 나는 너희를

---

33 카든, "호세아서," 522.

34 현대 역본마다 번역의 차이가 있다. "너희 어미와 논쟁하고 논쟁하라(개역개정)"; "고발하여라, 너희 어머니를 고발하여라"(새번역). 다른 영어 역본들은, 법정 다툼을 표현하는 동사 רִיב(리브)를 꾸짖거나 비난하는 뜻으로(rebuke, NIV), 또는 탄원하거나 호소한다(plead with, KJV, NRSV)는 뜻으로 번역했다. 이때 법정 용어 '리브'는 '소송을 제기하다', '고발하다', '고소하다'라는 뜻으로, 야웨가 그의 언약 백성 이스라엘을 고발하는 '언약 소송(covenant lawsuit)' 양식에서 자주 사용된다(호 4:1; 사 1:17; 3:13-15; 27:8; 렘 50:34; 미 7:9; 참조, 욥 10:2; 잠 25:8).

35 이 말은 메소포타미아에서 발견된 통상적인 이혼증서 내용으로 알려졌지만, 구약성서 시대에 이혼증서가 발견되지 않아 계약 파기 선언으로 풀이된다. 김필회, 『호세아 주석서』, 78-79.

위해 존재하지 않는다"(1:9)라고 했던 선언이 보여주듯 고멜-호세아 관계와 이스라엘-야웨 관계를 교차시킨다. 이처럼 그 땅이 야웨를 떠나 지속적으로 음란했다는(1:2) 한마디는 하나님과 이스라엘의 언약 관계의 심각성을 폭로한 말이다. 이로써 고멜은 야웨를 버리고 풍요를 갈망하며 '바알들'을 숭배한 이스라엘의 상징체가 된다.

이때 남편은 통제력을 잃은 아버지 모습으로 그려진다. 남편은 자녀들 앞에서 아내의 수치를 고조시키며 비난한다. 그녀의 얼굴에서 그녀의 '음란'을 제거하게 하고, 그녀의 얼굴에서, 그녀의 젖가슴 사이에서 '간통의 흔적'을 제거하게 하라고 한다(2:2〔4〕). 이후 남편은 아내에게 간음의 흔적을 지우지 않으면 그녀를 발가벗겨서 그녀가 처음 나던 날처럼 내버려 두겠다고 경고한다(2:3〔5〕). 이스라엘을 벌거벗은 여성으로 수치스럽게 묘사하는 것은 다른 예언서에서도 발견되지만(사 3:16-17; 렘 13:22-27; 나 3:5-6), 그녀를 마른 땅처럼 목말라 죽게 하겠다(2:3〔5〕)는 무지막지한 발언은 폭력적인 남편 이미지를 강화한다. 이것은 자녀들이 음란한 자식들이기 때문에 긍휼히 여기지 않겠다는(1:4) 말처럼 극단적인 감정 표출이다. 이 상황에서 독자는 누구 편에 서야 할까? 아내의 배신 때문에 분노하는 남편의 마음을 헤아려야 할까? 아내 고멜 편에서 그녀의 생략된 말과 마음을 상상해야 할까? 아니면 자기 아내를 법정에 세우고 자녀들에게 너희 어머니 허물을 증언하고 고발하라는 남편의 가학성을 문제 삼아야 할까?

4. 남편의 통제력 위기와 남성성의 역전

2장은 행위 주체가 모호하다. 야웨는 남편으로서 명예가 실추된 호세아의 말과 중첩된다. 또한 언약을 깨뜨린 이스라엘을 향해 내려진 형벌 예고와 아내를 향한 가학적인 폭력이 뒤엉켜 있다. 이러한 요소들 때문에 카든은 이 예언 드라마를 두 가지 관점으로 해석했다. 첫째, "호세아/야웨는 고멜/이스라엘을 향한 사랑을 표현한 것이지만 폭력의 틀 안에 놓인 사랑"이라고 표현했다.[36] 둘째, 아내에 대한 통제력의 위기를 드러낸 가부장적인 결혼 이미지로 해석했다.[37] 이러한 해석의 배경에는 호세아의 아내가 애인들을 따라간 것에서 시작된다. 고멜이 "나는 내 애인들을 따라가겠다"(2:5〔7〕)[38]라고 말했지만, 사실상 독자는 호세아가 인용한 말을 듣는 것이다. 그리고 문제가 되는 말이 있다. '내 애인들'이다. 이 말은 여러 번 반복된다(2:7〔9〕, 10〔12〕, 12〔14〕, 13〔15〕). '내 애인들'이 누군가? 가나안의 신들, 곧 '바알들'이다(2:13〔15〕). '바알들(הַבְּעָלִים/합바알림)'은 문자적으로 '그 주인들'을 뜻한다. 문제는 주인이 하나가 아니라 여럿이다. 즉 애인들(바알들)이 여럿이니 적법한 친자 관계는 복잡해지고, 아버지에게 버림받을지도 모를 자녀들의 불행이 예측된다. 불행에 대한 예측은 빗나가지 않는다. 호세아는 자기 자녀들을 3인칭 복수형, '그들'이라고 부른다. 아버지는 자기 자녀들을 '내 자녀들'이라고 말하지 않는다. '그들의 어머니(אִמָּם/임맘)'가 '음행했다(זָנְתָה/잔타)', '그들을 임신한 여자(הוֹרָתָם/호라탐)'라는 말로 자녀들과 거리 두기를 하는 듯하다. 사태의 심각성을 고조하려는 의도로 보인다.

---

36 카든, "호세아서," 696.

37 앞의 글, 696.

38 '내 애인들(아하비/אַהֲבַי)'이라는 말은 '사랑하다(아하브/אָהַב)' 동사의 강조형 분사에 1인칭 소유격 대명사가 결합된 것이다. 이 때문에 사랑하는 대상에 대한 능동적 의지를 강조한 것처럼 보인다.

결국 남편은 아내에게 '애인들'을 섬긴 세월만큼 벌을 주겠다고 경고한다(2:13[15]). 이는 아내가 '내 애인들'을 따를 것이고, 그들이 내 빵, 내 물, 내 양털, 내 린넨, 내 기름, 내 술을 내게 주었다(2:5[7])고 말했기 때문이다. 온갖 장식품으로 치장한 아내가 일상적인 먹거리부터 고급스러운 사치품에 이르기까지 그 모든 것을 제공하는 자가 '내 애인'이라는 말이 남편의 분노를 자극한다. 이것은 결국 형벌의 근거가 된다. 그러나 흥미롭게도 이것은 고대의 부계 중심 사회에서 남편에게 수치이며 불명예다. 왜냐하면 앞서 밝힌 것처럼 고대사회에서 남편의 명예는 아내의 필요를 채워주고 통제하는 가부장의 권위에 있지만 그 권위가 실추된 것처럼 보이기 때문이다.

상황이 오묘하게 뒤집혀 역전된다. 수치와 불명예는 아내가 아니라 남편의 몫이 되었다. 카든은 당시 주된 청중인 남자에게 이스라엘을 충실하지 않은 아내로, 성매매 여성으로 묘사한 것을 호세아서의 가장 도발적인 점으로 제시했다. 왜냐하면 이스라엘 공동체에 속한 남자를 모호한 젠더 위치에 놓기 때문이다.[39] 당시 공동체의 대표성을 획득한 남자가 음란한 여자/아내의 역할을 떠맡는 것이다. 성적으로 문란한 여성 이미지로 인해 진정한 남자가 되지 못한 남성들은 공포를 느낀다. 그리고 여성의 섹슈얼리티를 통제하는 것이 남자 됨의 필수 요소였던 문화의 틀에서 음란한 여성 이미지는 남성들에게 위협이 된다는 것이다.[40] 다시 말해 위치성의 자리바꿈이다. 남성이 성적으로 대상화하고

---

39 카든, "호세아서," 698.
40 앞의 글, 698. 카든은 퀴어의 관점에서 야웨의 일부일처에 대한 합의를 질문하면서 페미니즘과 '퀴어'의 복합된 시선을 교차한다. 카든의 이러한 해석은 켄 스톤(Ken Stone)의 퀴어비평 이론을 참고했다. Ken Stone, "Queer Criticism," Steven McKenzie

통제했던 여성의 자리에 남성이 놓이게 된 것이다.

결국 이것은 야웨를 떠난 이스라엘의 매음 행위에 대한 공포로 작용하고[41] 당시 주류 남성 중심 사회를 향한 비판이다. 이스라엘에게 음란 이미지를 부가한 후에 이스라엘 남자가 음란한 여자가 되는 젠더의 자리바꿈은 남자들에게 충격이었을 것이다. 더군다나 누구 말인지 모호했던 발언들이 '야웨의 말씀(נְאֻם־יהוה/네움-야웨)'이라는 전형적인 신탁 양식으로 마무리된다(2:13〔15〕). 한편 이것은 이스라엘의 남편 야웨의 명예까지 위기에 처한 것처럼 보이게 한다. 왜냐하면 호세아-야웨, 고멜-이스라엘의 교차적인 구성에서 하나님이 인간처럼 버림받은 것 때문에 분노하는 옹졸하고 폭력적인 신처럼 보이기 때문이다. 하나님은 언약 백성을 향한 심판과 사랑을 표현하려고 옹졸하고 폭력적인 남편 이미지를 스스로 뒤집어쓴 것처럼 보인다.

5. 주류 남성 중심 사회의 통제력 위기와 거시적 상황

호세아의 활동 시기는 기원전 8세기 웃시야, 아하스, 히스기야 왕이 유다를, 여로보암 2세가 이스라엘을 통치할 때였다(1:1). 북왕국은 여로보암 2세의 통치 시기에 정치적·경제적·군사적으로 최고의 전성기를 누렸지만(왕하 14:23-17:41), 권력과 부의 독점과 남용은 예후 왕조(예후-여호아하스-요아스-여로보암 2세-스가랴)의 종말을 가져오는 원인이 된다. 내부적으로 이스라엘은 사회적·종교적 파란의 시기였고, 외부적

---

and John Kaitnerin, ed., *New Meanings for Ancient Texts* (Louisville: Westminster John Knox Press, 2013)를 보라.

41 Routledge, "Hosea's Marriage Reconsidered," 32-33.

으로 힘의 각축전이 벌어지는 정치 무대에서 서로 경쟁하는 아시리아와 이집트의 국제적인 힘에 장단을 맞추던 때였다.[42]

이러한 분위기에서 음행 은유는 북왕국의 사회-경제 구조와 착취, 종교-제의 부패를 매개하는 지배 체제 모순이라는 거시사회학적인 시각을 포함한다. 당시 북왕국 지배 체제는 야웨의 토지법을 유린하고 평등한 사회를 해체하여 사회-정치적 갈등을 증폭시킨 주범이다. 따라서 음행 은유는 당시 지배 체제를 매음 행위로 비판한 신학적인 은유로 해석될 수 있다.[43] 이것은 사회 부정의, 법정의 부패, 가난한 자를 억압하는 문제와 연결된 것으로서 호세아의 동시대 예언자였던 아모스, 이사야, 미가 역시 심각하게 다뤘던 공통 주제다. 이러한 맥락에서 고멜의 음행은 기원전 8세기 이스라엘의 국가적인 매음 행위를 비판하는 신학적인 은유와 상징으로 기능한다(1:2; 2:8, 13, 17). 월터 브루그만(Walter Brueggemann)과 토드 리나펠트(Tod Linafelt)의 말처럼 호세아는 풍요의 신 바알을 숭배하면서 종교적·제의적으로 끊임없이 여호와께 반역하는 것을 죄로 규정한다.[44] 따라서 이것을 폭로하기 위해 결혼과 음행 은유를 활용한 예언의 드라마는 바알 숭배에서 비롯된 '풍요 종교'가 빚어낸 악행과 언약 신앙의 심각성과 엄숙함을 계시한다. 이것은 또한 지상적인 삶을 위한 모든 생필품의 공급자가 '나의 애인들' 곧 '나의 바알들'에게 있다는 착각, 불신, 무지의 죄를 폭로하는 것이다.

---

42 Barrett, *Love Divine and Unfailing*, 24.

43 임상국, "음행의 영(rah Zennm)과 북왕국의 지배체제 호세아 비판 사회학적 해석," 「신학과 세계」 51(2004), 94-122. 박경식도 결혼 모티프가 8세기 중반 이스라엘의 대내외적인 정치적 상황과 배교를 상징하는 것으로 간주한다("호세아서의 결혼비유에 담긴 사회정치학적 수사학 연구", 84).

44 월터 브루그만 외, 『구약개론』, 김은호 외 옮김(서울: CLC, 2012), 354-357.

6. '나의 주인'인가, '나의 남편'인가?

고멜에게 내려진 징벌적인 폭력은 어떻게 정당화되는가? 다시 말해 언약 파기와 징벌 사이에서 폭력적인 신성은 어떻게 이해해야 하는가? 하나님과 이스라엘 언약 관계가 호세아와 고멜의 결혼과 음행 은유로 상징화되었지만, 분노와 심판이 하나님의 최종 목적은 아니다. 하나님은 '그러나(וְ)' 이스라엘 백성의 수가 바닷가의 모래처럼 측량할 수도 셀 수도 없을 것이라고(1:10) 약속하신다. 하나님은 이스라엘에게 때가 되면 너희를 '로암미(לֹא־עַמִּי/내 백성이 아니다)'가 아니라 '살아 계신 하나님의 자손들'(1:10)이라고, 너희 형제를 '암미(עַמִּי/나의 백성)'라고, 너희 자매를 '루하마(רֻחָמָה/긍휼이 여김을 받는 자)'라고 부를 것이라 예고하신다(2:1[3], 23[25]). 즉 대니얼 호크(L. Daniel Hawk)의 말처럼, "야웨는 수많은 거절을 기꺼이 참아내고 죄가 오래 축적된 후에야 비로소" 분노하신 것이기 때문에 야웨의 분노가 그분의 속성은 아니다.[45] 독자의 눈에는 남편이 외도한 아내에게 다시 구혼하고 재결합하는 과정에서 드러내는 폭력성(2:3[4], 9-13[10-15])이 불편하다. 그렇다고 이 부분을 삭제하고 읽을 수도 없지 않은가. 도리어 불편함을 제기하고 불편함의 본질 속으로 들어갈 때, 인습적인 의미 너머로 진입할 수 있다.

남편은 자기 아내와 그녀의 애인들을 분리한다.[46] 남편은 가시로 그 길을 막고, 담을 쌓고, 그 길을 찾지 못하게 하고, 그 애인들을 따라가

---

45 L. 대니얼 호크, 『하나님은 왜 폭력에 연루되시는가?』, 홍수연 옮김(서울: 새물결플러스, 2021), 219.

46 이, "호세아," 525. 이는 아내와 애인의 분리를 부계 중심의 명예와 수치 문화에서 여성의 섹슈얼리티를 통제하는 방안을 찾는 것으로 표현했다.

더라도 찾지도 만나지도 못하게 하고, 아내에게 먹을 것과 입을 것을 주지 않고, 발가벗겨 애인들 앞에서 수치를 주겠다고 위협한다. 그때 그녀를 구해줄 자가 없다고 경고한다(2:6-10[8-12]). 그녀의 애인들 곧 바알들도 정치적으로 구애하는 다른 제국들(아시리아, 이집트)도 그녀를 구원할 수 없다. 이스라엘은 물질적인 풍요가 '바알들'로부터 왔다고 믿지만, 야웨는 자신의 소유권 주장을 강조하려고 1인칭 소유격을 연속해서 사용한다. '나의 곡물들', '나의 곡식', '나의 새 포도주', '나의 양털', '나의 린넨'을 빼앗겠다는 경고는(2:9[11]) 1인칭 소유격을 반복한 고멜의 언어에 맞대응하는 표현이다(2:5[7] 참고).

그리고 야웨의 분노는 점점 거세진다. '주는 자'가 누군지 알지 못하는 이스라엘의 무지 때문이다(2:8[10]). 야웨는 그들의 온갖 종교 행위들, 곧 **그녀의** 모든 축제일, **그녀의** 절기들, **그녀의** 월초 집회들, **그녀의** 안식일을 멈추겠다고 경고하신다(2:11[13]). 이 온갖 종교의식과 행위에 3인칭 소유격을 덧붙인 것은 하나님과 상관없는 '그녀만의' 곧 '이스라엘만의' 자기중심적인 종교 집회라는 것을 강조하고 비난하기 위함이다. 이로써 하나님은 그녀가 '바알들'에게 바친 날수대로 벌하시겠다고 경고하신다(2:13[15]).

그러나 하나님은 돌연 돌이키신다. 그녀를 광야로 데리고 가서 말로 설득하겠다는 의지를 피력하신다(2:14[16]). 왜 갑자기 광야인가? 이스라엘에게 광야는 국가의 정체성이 결정된 장소다. 광야에서 야웨와 이스라엘은 시내산 언약으로 동반자 관계를 수립했다. 이것은 청년의 때, 곧 신혼 시절의 사랑이요, 누구도 깨뜨릴 수 없는 사랑이다(렘 2:2-3; 겔 16:8-14). 구약에서 하나님이 지난날을 회고하고 기억하는 것은 회복을 위한 근거가 된다. 그리고 출애굽-광야와 방황-정착으로 이어지는 이스라엘의 여정에서 불순종과 재앙의 장소를 상징하는 '고통의 계곡', 곧 아골 골짜기는[47] 하나님에 의해 '희망의 문'이 된다(2:15[17]). 그리고 마침내 남편 야웨와 아내 이스라엘의 관계 회복은 새롭게 펼쳐진다. 이때 관계 회복을 표현한 언어유희의 말맛이 흥미롭고 의미심장하다.

> 그날에 일어날 것이다. 야웨의 말씀이다.
> 너는 나를 **나의 '남편(이쉬)'**이라 부르며,
> 더 이상 너는 나에게 **나의 '주인(바알)'이라 부르지 않을 것이다**(2:16[18]).
> 나는 그녀의 입에서 '그 주인들(그 바알들)'의 이름들을 제거할 것이니
> 다시는 그들의 이름들이 불리지 않을 것이다(2:17[19]).

야웨의 속성이 가나안 풍요종교의 신 '바알'과 연결된다. '나의 남편 (אישׁ/이쉬)'과 '나의 주인(בַּעְלִי/발리)'의 관계성에 주목한 카든은 야웨의 말씀이(2:16-17) 위계적이지 않은 관계의 비전을 제시한다고 보았다.[48] 왜일까? '바알(בַּעַל)'의 사전적인 뜻은 '주인', '소유자'다. 물론 '바알'이 남편을 일컫는 용어로 사용되긴 하지만(창 20:3; 출 21:3; 겔 21:3 등), 구약 문맥에서 '바알'은 일반적으로 땅, 장소, 집, 짐승, 물건 등을 소유한 주인, 곧 소유의 개념으로 쓰인다(예컨대, 출 21:28; 창 37:19, '그 꿈의 주인'; 수 24:11, 땅을 소유한 시민 등).[49] 따라서 '나의 남편(אישׁ/이쉬)'과 '나의 주

---

47 아골은 가나안 정착 과정에서 발생한 아간 사건을 연상시키는 장소다(수 7:24). 이때 아골, 곧 아코르(עכור)의 사전적인 의미는 고통, 근심, 분쟁이다. 한마디로 아골 골짜기는 '고통의 계곡'이다.

48 카든, "호세아," 700.

49 *HALOT* 1167; *BDB* 1339.

인('בַּעְלִי/발리)'의 관계는 문맥상 반의적 평행 관계로서 대조적인 의미를 수립한다.

더군다나 '그 바알들(הַבְּעָלִים/합바알림, 2:17〔19〕)'은 '그 주인들'을 뜻하며, 가나안 땅의 신들을 가리키는 말이었고(왕하 10:19), 2장에서 '그녀의 애인들(אַהֲבַי/아하베하, 2:7〔9〕)'을 가리키는 말이다. 이때 남편(이쉬)과 주인(바알)을 교차시켜 뒤집는 언어유희에서 두 가지 희망이 교차한다. 첫째, '바알'이 더 이상 이스라엘의 연인이 될 수 없다는 뜻에서 바알이 제거된다. 둘째, 바알 제거는 하나님과 이스라엘 사이의 파격적인 관계 설정을 위한 기획이 된다. 즉 '나의 남편'이라 부르고 더 이상 '나의 주인'이라 부르지 않는 것은, 당시 보편화된 남편과 아내 사이의 소유와 지배의 위계적인 관계를 해체한다.

더 나아가 '나의 남편(אִישׁ/이쉬)'은 독자에게 태초의 에덴과 최초의 인간을 환기하도록 안내한다. 카든이 먼저 이것을 언급하긴 했지만,[50] 이 표현은 언약 당사자 야웨와 이스라엘의 관계가 최초의 남자와 여자로 분화된 태곳적 평등한 관계를 상기시킨다(창 1:27; 2:23). 더 나아가 카든은 이본느 셔우드(Yvonne Sherwood)의 도발적인 표현을 인용하면서 남편이라는 야웨의 새로운 역할이 바알의 섹슈얼리티를 모방한다는 것에 주목했다. 이것은 고멜과 그녀의 애인들을 꾸짖던 하나님이 이스라엘을 유혹하고 스스로 애인의 역할을 떠맡는 해체적인 역설이다.[51] 즉 야웨를 '남편'으로 부르는 이스라엘과 하나님의 관계가 '주인'

---

50 카든, "호세아," 700.

51 앞의 글, 701. 카든은 어긋난 가부장적인 결혼 이미지를 제시하고서 가부장적인 결혼이 없어질 때 비로소 최종적인 에로틱한 화해와 새로운 공동체에 대한 비전이 주어지는 것을 강조한다. 이를 위해 이본느 셔우드(Yvonne Sherwood)의 책, *The Prostitution*

개념의 위계적이고 가부장적인 틀이 아니라 동반자적인 관계의 이상성을 제시한 것이다.

이렇게 섹슈얼리티로 매개된 결혼과 음행 은유의 드라마는 두 가지 분명한 목적을 수반한다. 첫째, 당시 지배 엘리트 가부장 질서에 충격을 가하고 공포를 자극한다. 따라서 이것은 바알을 신봉하는 이스라엘을 비판하기 위한 하나님의 극단적인 조치로서 하나님과 이스라엘 사이의 회복을 위한 대체 불가한 방법이었다. 둘째, 고멜이라는 한 여성을 비난할 수 없도록 고멜의 자리에 이스라엘을 놓는 '자리바꿈'은 풍요와 바알 숭배에 빠진 남성 중심의 이스라엘 사회를 적나라하게 고발하고 회개를 촉구하기 위한 기획이다.

그리고 마침내 영원한 결혼 언약은 새롭게 확장된다. 이 언약은 하나님의 우주적 은총 안에서 들짐승들과 공중의 새들, 땅의 피조물들을 포함하며, 전쟁 없는 안전한 쉼을 약속한다(2:18[20]). 하나님은 영원한 결혼 언약을 맺되 '정의로, 공의로, 사랑으로, 긍휼함으로(וּבְחֶסֶד וּבְרַחֲמִים בְּצֶדֶק וּבְמִשְׁפָּט)' 맺을 것이라 약속하신다(2:19[21]).

> 나는 너와 영원히 혼인할 것이다
>> 나는 너와 영원히 혼인 언약을 맺을 것이다
> 정의로, 공의로, 사랑으로, 긍휼함으로(2:19).

정의, 공의, 사랑, 긍휼 단어 하나하나마다 전치사(בְּ)가 결합하여 각

---

and the Prophet: Hosea's marriage in the Literary-Theological Perspective (JSOTSS 212; Sheffield: Sheffield Academic Press, 2009)를 인용하여 설명을 덧붙였다.

각의 의미가 강조된다. 더군다나 '내가 너와 혼인하겠다'는 말을 세 번 반복할 정도로(2:19-20〔21-22〕), 회복을 위한 하나님의 계획은 '나-너'의 동등한 관계를 구축한다. 따라서 더 이상 가부장적인 지배와 종속의 퇴행은 없다.

궁극적으로 하나님이 기획하신 회복은 우주적이다. 그날에(2:16〔18〕, 18〔20〕, 21〔23〕) 야웨는 내가 하늘에 응답하고, 하늘은 땅에 응답하고, 땅은 곡물들과 새 포도주와 기름에 응답하고, 그것들은 이스르엘에게 응답할 것이라 선포하신다(2:21-22〔22-24〕). '그날에' 역시 세 번 반복되어 강조된다. 그날에 이스르엘 평야는 곡물과 새 포도주와 향유로 넘실대며(2:22〔24〕), 평화와 안식을 되찾는다. 마치 교향곡의 대위법과 연주자들이 역할을 주고받으며 완결된 음악을 창조하듯 야웨의 응답은 하늘을 가로질러 땅과 땅의 소출과 땅의 백성들에게 이르러 완성된다. 태초의 창조 세계처럼 모든 것이 약동하며 생명의 기운을 내뿜는 광경이 펼쳐진다. 하나님의 회복은 서로의 응답으로 시작되고 응답으로 완성된다. 그렇게 회복은 쌍방향의 응답으로 도래한다.

7. 값을 치르는 파격적인 사랑

회복을 내다보는 2장의 시형 본문이 끝나고 3장은 다시 1장처럼 내러티브 본문이다(A-B-A'). 1장의 서사처럼 하나님의 파격적인 사랑이 다시 호세아에 의해 실행된다.[52] 호세아는 "다른 남자(새번역)"의 사랑

---

52 3장과 1장의 내러티브 관계성에 대해 다소 논쟁적인 측면이 있다. 1장이 호세아의 결혼에 대한 제3의 인물이 기록한 것처럼 보이는 3인칭 본문이라면, 3장은 호세아가 직접 자신의 결혼을 보도하는 1인칭의 자전적인 기록이기 때문이다. 그러나 이것은 동일 저

을 받은 여자, 곧 '음녀(מְנָאָפֶת/메나아펜)'[53]를 사랑하라는 명령을 받는다 (3:1). 호세아는 아내 고멜과 재결합을 결정하고, 아내를 데려오기 위해 값을 치른다. 그는 30세겔 정도의 적지 않은 비용을 들여 아내를 데려온다.[54] 호세아는 아내를 위해 누구에게 값을 치른 것인가? '그 바알들(그 주인들)'이다. 고멜이 '그 바알들'(2:17[19])에게 착취당하고 버려지기 직전의 상태였는지 모른다. 그녀는 이제 많은 날을 남편과 함께 지내며 다른 남자와 불법적인 성관계를 금지해야 한다. 호세아도 마찬가지다(3:3). 이것은 관계 회복을 위한 평등한 조건이다. 하나님이 이스라엘에게 '남편(이쉬)'이지 '주인(바알)'이 아닌 것처럼(2:16[18]), 호세아도 고멜도 위계적인 관계가 아니라 평등한 동반자로서 신의성실을 다해야 한다.

그런데 갑자기 호세아-고멜 이야기에서(3:1-3) 이스라엘 후손들 이야기로 전환한다(3:4-5). 이러한 '섞임'과 '바꿈'은 두 이야기가 하나라는 암시다. 이제 고멜이 아니라 이스라엘 후손들은 많은 날을 '없이' 지내야 한다. 왕 <u>없이</u>, 지도자 <u>없이</u>, 제사 <u>없이</u> 그리고 뜻을 묻는 신성한

자의 수사적인 의도에 따른 문학적인 장치일 수 있다. 또 다른 문제는, 1장의 고멜이 3장의 이름 없는 '여자(אִשָּׁה/잇샤)'와 동일 인물인가에 대한 해석이다. 이것은 이 논문의 초점이 아니므로 다루지 않겠다.

53 음녀는 '간음하다(נָאַף/나아프)' 동사의 여성분사형으로서 패역한 이스라엘의 우상숭배를 은유적으로 표현할 때(렘 3:9)를 제외하고, 유일하게 여기서만 사용되었다(HALOT 5304). 그리고 "다른 남자"로 번역된 단어는 רֵעַ(레아/친구, 동료)이다.

54 Wolff, *Hosea*, 61. 은 15세겔(약 166그램) 보리 한 호멜 반(약 330리터)은 30세겔에 해당한다(왕하 7:1, 16, 18 참고). 당시 여자 노예 몸값을 정확히 알 수는 없지만, 모세의 법에 남자 노예나 여자 노예가 소에 받쳐 일을 하지 못할 경우, 소 주인은 30세겔을 노예 주인에게 주어야 했다(출 21:32). 여자가 야웨께 자신을 드리기로 서원할 때도 30세겔이었다(레 27:4). 당시 노동자의 1년 수입이 은 5-10세겔인 것을 고려하면, 30세겔은 노동자의 3-4년 임금에 해당한다.

돌 없이, 에봇 없이, 드라빔 우상 없이 살아야 한다(3:4). 기약 없는 길고 긴 시간 동안, 고멜이 '바알들'에게 성적인 착취를 당했던 시간만큼 이스라엘은 공동체적인 금욕의 시간을 가져야 한다는 뜻이다. 권력 엘리트들의 불법적인 착취와 허세 가득한 종교적인 의식 없이 살아야 한다는 뜻이다. 무엇보다 왕과 지도자 없는 상황은 국가의 제 기능을 잃고 포로 신분으로 사방에 흩어지는 시간이요, 다른 세력에 의해 종속된 상태를 뜻한다. 이때야말로 외형적이고 조작적인 종교의식을 뿌리 뽑고 새로운 마음을 이식하는 정화의 시간이다. 그리고 마침내 이스라엘은 포로 신분에서 해방되어 돌아온다(3:5). 이것을 위해 야웨 역시 수치를 감수하셨고(2:9-13[11-15]), 관계 회복은 값을 치른 사랑으로 가능했다(2:7[9]; 3:1; 참고. 6:1; 14:7). 이렇게 호세아 1-3장의 결혼과 음행 은유로 묘사된 예언 드라마는 메시아 예수의 수치스러운 십자가 사랑만큼, 수치를 감수하신 야웨의 파격적인 사랑의 극치를 보여준 드라마다.

V. 나가는 말: 평등한 동반자 관계의 확장을 위해

호세아와 고멜의 결혼은 신성한 언약을 짓밟은 이스라엘을 고발하기 위한 은유와 상징체이다. 이 글은 호세아와 고멜의 결혼 이야기를 가부장적인 문화의 틀에서 생산된 상징적인 예언 드라마로 읽고 오래된 확신을 벗겨보려는 노력의 일환으로 페미니즘 비평을 느슨하게 적용한 것이다. 즉 그동안 과도하게 호세아 예언자에게 감정이입을 시도했던 독법을 피하는 것에서 출발하여 하나님은 왜 음란한 여자라는 부정적인 이미지를 덧씌운 고멜 이야기에 빗대어 북이스라엘의 죄를 고발하고, 왜 가부장적인 폭력 이미지를 사용하면서까지 하나님의 실패하지 않는 언약적인 사랑을 표현해야 했는지 질문하고 답하는 과정이었다.

이때 호세아-야웨, 고멜-이스라엘의 경계를 흐려놓는 2장의 시적 구성을 의도된 수사적 전략으로 접근했다. 그 과정은 고멜과 이스라엘의 주류 사회를 구성하는 남자의 자리바꿈, 곧 젠더 이동을 통해 하나님을 배반한 이스라엘의 수치와 공포를 드러내는 것이었다. 마찬가지로 등장인물들의 목소리를 불분명하고 모호하게 뒤섞고 바꾸는 묘사는 남편 자리에 있는 하나님을 폭력적이고 옹졸한 신처럼 보이게 했다. 이것은 인간과 다른 전적인 타자로서의 신성의 이미지를 벗고 사람처럼 명예를 잃는 위험을 감수하면서까지 하나님 사랑의 파격성을 드러낸 전략이었다. 이후 3장에서 하나님과 이스라엘의 회복 계획을 상징적으로 보여준 고멜과 호세아의 재결합 구도는 가부장적인 틀을 반복하는 결혼이 아니라 하나님과 이스라엘의 '나-너'의 동반자적인 관계 안에서 언약이 새롭게 재수립되는 과정의 서사다. 이것은 하나님이 이스라엘을 향해 네가 나를 '나의 주인(발리)'이 아니라 '나의 남편(이쉬)'으로 부를 것이라(2:16(18))는 한 문장으로 오롯이 드러난다. 그리고 이것은 고멜과 그 애인들의 관계처럼 노예와 주인 사이의 지배와 종속이 아닌 에덴의 최초 남자와 여자 사이의 '평등한' 동반자 관계를 복기시킨다.

그리고 마침내 '나는 너와 영원히 결혼 언약을 맺을 것이라'(2:19(21))는 하나님과 이스라엘 사이에 새롭게 맺는 언약의 영원성은 야웨-하늘-땅-땅의 곡식과 포도주와 기름-이스라엘(2:21-22(23-24)) 관계로 응답하는 우주적인 회복으로 확장된다. 따라서 그동안 가부장적인 문화와 인습과 통념 속에서 읽힌 호세아-고멜의 결혼과 음행 은유는 여성에 대한 부정적인 이미지를 고착시키거나 여성 혐오를 학습시키곤 했지만, 페미니즘 관점을 통과시킨 작은 변주는 하나님과 그 백성 사이의 언약적 사랑의 동반자적인 관계성을 드러냈다. 따라서 진리는 전통이라는 안전장치나 고정된 하나의 시각으로만 재현되는 것이 아니라 다양한 시선으로 변주될 때 다른 빛깔로 독자에게 말을 건넨다. 그리고 다른 빛깔로 채색된 진리를 발견한 독자는 자신을 새롭게 재인식하는 또 다른 길로 들어서게 된다. 진리는 그렇게 또 다른 시선에서 또 다른 빛깔로 반짝인다. 이러한 작은 발돋움이 예언자적인 전통을 계승하는 해방 지향적인 또 하나의 '여성신학 하기' 흐름을 이어갈 것이다.

참고문헌

박경식. "호세아서의 결혼비유에 담긴 사회정치학적 수사학 연구."「구약논단」68 (2018), 62-92.

브루그만, 월터, 리나펠트, 토드.『구약개론』. 김은호, 홍국평 옮김. 서울: CLC, 2012.

솔닛, 리베카.『남자들은 자꾸 나를 가르치려 든다』. 김명남 옮김. 서울: 창비, 2015.

스위니, 마빈 A.『예언서』. 홍국평 옮김. 서울: 대한기독교서회, 2015.

이경숙. "여성신학적 시각에서 본 예언자 호세아(1)."「한국여성신학」10(1992), 5-12.

이, 게일 A. "호세아."『여성들을 위한 성서주석』. 캐롤 A. 뉴섬, 샤론 H. 린지 엮음. 이화성서신학연구소 옮김. 서울: 대한기독교서회, 2015.

임상국. "음행의 영(rah Zennm)과 북왕국의 지배체제 호세아 비판 사회학적 해석." 「신학과 세계」51(2004), 94-122.

임효명. "에스겔 16장의 폭력적 야웨 상과 상징의 재고."「구약논단」72(2019), 91-117.

지윤주. "웹 코퍼스를 활용한 신경망 기계번역의 안티-페미니즘(Anti-feminism) 현상 연구."「번역학연구」22(5)(2021), 299-326.

카든, 마이클. "호세아서."『퀴어성서주석』. 퀴어성서주석 출판위원회 옮김. 서울: 무지개신학연구소, 2021.

트리블, 필리스. "하나님과 성의 수사학." 유연희 옮김.「한국여성신학」26(1996), 8-28.

티슬턴, 앤서니.『성경해석학 개론: 철학적·신학적 해석의 역사와 의의』. 김동규 옮김. 서울: 새물결플러스, 2012.

푸코, 미셸.『성의 역사: 지식의 의지』. 이규현 옮김. 서울: 나남, 2020.

현창학. "소선지서 연구 (1): 호세아서."「신학정론」29(2011), 43-72.

호크, L. 대니얼.『하나님은 왜 폭력에 연루되시는가?』. 홍수연 옮김. 서울: 새물결플러스, 2021.

Andersen, Francis I. and Freedman, David Noel. *Hosea*. The Anchor Yale Bible Commentaries; London: Yale University Press, 1996.

Anderson, Bradford A. "Family Dynamics, Fertility Cults, and Feminist Critiques: The Reception of Hosea 1-3 through the Centuries." *Religions* 12(9)(2021), 1-20.

Barrett, Michael P. V. *Love Divine and Unfailing: The Gospel According to Hosea*.

New Jersey: P&R Publishing, 2008.

Camp, Claudia V. "Metaphor in Feminist Biblical Interpretation: Theoretical Perspectives." *Semeia* 61(1993), 1-35.

Dearman, J. Andrew. *The Book of Hosea*. The New International Commentary on the Old Testament; Grand Rapids: Eerdmans, 2010.

Fewell, Danna Nolan. "Reading the Bible Ideologically: Feminist Criticism." in *To Each Its Own Meaning: An Introduction to Biblical Criticism and Their Application*. Louisville: Westminster John Knox, 1999.

Hadjiev, Tchavdar S. " "(Not) Her Husband": Hosea's God and Ricoeur's Hermeneutics of Suspicion and Trust." *Religions* 13(2) 163(2022), 1-11.

HALOT 1167; *BDB* 1339.

Maier, Christl M. "Feminist Interpretation of the Prophets." Sharp, Carolyn J. Ed. *The Oxford Handbook of the Prophets*. New York: Oxford University Press, 2016.

Routledge, Robin. "Hosea's Marriage Reconsidered." *Tyndale Bulletin* 69.1 (2018), 25-42.

Scholz, Susanne. "Reading the Minor Prophets for Gender and Sexuality." *The Oxford Handbook of the Minor Prophets*. New York: Oxford University Press, 2021.

Sherwood, Yvonne. *The Prostitution and the Prophet: Hosea's marriage in the Literary-Theological Perspective*. JSOTSS 212; Sheffield: Sheffield Academic Press, 2009.

Stacey, W. D. *Prophetic Drama in the Old Testament*. London: Epworth, 1990.

Stone, Ken. "Queer Criticism." McKenzie, Steven and Kaitnerin, John. Ed. *New Meanings for Ancient Texts*. Louisville: Westminster John Knox Press, 2013.

Williams, Ronald J. *Hebrew Syntax: An Outline*. Toronto, Ontario, Canada: University of Toronto Press, 1968.

Wolff, Hans Walter. *Hosea: A Commentary on the Book of the Prophet*. Hermeneia; Minneapolis: Fortress, 1988.

딸을 위한 어머니는 없었다*

박유미 | 비블로스성경인문학연구소, 구약학

I. 보수적인 교회에서 여성주의로 성경 읽기가 가능할까?

나는 합동 교단에서 어린 시절부터 신앙생활을 하다 대학을 졸업한 후 합동 교단의 총신에서 신학대학원 석사와 박사 과정을 마쳤다. 합동 교단은 아직도 여성 안수를 반대하기에 여성에 대한 차별이 심한 곳이다. 여성신학 박사는 목사가 될 수 없기에 교수도 될 수 없는 그런 곳이다. 딸 많은 집 맏딸로 남녀 차별과는 거리가 먼 가정에서 여중, 여고, 여대를 졸업한 나는 남녀 차별에 대해 심각하게 생각해본 적이 없었다. 그래서 신학교를 갈 때도 이런 차별에 대해선 전혀 생각해보지 못했다. 그런데 신학교에 오자 목사가 될 수 없는 여성에 대한 수많은 차별을

---

* 이 글은 「구약논단」 29/2(2023)에 수록된 "어머니 부재가 딸에게 끼치는 영향 – 구약의 딸에 대한 어머니의 역할 연구"를 수정한 것이다.

경험하게 되었다. 신학교에 입학하고 나서 누군가 나에게 여성신학을 하기 위해 왔느냐고 물었을 때 나는 단지 구약이 좋아서 왔다며 여성신학이 왜 필요하냐고 반문했었다. 그러던 내가 여성주의 관점에서 구약 성서를 읽는 것이 필요하다고 느낀 것은 구약의 많은 본문이 본문의 의도와는 관계없이 남성 중심적으로 해석되는 것을 보고 난 뒤였다. 나의 박사 논문이 사사기 4-5장 드보라 사사에 관한 것이었는데 오랫동안 드보라를 사사로 제대로 인정하지 않았던 남성들의 논문과 주석을 보면서 그동안 성경이 남성의 시각에 의해 가부장제를 유지하는 방향으로 해석되어왔다는 것을 분명히 알게 되었다. 그러면서 여성주의 관점에서 성경을 보는 것이 교회 안에서 여성의 지위를 향상시키는 데 매우 필요하다는 것을 알고 새롭게 일반 페미니즘과 여성신학 등을 공부하게 되었다. 여성신학과 여성주의 성경 해석을 공부하는 과정에서 나는 내가 가진 보수적인 성경관과 성경 해석 방법을 여성주의의 시각과 접목할 수 있는지 고민하였다. 이런 나의 고민은 일반 교회의 고민과 맥을 같이 했다.

2016년 한국 사회는 강남역 여성 혐오 살인사건 이후 여성주의가 리부트되었고 이런 사회적 분위기는 교회 여자 청년들에게도 영향을 미쳤다. 학교와 사회에서 여성주의를 배운 여자 청년들이 가부장적인 교회 문화를 불편하고 정의롭지 못하다고 생각하며 교회에서 갈등이 생겨났다. 그리고 보수적인 교회는 이런 여자 청년들의 움직임을 막기 위해 여성주의가 비성경적이고 반기독교적인 사상이라며 여성주의를 반대하기도 했다. 내가 만난 여자 청년들은 이런 갈등으로 교회 출석을 심각하게 고민하고 있었다. 이런 보수적인 교회의 상황을 보면서 구약학자로서 가부장적 관심으로 해석되어온 본문을 비판하고 여성주의 관점으로 새롭게 해석하는 작업의 필요성을 절실하게 느끼고 이런 작업을 해오고 있다. 이미 여성주의 관점에서 해석된 성경 해석이 많지만 보수적인 교회를 설득하기 위해서는 보수적인 성경 해석 방법으로 성경을 해석하는 작업이 필요했다. 그래서 나의 작업은 보수적인 성경 해석 방법으로도 얼마든지 여성주의 관점에서 성경을 해석할 수 있다는 것을 보여주어 여성주의가 비성경적이라는 오명을 벗게 하고 오히려 평등이 중요한 사상 중 하나인 성경의 관점과 일치하는 것을 보여주는 것이다. 이 과정에서 이미 여성주의 관점에서 연구한 선구자들의 결과물에 많은 도움을 받았기에 그들의 수고에 감사하며 이 작업을 이어가고 있다. 이런 작업의 일환으로 이 글은 교회 내에서 왜 여성이 같은 여성보다는 남성의 이익을 위해 움직이는지 성경 본문을 통해 그 원인을 밝히고 여성 연대의 중요성을 주장하려고 한다.

2020년 성 착취 동영상 범죄로 온 나라가 분노에 휩싸였다. 그런데 이런 성 착취 동영상 범죄를 비롯한 성범죄는 어제오늘의 문제가 아니라 우리 사회 뿌리 깊은 남성 연대의 결과물이라고 볼 수 있다.[1] 그동안 여성 대상 성범죄에 대해 피해 여성의 관점과 여성의 관점에서 사건을 보고 판결하기보다는 남성들의 관점에서 사건을 조사하고 해석하고 판결하면서 성범죄를 가벼운 범죄로 보는 풍토가 있었기 때문이다. 이렇게 한국 사회는 가부장적이고 남성 중심의 문화 속에서 남성 연대가 강하게 이루어졌고 이를 통해 남성의 이익을 강화해왔다. 반면 여성들

---

[1] 남성 연대에 대해서 최란은 남성 집단의 일원으로 승인받기 위해 끊임없이 남성성을 증명하고 그 방법은 여성을 성적 대상화하면서 가능하다고 하였다. 그리고 2019년에 일어난 '정준영 카톡방 사건'은 남성 연대의 전형적인 예이다. 최란, "온/오프를 넘나드는 남성연대와 성폭력," 「여성이론」 40(2019), 216-217.

은 범죄의 피해자이고 당사자이지만 제대로 자신의 피해를 말하지도 못하고 자신의 이익을 위해 행동하지도 못했으며, 피해에 대한 보상도 받지 못하는 경우가 많았다. 우리나라에서도 2016년에 일어난 강남역 살인사건에 대해 남성이 대다수를 차지하는 경찰과 재판부는 조현병을 앓고 있는 한 남성의 우발적 살인으로 규정하였다.[2] 하지만 여성들은 이 사건을 계기로 연대하고 행동하고 적극적으로 목소리를 내며, 이 사건을 '여성 혐오 범죄'로[3] 규정하며 남성들의 관점을 거부하였다. 피해 여성들이 자신들의 관점에서 자신들의 목소리로 사건을 해석하고 규정하기 시작한 것이다. 그리고 이번 'n번방 사건'도 여성들이 연대해 피해 여성의 목소리를 대변하며 여성들이 여성의 문제를 규정하는 등 적극적으로 움직이고 이에 동의하는 사람들이 연대하며 엄정한 조사와 무거운 처벌을 요구하기 시작하였다. 그리고 이런 목소리에 사람들이 생각을 바꾸고 호응하며 이 사건은 과거의 여느 사건들과 다르게 사회적으로 매우 심각한 사건으로 받아들여지고 있고 엄중한 처벌이 이루어졌다. 이렇게 여성의 사건에 여성이 참여하고 연대하는 것은 사건을 보는 관점을 바꾸고 해결 방향을 바꾸게 한다.

그런데 아직까지 교회에서는 남성 목회자를 중심으로 한 남성 연대가 매우 강하기에 여성이 부당한 대우를 받는 것에 대해 남성들은 별로 관심을 갖지 않는다. 또한 여성에 대한 성범죄가 일어나도 피해 여성의

---

2 이장호, "[판결] '강남역 살인범'에 징역 30년… "조현병 심신미약 상태에서 범행"," 「법률신문」, 2016. 10. 14, https://m.lawtimes.co.kr/Content/Case-Curation?serial=103824. 2020년 4월 28일 접속.
3 박소정, "'묻지마 살해' 아닌 '여성혐오'… '강남역 살인사건' 3주기 추모제," 「조선일보」, 2019. 5. 17, https://news.chosun.com/site/data/html_dir/2019/05/17/2019051702835.html, 2020년 4월 28일 접속.

입장에서 사건을 해결하고 회복시키는 것에 관심을 두기보다는 남성 목회자들의 관점에서 그들의 주장을 대변하고 그들의 이익을 위해 움직이는 경우가 많다.[4] 이런 현상은 교회의 가부장적 문화와 함께 성경에 여성 연대의 모습이 많이 나타나지 않을 뿐만 아니라 해석자들도 이에 관심을 두지 않기 때문이다.

구약을 보면 어머니가 많이 등장한다. 하지만 그 어머니들은 모두 아들과 연결된 어머니이며 딸과 연결된 어머니는 없다. 여성들이 성폭행을 당한 디나와 다말 이야기에서도, 입다의 딸 이야기에서도 어머니나 자매들은 등장하지 않는다. 이렇게 딸들이 피해를 입고 죽임을 당하는 모든 사건에서 어머니가 부재한 것은 주목할 만하다. 일반적으로 이야기에 등장하는 인물도 중요하지만, 그 이야기에 등장하는 것이 당연하거나 등장하면 좋을 인물이 존재하지 않는 경우 그 이유와 의미를 찾는 것도 중요하다. 그것도 한 이야기에서만 어머니가 부재한 것이 아니라 딸들에게 문제가 생긴 모든 이야기에서 어머니가 부재하다는 것은 신학적 의도가 있거나 문화적 이유가 있을 것으로 생각할 수 있기 때문이다.

이와 대조적으로 구약에서 아들에게 문제가 생긴 경우 혹은 아들에게 이익이 되는 일을 하기 위해 어머니가 등장하는 경우는 많다. 이삭을 위해 하갈과 이스마엘을 내보낸 사라, 야곱이 축복을 받게 하기 위해 애쓴 리브가, 솔로몬을 왕으로 세우기 위해 움직인 밧세바, 아들을 살리기 위해 엘리사를 찾아간 수넴 여인 등 어머니들은 아들을 위해

---

4 대표적인 예로 심각한 성적 물의를 일으킨 전병욱 씨의 경우 아직도 교단과 노회와 교회의 비호 속에 합동 교단 목사로 활동하고 있다.

다양한 역할과 적극적인 행동을 했다. 그러므로 어머니가 자녀의 일에 관여하지 않는 것이 문화적 관습이었다고 말하는 것으로 곤란에 빠진 딸 문제에 어머니가 부재한 정당한 이유로 볼 수 없다. 더 나아가 아들 사건에 적극적으로 개입한 것처럼 딸들 사건에 어머니들이 적극적으로 개입하고 지지했다면 딸들의 상황이 현재 본문에 기록된 것과는 상당히 다른 모습이었을 것이라는 생각이 들었다. 그러므로 곤란에 처한 아들을 돕는 어머니의 모습을 살펴보며 어머니가 아들과 어떤 관계에 있는지 밝히고 곤란에 처한 딸에게도 그녀의 처지와 이익을 위해 도와줄 보호자가 있었다면 상황이 어떻게 바뀌었을지 생각해보려고 한다.

그러므로 이 글에서는 첫째, 구약성경이 어머니를 아들을 위한 존재로 그리고 있다는 남성 중심적이고 가부장적인 특징을 드러내려고 한다. 둘째, 구약성경의 가부장적이고 남성 중심적 특징을 어떻게 현대 사회 속에 적용할 수 있을지 그 대안을 제시해보려고 한다. 이를 통해 교회의 남성 중심적 가부장제 관행에 제동을 걸고 여성의 관점과 여성에 대한 연대의 중요성을 강조하려고 한다.

이를 위해 딸들이 곤란에 빠진 내러티브와 아들과 어머니가 나오는 내러티브에 대한 자세한 읽기를 통해 어머니의 부재와 존재가 딸과 아들에게 어떤 영향을 주었는지 살펴볼 것이다. 딸이 곤란에 빠진 본문은 성폭행 본문을 선택하였고 아들과 어머니의 본문은 디나 사건이 일어난 족장 시대인 창세기에서 두 본문(창 21장, 27장)을 선택하였으며, 다말의 사건과 비교하기 위해 왕정시대의 어머니와 아들이 나타나는 두 본문(왕상 1장, 왕하 4장)을 선택하였다. 그리고 구약에서 어머니가 아들과의 관계 속에서만 등장한 이유를 성의 정치학적 관점과 신학적 관점에서 설명할 것이다. 그리고 결론에서 신약의 예를 통해 여성을 위한 연대의 필요성을 주장하려고 한다.

II. 곤란에 빠진 딸과 어머니의 부재 현상

구약에서 여성이 성폭행을 당하거나 죽임을 당한 본문에서 공통적으로 여성 보호자가 등장하지 않는 것이 관찰된다. 이 장에서는 성폭행 사건이 나오는 세 본문(창 34장, 삿 19장, 삼하 13장)을 예로 어머니로 상징되는 여성을 위한 보호자 부재 현상을 살펴보고 어머니의 부재가 성폭행당한 딸과 그 사건 해결에 어떤 영향을 미쳤는지 생각해보고자 한다.

1. 세겜의 성폭행 사건(창 34장)

창세기 34장의 세겜 성폭행 사건은 야곱과 레아의 딸인 디나가 세겜으로 구경을 나갔다가 세겜에게 잡혀 성폭행을 당한 것이다. 성폭행 이후 세겜은 자신의 힘과 권력을 이용하여 디나를 잡아두고 아버지 하몰을 시켜 디나와 결혼하겠다고 요청한다(8절). 하지만 디나의 아버지 야곱은 이 일에 침묵하였고 디나의 남자 형제들은 이 일을 빌미로 세겜의 모든 남자를 죽이고(25절) 그들의 제물을 빼앗고 자녀와 여자들을 노예로 삼는다(29절). 그리고 야곱은 아들들의 행동에 화를 내고 끝난다. 여기서 성폭행 피해자인 디나의 목소리는 전혀 들리지 않는다. 이것은 그녀를 둘러싼 남성들 누구도 피해 당사자인 디나에게 관심을 갖지 않았기 때문이다.[5] 디나의 남자 형제들은 디나로 인해 자신들이 받은 치욕에 대한 복수, 그것을 이용해서 세겜의 재물을 빼앗는 것에만 관심을 가졌다. 그렇기에 성폭행을 당한 디나의 회복을 위해 어머니 레아와 의논하거나 디나의 의견을 묻는 대신 형제들끼리 의논하고 자신들이 원하는 방식으로 행동한다. 물론 야곱이 그들의 행동을 질책할 때 그들은 "우리 누이를 창녀같이 대우함이 옳으니이까"(31절)라며 디나를 위하는 것처럼 말했다. 하지만 그들의 행동으로 디나가 얻은 이익은 없다. 결국 디나는 결혼할 기회를 얻지 못하고 계속해서 야곱의 집에서 쓸쓸히 살다가 가족들과 함께 애굽으로 이주한다(창 46:15).

이 장면에서 또 하나의 남성 연대가 나오는데 그것은 하몰과 세겜이다. 하몰은 아들 세겜이 디나를 성폭행한 후 결혼하고 싶다고 말하자 철저히 아들 편에 선다. 그는 아들의 요청을 들어주기 위해 야곱과 디나의 남자 형제들을 만나러 왔고 그들에게 세겜이 디나를 마음에 둔 것과 결혼을 원한다는 것을 전달한다. 그리고 결혼을 성사시키기 위해 많은 재물과 조건을 걸고 디나의 남자 형제들과 협상하고 세겜 사람들을 설득하여 할례를 받게 하는 등 아들을 위해 매우 적극적으로 움직인다. 하몰은 아들의 잘못된 행동을 지적하거나 그의 범죄 행위에 대해 사죄하지도 않고 아들 편에 서서 아들의 소원을 이루어주기 위해 분주히 움직인다. 이런 하몰의 모습은 딸을 위해 아무런 말과 행동을 하지 않는 야곱과 대조를 이룬다.

또한 이런 하몰과 세겜의 모습은 디나의 어머니 레아가 이 장면에 등장하지 않는 것과 대조된다. 어머니 레아는 디나를 소개하는 부분에서 한 번 언급되는데 디나를 레아의 딸로 소개하기 때문이다.[6] 하지만

---

5 박유미, "성폭력, 개인의 문제인가 사회적 문제인가? 구약의 '여성 성폭력-전쟁'의 패턴에 대한 연구,"「구약논단」 24(2018), 137.

6 이 구문 דִּינָה בַּת־לֵאָה אֲשֶׁר יָלְדָה לְיַעֲקֹב(디나 바트 레아 아쉐르 얄다 레아야코브)은 직역하

딸인 디나가 곤경에 처하고 결혼 이야기가 오가는 이 장면에서 레아는
등장하지 않는다. 그런데 창세기 24장 28절의 리브가의 결혼 장면을
보면 결혼 이야기는 리브가의 어머니 집에서 이루어지고 어머니도 그
장면에서 딸이 좀 더 머물기를 요청하기도 한다(53, 55절). '어머니의
집'이란 표현은 여기와 아가서 3장 4절, 룻기 1장 8절에만 등장하는 매
우 드문 표현으로 성(sexuality)과 결혼 그리고 자신과 타인의 운명을 결
정짓는 여성들과 관련된 본문에 나타난다.7 이렇게 '어머니의 집'이라
고 표현된 세 용례가 모두 딸의 결혼과 관련된 맥락에서 사용되었기에
이 표현은 딸의 결혼에 어머니가 관여하는 것이 일반적이라는 것을 나
타낸다. 그런데 어머니 레아가 디나의 성폭행 사건과 결혼을 결정하는
상황에서 전혀 등장하지 않는 것은 이상하다. 결국 어머니 레아가 등장
하지 않음으로 성폭행 사건과 결혼 논의 과정에서 여성의 관점은 배제
되고 여성의 이익을 대변해줄 목소리가 삭제되었으며, 이 사건은 남성
의 관점에서 해석되고 남자 형제들의 이익을 위해 사건이 진행되었다.

2. 기브아 성폭행 사건(삿 19장)

사사기 19장의 기브아 성폭행 사건은 레위인과 그 첩이 기브아에
들어갔다가 첩이 기브아 사람들에게 집단 성폭행을 당하고 죽은 사건

면 "디나, 레아의 딸, 레아가 야곱에게 낳은 딸"로 특이하게 '레아의 딸'로 소개된다. 웬함
은 디나가 레아의 딸이라는 말이 야곱이 디나의 사건에 무관심한 태도를 보인 이유를 설
명하는 것으로 해석한다. 고든 웬함, 『창세기 16-50』, 박영호 옮김(서울: 솔로몬, 2001),
551.
7 캐롤 A. 뉴섬 외 엮음, 『여성들을 위한 성서주석: 구약편』, 이화여성신학연구소 옮김(서
울: 대한기독교서회, 2015), 223.

이다. 19장에서 첩이 화가 나[8] 집으로 돌아갔을 때 남편인 레위인은 첩을 데리러 왔다. 이때 사위인 레위인을 대접하는 것은 첩의 아버지이다. 구약의 접대 문화에서는 남자 주인이 남자 손님을 대접하는 것이 일반적이다(창 18장, 19장). 그렇기에 딸의 어머니는 장면에 전혀 등장하지 않는다. 그런데 여기서 딸도 남편을 맞으러 나온 뒤 사라진다. 베리 웹(Berry G. Webb)은 딸의 모습도 목소리도 사라졌으며 딸은 오직 두 남자를 연결하는 보이지 않는 고리 역할을 한다고 지적한다.[9] 그리고 레위인 일행이 기브아에 들어갔을 때도 기브아 노인만이 이들을 자신의 집으로 초대하여 대접한다. 그러다 기브아의 불량배들이 레위인을 내놓으라고 협박하자 레위인은 자신의 첩을 끌어내 그들의 손에 넘긴다.[10] 이 장면에서 기브아 노인은 위협받는 레위인을 위해 자신의 딸과 레위인의 첩을 내놓겠다며 적극적으로 레위인을 돕는 강력한 남성 연대를 보여준다. 마치 아버지가 아들을 보호하듯이 노인은 레위인을 보호한다. 노인의 이런 적극적인 보호는 레위인 장인의 극진한 대접을 연상시킨다. 이런 극진한 보호를 받는 레위인과 대조적으로 레위인이 첩을 끌어낼 때는 아무도 그녀를 돕지 않았다. 노인에게 자신이 보호해야 할 손님은 오직 레위인뿐이기에 노인은 일체 나서지 않는다. 그리고 그 집에는 기브아 노인의 딸과 아내가 있었지만, 레위인 첩을 도울 경

---

8 박유미, 『내러티브로 읽는 사사기』 (서울: 새물결플러스, 2018), 333. 임효명도 '행음하다'보다는 '화내다'라는 번역을 지지한다. 임효명, "성폭력 조력자들 연구,"「구약논단」 83(2022), 193 n. 14.

9 Berry G. Webb, *The Book of Judges* (Grand Rapids: Eerdmans, 2012), 459-460.

10 임효명은 원문에서 'הָאִישׁ(하이쉬)'로 기록한 것에 대해 레위인으로 볼 것인지, 노인으로 볼 것인지에 대한 논의를 보여준 뒤에 이런 모호성이 레위인과 노인이 모두 성폭행의 조력자임을 드러내는 장치라고 해석하였다. 임효명, "성폭력 조력자들 연구," 196-197. 하지만 정황상 레위인으로 해석된다. 참조 Webb, *The Book of Judges*, 468.

우 자신들이 피해자가 될 수도 있기에 그들은 레위인 첩을 도울 수 없었을 것이다. 기브아 노인이 자신의 처녀 딸을 불량배의 제물로 내놓겠다고 말하고 있기 때문이다(삿 19:24). 이렇게 첩이 아니면 자신들이 피해자가 될 상황에서 여성 연대를 형성하는 것은 불가능하다. 그렇기에 이들은 본문에서 전혀 언급되지 않는다. 그리고 어머니 대신 남편인 레위인이 첩의 보호자로 행동해야 하는데 오히려 첩의 희생에 적극적으로 참여하고 있다. 레위인이 자신의 첩을 희생시킨 것은 자신을 보호하고 있는 노인의 딸을 희생시킬 수는 없었기 때문이다.[11] 그러므로 이 본문 역시 남성 연대의 공고함과 여성 연대와 여성을 위한 보호자의 부재를 통해 약자인 여성이 희생자가 된 상황을 잘 보여준다.

3. 암논의 성폭행 사건(삼하 13장)

암논의 성폭행 사건은 다윗의 큰아들 암논이 자신의 이복 누이인 다말을 성폭행한 사건으로 여기서도 강한 남성 연대를 보여준다. 암논이 성범죄를 계획하고 실행에 옮길 때 그는 사촌 요나답과 아버지 다윗의 도움을 받는다. 요나답은 다말을 성폭행할 방법을 알려주었고 다윗은 다말을 암논의 방으로 가도록 만들었다. 그리고 성폭행 사건 이후에 다말은 암논에게 내쫓기면서도 자신의 피해 사실을 알리며 도와달라고 요청한다. '울부짖다'로 번역된 동사 זָעַק(자아크)'는 부당한 고통을 겪은 자가 도움을 요청하는 법률적 용어로 볼 수 있다(신 22:23-27).[12]

---

11 박유미, "성폭력, 개인의 문제인가 사회적 문제인가? 구약의 '여성 성폭력–전쟁'의 패턴에 대한 연구," 133.
12 김이곤, "다윗의 딸 다말 애도송 – 지혜를 능욕하는 왕권을 고발하며," 「기독교사상」

하지만 남성 보호자들은 그녀를 위해서 아무 일도 하지 않는다. 다윗은 화만 낼 뿐 암논을 처벌하지 않았고 오빠 압살롬은 '잠잠하라'며 다말의 입을 막는다. 여기서 다윗이 암논에게 벌을 내리지 않은 것은 암논의 죄를 덮기 위한 것으로 그는 철저히 암논을 보호하였다.[13] 범죄가 일어난 뒤에도 남성 연대는 여전히 강고하였다. 반면에 이 본문에서도 다말의 어머니 마아가는 등장하지 않는다. 마아가는 다윗의 세 번째 부인으로 그술 왕 달매의 딸로 소개된다(삼하 3:3). 그녀는 이름으로만 소개되고 이야기 속에서는 한 번도 등장하지 않는다. 다만 압살롬이 암논을 죽인 뒤 그의 외할아버지 그술 왕에게 도망간 것을 보면(삼하 13:37) 다말의 어머니 마아가가 아직 살아 있었다고 볼 수 있다. 하지만 마아가는 다말을 위해 어떤 말이나 행동도 하지 않는다. 이것은 뒤에 압살롬이 암논을 죽인 다음 어머니 마아가의 친정인 그술 왕에게 도망하도록 도운 것과 대조를 이룬다. 마아가는 다말 사건에는 어떤 영향력도 행사하지 않았지만 압살롬 사건에서는 도망할 수 있는 피난처를 제공하는 역할을 했다. 어머니 마아가의 영향력이 있었기에 압살롬이 그술로 도망가서 살 수 있었던 것이다. 다말은 피해자였어도 도움을 받지 못해 쓸쓸히 살아야 했지만 압살롬은 살인을 하고도 어머니의 도움을 톡톡히 받은 것이다. 여기서도 피해자 다말은 자신을 보호하고 대변해 줄 어머니는 찾을 수 없었다.

이렇게 세 개의 성폭행 사건에서 여성을 대변할 어머니도 여성을 위한 보호자도 없었고 그 결과 성폭행 피해자들의 음성이 삭제되거나 무

30(1986), 110.

13 이에 대한 좀 더 자세한 논의는 박유미의 "성폭력, 개인의 문제인가 사회적 문제인가?" 논문을 참조하라. 142-143.

시되었으며 피해자의 이익은 무시되었다고 결론 내릴 수 있다.

III. 아들과 어머니의 관계

곤란에 처한 딸들의 본문에서 공통적으로 어머니가 등장하지 않는 것을 보면서 구약 시대에는 어머니가 자녀를 보호하거나 영향력을 갖지 못한 것이라고 생각할 수 있다. 하지만 구약 본문에서는 곤란에 처한 아들 혹은 아들의 이익을 위해 적극적으로 움직이는 어머니 모습을 심심치 않게 발견할 수 있다. 이 절에서는 대표적으로 사라와 이삭(창 21장), 리브가와 야곱(창 27장), 밧세바와 솔로몬(왕상 1장), 수넴 귀부인과 아들(왕하 4장) 이야기를 살펴보려고 한다.

1. 사라와 이삭(창 21장)

사라는 오랜 불임의 시간을 보내다 90세에 아들 이삭을 얻는다. 그리고 이삭이 젖 뗄 때가 되었을 때 사라는 아브라함에게 하갈과 그녀의 아들인 이스마엘을 내쫓으라고 명령한다. '내쫓으라'로 번역된 동사 'שֵׁרַגְּ(가레쉬)'는 'שַׁרָגְּ(가라쉬)'의 피엘 명령형으로 이는 사라가 요청이나 권유를 한 것이 아니라 강력하게 요구했다는 것을 의미한다. 그 이유는 "이 종의 아들은 내 아들 이삭과 함께 기업을 얻지 못하리라"는 것이다. 즉, 이삭만이 아브라함의 유일한 상속자로 아브라함의 모든 권한과 재산을 물려받을 자격이 있다고 생각하고 하갈과 이스마엘을 내쫓으라고 요구한 것이다. 사라는 창세기 12장에서 아브라함이 자신의 목숨을 살리기 위해 누이라고 속여달라고 말할 때도, 바로와 결혼하게 될 때도 아브라함에게 어떤 말도 하지 못했다. 자신이 처한 불합리한 상황에서는 침묵했지만 자기 아들의 권리와 재산을 지키기 위해서는 강하게 목소리를 내었다. 이런 사라의 말에 대해 아브라함은 못마땅하게 생각하고 반대하였지만[14] 사라는 물러서지 않았고 마침내 자신이 목적한 바를 달성하게 된다. 즉, 하갈과 이스마엘을 집에서 쫓아내고 이삭이 모든 권한과 재산을 차지하게 한다. 여기서 사라는 아들을 위해 남편과 맞서는 강한 어머니의 모습을 보여준다.[15] 그리고 이삭은 어머니의 도움으로 혼자 모든 재산과 권리를 얻게 된다.

2. 리브가와 야곱(창 27장)

리브가는 이삭의 아내로 쌍둥이 에서와 야곱을 낳는다. 그리고 그녀는 사냥꾼인 에서보다는 조용하게 집에 있는 야곱을 더 사랑하였다. 그런데 이삭이 나이 먹고 눈이 어두워지자 에서에게 축복하기로 결심한다. 이삭이 에서를 축복하겠다는 것은 매우 오래된 가부장적 관습으로 그를 상속자로 삼겠다는 의미이다.[16] 하지만 리브가는 야곱을 더 사

---

14 '그 일이 매우 근심되었더니'로 번역된 히브리어는 וַיֵּרַע הַדָּבָר מְאֹד(바이라 하다바르 메오드)로 직역하면 '그 일이 매우 악했다, 불쾌했다'이다.

15 이런 사라의 모습은 하갈과 이스마엘의 생존을 위협하는 박해자의 모습으로 보이며 부정적으로 해석될 여지가 있다. 하지만 여기서는 아들의 이익을 위해 행동했다는 데 중심을 둔 해석이기에 이 부분에 대한 논의는 생략하도록 하겠다. 다만 이스마엘도 어머니 하갈의 도움으로 살아나고 아내를 얻고 큰 부족을 이루는 모습을 관찰할 수 있다(창 21:16-19, 21).

16 이삭이 에서에게 하는 축복이 무엇인지에 대해서는 의견이 분분하다. 월키와 프레드릭스는 복과 장자권을 분리하여 이삭이 에서에게 주는 것은 복으로 신적 권위, 번영, 지배

랑하였고 큰 자가 어린 자를 섬길 것이라는 하나님의 신탁도 들은 상황이라(창 25:23) 야곱을 상속자로 만들어야겠다고 결심한다. 하나님의 신탁이 리브가의 결심에 당위성을 제공했을 것이다. 그러자 그녀는 이삭을 속이기 위해 치밀한 계획을 세우고 야곱에게 에서의 옷을 입히고 염소 새끼의 가죽을 그의 손과 목에 입혀 에서처럼 치장시킨 후 이삭이 좋아하는 염소 고기 요리까지 만들어 야곱을 이삭에게 들여보낸다. 이때 야곱이 이 일을 들켜 아버지의 저주를 받을 수도 있다며 두려워했지만 이마저도 리브가는 "너의 저주는 내게로 돌리리니"라며 일이 잘못되었을 경우 모든 책임과 저주까지도 자신이 떠맡겠다고 나선다.[17] 그녀는 야곱을 위해 목숨이나 저주도 두려워하지 않을 정도로 야곱의 이익을 위해 행동한 것이다. 그리고 리브가의 계획대로 야곱은 무사히 이삭을 속이고 모든 축복을 받아낼 수 있었다. 이런 리브가의 모습에서 사랑하는 아들을 위해 불이익까지도 감수하겠다는 열성적인 어머니의 전형을 발견할 수 있다. 물론 이런 리브가의 행동의 결과가 긍정적이라고 말하기는 어렵다. 아들 간에 싸움이 나고 야곱은 라반의 집으로 도망해야 했고 리브가는 다시는 야곱을 볼 수 없게 되었다.

아들과의 관계 속에서 사라와 리브가의 모습을 보면 이렇게 아들의 이익을 위해 움직인 결과가 항상 윤리적이거나 긍정적인 것만은 아니

권이라고 보며 장자권은 유산 상속이라고 말한다. 브루스 K. 월키 외, 『창세기 주석』, 김경열 옮김(서울: 새물결플러스, 2018), 676. 천사무엘은 장자권과 축복권은 서로 관계가 없는 것으로 축복은 하나님 이름으로 하는 일종의 맹세 행위라고 말한다. 천사무엘, 『창세기』(서울: 대한기독교서회, 2001), 367-368.

17 웬함은 이삭이 야곱에게 내린 저주가 리브가에 갈 수 있을지에 대해서는 의문을 제기하지만 이 말이 야곱에게 자신의 계획을 실행하도록 만들기 위한 욕망의 잔인함을 보여준다고 하였다. 웬함, 『창세기 16-50』, 385.

었다. 하지만 창세기에 기록된 어머니의 모습은 가족 내에서 발언권을 가지며 자기 자식 문제에 대해서 관여할 권한도 있고 실제로 깊숙이 관여하고 있다는 것은 분명하다. 그러므로 이런 관점에서 보면 디나의 문제에 개입하지 않은 어머니 레아의 모습은 당연한 것이라고 볼 수 없다.

3. 밧세바와 솔로몬(왕상 1장)

밧세바는 원래 헷 사람 우리아의 아내였지만 다윗이 저지른 성범죄[18]의 결과로 다윗의 아내가 된 인물이다. 그녀는 다윗에게 성폭행을 당할 때 다윗의 적극적인 행동에 수동적으로 따라가는 인물로 나온다(삼하 11:4). 그리고 다윗이 우리아를 죽였을 때도 그 상황을 그대로 받아들일 뿐 자신에게 닥친 불행과 남편의 죽음에 어떤 대응도 하지 않는다. 죽은 남편을 애도하고 장례를 치르는 것과 같은 통상적인 아내의 의무만을 수행하다 장례 후 다윗이 그녀를 아내로 삼자 궁으로 들어간다. 이렇게 사무엘하 11장에 묘사된 밧세바는 자신의 의견을 한 번도 피력하지 않고 다윗의 명령대로 움직이는 지극히 수동적인 인물이다.

하지만 이와 대조적으로 솔로몬이 왕으로 등극하는 장면(왕상 1장)에서 밧세바는 매우 적극적으로 움직인다. 다윗이 나이가 들자 학깃의 아들인 아도니야가 요압과 제사장 아비아달의 지지를 받으며 왕이 되려고 한다. 이 소식을 들은 나단 선지자는 솔로몬의 어머니 밧세바에게

---

18 박유미는 이 사건을 다윗의 위계에 의한 성폭행 사건으로 명명한다. 박유미, 『오늘 다시 만나는 구약 여성』(서울: 헵시바, 2022), 44.

달려가 이 사실을 전하며 당신과 솔로몬의 생명을 구할 계획을 알려주겠다고 말한다. 이 말은 아도니야가 왕이 되었을 때 밧세바와 솔로몬의 목숨이 위험하다는 걸 경고한 것이다. 이 말을 들은 밧세바는 매우 적극적으로 움직인다. 즉시 다윗에게 찾아가 자신에게 솔로몬을 왕으로 세워주겠다고 한 다윗의 약속을 언급한다. 이것이 가장 강력한 무기이기에 밧세바는 이 사실을 가장 먼저 언급하였다. 또한 요압과 아비아달의 지지로 아도니야가 왕이 되었다는 사실과 솔로몬이 초대받지 못했다는 사실을 전한다. 이것은 아도니야가 왕이 되면 솔로몬의 생명이 위험하다는 것을 간접적으로 알린 것이다. 그러면서 온 백성이 기다리고 있으니 왕이 다음 왕을 지정해야 하며 그렇게 하지 않으면 자신들은 죽은 목숨이라며 다윗을 압박한다. 이런 밧세바의 말을 들은 다윗은 그녀와의 약속을 지키겠다고 하며 솔로몬을 왕으로 선택한다. 이렇게 밧세바는 결정적인 순간에 나서서 자기 아들인 솔로몬이 왕위에 오를 수 있게 만든다. 비록 나단의 도움이 있었지만, 솔로몬이 왕이 되는 데 가장 적극적으로 나서며 중요한 역할을 한 사람은 어머니인 밧세바였다. 이런 밧세바를 리차드 넬슨(Richard D. Nelson)은 아들의 장래를 위해 필사적으로 분투한 어머니로,19 닐스 에릭 안드레센(Niels-Erick A. Andreasen)은 상담자와 지혜의 원천으로 역할을 하였다고 평가한다.20 밧세바도 사라처럼 자신이 다윗의 성적 욕망의 대상이 되고 성폭행을 당할 때도, 남편이 죽었을 때도 침묵하고 소극적으로 행동했지만, 아

---

19 리차드 넬슨,『열왕기상.하: 목회자와 설교자를 위한 주석』, 김회권 옮김(서울: 한국장로교출판사, 2000), 49.

20 Niels-Erick A. Andreasen, "The Role of the Queen Mother in Israelite Society," *CBQ* 45(1983), 193.

들 솔로몬의 이익을 위해선 신속하고 적극적으로 행동하였다.

4. 수넴 귀부인과 아들(왕하 4장)

열왕기하 4장에 나오는 수넴 귀부인[21]은 엘리사에게 양식과 방을
제공한 부유하고 신분이 높은 여성이다. 그녀는 엘리사가 '하나님의 거
룩한 사람', 즉 하나님의 선지자라는 것을 인정하고 엘리사를 적극적으
로 돕는다. 그리고 수넴 귀부인의 호의에 보답하고 싶었던 엘리사의 기
도로 그녀는 아들을 얻게 된다. 이 과정에서 수넴 귀부인은 아들을 달
라고 요청하지 않았으며 그녀가 아들을 얻은 것은 순전히 엘리사의 감
사와 호의로 인한 것이었다. 즉, 수넴 귀부인은 일반적인 불임 여성과
달리 아들을 갖는 것에 큰 관심을 두지 않았다. 하지만 수넴 귀부인은
아들의 갑작스러운 죽음을 맞이했을 때는 아들을 얻을 때의 소극적인
모습과 달리 적극적으로 움직인다. 그녀는 아들이 자기 무릎 위에서
죽자 그를 엘리사의 방 침상에 누이고 엘리사에게 달려간다. 이때 남편
은 그녀의 출발을 제지하지만, 그녀는 남편의 말을 무시하고[22] 나귀를

---

21 열왕기하 4:8에 '한 귀한 여인'으로 번역된 히브리어는 אִשָּׁה גְדוֹלָה(이샤 게돌라)로 '위대
   한, 고귀한, 뛰어난'이라고 번역되는데 모세(출 11:3), 다윗(삼하 5:10), 욥(욥 1:3),
   모르드개(에 9:4)에게 이 단어(가돌 גְּדוֹל)를 붙였고 열왕기상 5:1에서 나아만은 남성
   형인 אִישׁ גְּדוֹל(이쉬 가돌)로 소개된다. 이 단어를 여성에게 붙인 용례는 여기가 유일하
   다. 그리고 때때로 이 단어는 '부유한'으로 번역되기도 한다(RSV, NRSV). KJV는 '위대
   한(great)'으로 번역하였는데 이는 사회적 지위가 높은 여성이란 의미이고 NIV는 '유
   능한'으로 번역하였다. 참조, Gene Rice, "A Great Woman of Ancient Israel(2
   Kings 4:8-37; 8:1-6)," *The Journal of Religious Thought* 60-63(2008-2010), 70.
22 넬슨은 이것을 죽음을 맞이하는 다음 단계의 행동인 애곡과 매장을 추진하려는 남편의
   행동을 막은 것으로 해석한다. 넬슨, 『열왕기상.하』, 281-282.

타고 엘리사에게 간다. 엘리사는 수넴 귀부인이 오는 것을 알고 사환 게하시를 마중 보냈으나 그녀는 게하시에게 대충 인사하고 바로 엘리사에게 가서 그의 발을 붙잡는다. 그녀의 목적은 한시라도 빨리 엘리사를 만나는 것이기에 남편과 게하시의 말을 '샬롬'[23]이란 한 마디로 무시하고 자신의 목적을 위해 달려간다. 여기서 남편과 게하시의 긴 말(왕상 4:23, 26)과 수넴 귀부인의 '샬롬'이란 한 마디의 대조를 통해 수넴 귀부인이 이들의 말을 무시하고 있다는 것을 잘 표현한다. 그리고 엘리사가 모든 사정을 알고 아들을 살리기 위해 게하시에게 지팡이를 들려 보냈을 때도 그녀는 그것에 만족하지 못하고 엘리사에게 같이 갈 것을 강권한다. 그녀가 엘리사의 발을 잡은 것은 복종이 아니라 강요하는 행위이다. 그녀는 절대 엘리사를 떠나지 않겠다고 여호와의 이름으로 맹세하는데 이것은 엘리사가 같이 갈 때까지 한 발짝도 움직이지 않겠다는 강한 의지를 표현한 것이다. 그녀는 아들을 살리기 위해서 엘리사에게 최선을 다해 매달린다. 결국 엘리사는 수넴 귀부인의 강요에 못 이겨 그녀의 집으로 가서 아이를 직접 살린다. 수넴 귀부인의 빠른 판단과 행동과 굳센 의지가 자신의 죽은 아들을 살리는 기적을 일으킨 것이다. 수넴 귀부인은 가만히 있는 아이 아버지와 달리 아이를 구하기 위해 움직였으며 소극적인 엘리사를 적극적으로 움직이게 만들었다. 결국 죽은 아들을 살린 것은 수넴 귀부인이다. 이에 대해 진 라이스(Gene Rice)는 모성애를 가장 잘 보여주는 예라고 평가한다.[24]

---

23 23절과 26절의 '평안하다'는 말은 히브리어로 שָׁלוֹם(샬롬)'이다. 이것은 일상적인 인사말로 수넴 귀부인은 남편의 말과 게하시의 인사에 이 말 한마디만 하고 자기의 길을 간다.

24 Rice, "A Great Woman of Ancient Israel," 77.

이렇게 왕정 시대에 나타난 두 어머니는 아들을 왕위에 오르게 만들고 죽은 아들을 살리기도 하였다. 왕정 시대에도 어머니는 아들의 이익과 생명을 보존하기 위해 매우 적극적으로 그 역할을 하고 있다. 이 외에도 에드워드 브릿지(Edward J. Bridge)는 구약에서 어머니가 아이의 이름을 짓는 경우가 많고 어머니가 아이들의 종교 교육에 영향을 미쳤다는 것과 언어에 영향을 미쳤다는 것을 결합하면 고대 이스라엘 사회에서 여성이 가정 내에서 매우 영향력이 컸다고 주장하는 연구를 뒷받침해줄 수 있을 것이라고 주장하였다.[25]

브릿지의 지적과 아들의 문제에 적극적으로 개입하는 네 명의 어머니의 모습을 보면 구약 시대에 어머니들이 가정 내에서 권위를 지니고 있으며 보호자이며 양육자였다는 것을 알 수 있다. 그러므로 곤란에 빠진 딸 사건에 어머니가 부재한 것은 어머니가 가정 내에서 보호자로서 역할을 할 수 없는 문화 때문이라는 전제가 옳지 않다는 결론에 이른다. 즉, 어머니도 아버지처럼 가정 내에서 자식을 보호하고 자식의 이익을 위해 적극적으로 개입할 수 있었다는 것이다. 이 결과를 볼 때 곤란에 빠진 딸의 사건에 어머니가 부재한 것은 어머니의 역할의 문제가 아닌 다른 이유가 있었다는 것을 알 수 있다.

---

25 Edward J. Bridge, "A Mother's Influence: Mothers Naming Children in the Hebrew Bible," *VT* 64(2014), 400.

IV. 딸을 위한 어머니 부재 이유

구약에서 어머니와 딸의 관계를 언급하는 본문은 없는 반면 어머니는 항상 아들과 관련되어 등장한다는 것을 발견하였고 아들의 양육자와 보호자로 역할을 담당하고 있음을 알아보았다. 이 장에서는 왜 어머니가 딸 이야기 속에서는 부재하고 오직 아들과만 관련되어 나타나는지 사회구조적 이유와 신학적 이유를 찾아보려고 한다.

1. 남아 선호의 가부장제 사회의 영향

이스터 훅스(Esther Fuchs)는 '성의 정치학(Sexual Politics)'을 기반으로 구약 어머니의 특징을 연구하였다. 케이트 밀렛(Kate Millett)의 정의에 따르면 정치는 "일군의 사람들이 다른 사람들에게 지배를 받는 권력으로 구조화된 관계와 배치를 지칭하는 것"이다.[26] 또한 우리 사회 질서 안에서 남성이 여성을 지배하는 생득적 우월성은 제도화되어 있으며 성의 지배는 우리 문화에 가장 널리 만연해 있는 이데올로기이고 가장 근본적인 권력 개념을 제공하는데 이는 모든 다른 역사 문명이 그러했듯 우리 사회 또한 가부장제 사회이기 때문이라고 진단하였다.[27] 그리고 성의 정치학은 "양성이 기질이나 역할, 지위에 관하여 가부장적 형태로 '사회화'되는 과정을 통해 합의를 얻는 것"이라고 정의하였다.[28] 그리고 이런 가부장제의 주요 제도는 가족이며 엄격한 가부장제

---

26 케이트 밀렛, 『성의 정치학』, 김유정 옮김(서울: 샘앤파커스, 2020), 50.
27 앞의 책, 52.
28 앞의 책, 54.

는 혈연관계에서 오직 남성의 가계만 인정하는 특징이 있다.[29] 즉, 밀렛은 성의 정치학을 통해 사회에 내재된 남성 중심의 가부장제를 잘 드러내고 비판하였다. 그리고 훅스는 이 이론을 바탕으로 모성 제도가 강력한 가부장적 메커니즘이며 부계 혈통과 일부일처 결혼(아내의 경우만)과 결합된 여성의 재생산 능력에 대한 남성의 통제는 아내를 남편의 독점적 재산으로 확보하고, 가부장제 관습과 부계 상속 패턴을 통해 남편의 이름과 가족 재산의 연속성을 보장한다고 주장했다.[30] 그리고 그는 탄생 예고에 대한 전형적 장면 연구를 통해 모성을 여성의 개인적 성향이 아니라 가부장적 제도로서 명확히 정의하고 있다고 보았다.[31] 즉, 모성은 가부장제의 결과물이자 가부장제를 지탱하는 가장 강력한 이데올로기이며 이것은 구약 어머니 이야기 속에 잘 나타난다는 것이다. 이런 훅스의 관찰과 주장은 왜 구약의 어머니가 아들과만 연결되는지를 설명할 수 있는 근거가 된다.

고대 근동 시대는 아버지와 남편을 중심으로 가계를 형성하는 가부장제 사회였다.[32] 그리고 이런 구조는 이스라엘도 예외는 아니었다. 구약 시대는 아들들이 집안의 혈통과 이름을 계승하고 부모의 재산도 그들의 수중에 항상 남아 있으며, 또한 딸들은 결혼함으로써 이제까지 살았던 집에서 나가게 되고 이로 인해 가세를 측정하는 인원수에 들어

---

29 앞의 책, 63.

30 Esther Fuchs, "The Literary Characterization of Mothers and Sexual Politics in The Hebrew Bible," 160.

31 *Ibid*, 160.

32 Victor H. Matthew, "Marriage and Family in the Ancient Near East", in *Marriage and Family in the Bible World*, ed., Ken M. Campbell(Downers Grove: Inter Varsity Press, 2003), 1-2.

가지 않는다.[33] 구약은 이런 가부장제[34] 시대를 배경으로 하고 있기에 딸보다는 부계 혈통을 이을 아들을 중요하게 여겼고 그 결과 어머니의 가장 중요한 임무는 가계를 이을 아들을 낳고 아들을 보호하고 양육하는 것으로 규정되었다. 이런 문화 속에서 불임 여성은 가정과 사회에서 자리를 얻을 수 없는 불안한 지위에 놓이게 된다. 그렇기에 불임인 사라는 아브라함의 부당한 요구에도 항의하지 못했고(창 12장) 사랑받는 아내였던 라헬도 자신의 지위를 불안하게 여겼기에 시녀를 통해서라도 아들을 얻으려고 한다(창 30장). 그리고 가정과 사회에서 어머니의 지위는 아들과 연결되기 때문에 구약의 어머니들은 아들을 원했다.[35] 구약에 나오는 불임 이야기를 보면 모든 어머니는 아들 낳기를 원하였고 딸을 원한 경우는 단 한 번도 없다. 예를 들어 불임으로 고통받은 라헬은 야곱에게 '나에게 아들들(בָּנִים/바님)을 달라'라고 요구한다(창 30: 1). 한나는 특별히 '남자아이(זֶרַע אֲנָשִׁים/제라 아나심)'라고 말하여 아들을

---

33 R. 드보, 『구약시대의 생활 풍속』, 이양구 옮김(서울: 대한기독교출판사, 1983), 85.
34 다니엘 블록(Daniel I. Block)은 가부장제(Patriarchy)라는 단어가 갖는 부정적인 면을 의식하여 가부장중심제(Patricentrism)로 부를 것을 제안하였고 캐롤 마이어스는 남성중심제(Androcentrism)라고 표현하는 것이 어떻게 문화 속에서 남성의 권력이 생산되었는지 설명하는 데 더 적당한 표현이라고 제안하였다. 하지만 이들의 견해 모두 가부장제의 기본 요소인 남성의 가계를 중심으로 남성이 가정과 사회에서 권한과 권력을 갖는다는 것을 전제하고 있기 때문에 가부장제의 다른 이름이라고 할 수 있다. 그리고 레오 퍼듀(Leo G. Perdue)는 남성중심제가 남성지배적이거나 가부장제로 넘어가고 있다며 남성중심제와 가부장제가 연결되어 있다는 것을 인정한다. Daniel I. Block, "Marriage and Family in Ancient Israel", 41-42; Carol Meyers, "The Family in Early Israel," in *Families in Ancient Israel* (Louisville: Westminster John Knox Press, 1997), 34-35; Leo G. Perdue, "Household, Theology, and Contemporary Hermeneutics," in *Families in Ancient Israel* (Louisville: Westminster John Knox Press, 1997), 246.
35 Fuchs, "The Literary Characterization of Mothers and Sexual Politics in The Hebrew Bible," 164.

달라고 분명히 요청한다. 그리고 불임 여성에게 자식을 주겠다는 신탁도 모두 아들을 주겠다는 약속만 있다(창 16:11; 17:19; 삿 13:3). 이렇게 구약에서 아이를 원한 모든 어머니는 '아들'을 원했고 구약에 나타난 탄생 예고는 전부 아들의 탄생을 예고하였다.

또한 탄생 이야기에서도 아들의 탄생만 언급된다. 오직 레아의 딸 디나만 예외인데 레아가 디나를 낳고 이름을 지었다고 기록한다(창 30:21). 하지만 이름의 뜻을 붙여준 아들들과 달리 디나 이름의 뜻은 언급되지 않아 여기서도 차별이 나타난다. 그리고 가족의 수나 족보에도 거의 아들만 언급된다. 창세기 32장 22절에서 밤에 야곱의 가족이 압복 나루를 건널 때 "두 아내와 열한 아들"[36]만 언급하며 디나는 가족 수에서 제외된다. 이런 현상은 다윗의 자녀가 소개될 때도 마찬가지다. 사무엘하 3장 2절에서 헤브론에서 낳은 아들들(בָּנִים/바님)만 소개하고 3절에서 마아가의 소생으로 다말을 빼고 압살롬만 언급한다. 그러므로 사실 다윗에게 다말 외에 몇 명의 딸이 더 있었는지 알 수 없다.[37] 사울의 경우는 특이하게 세 아들의 이름과 함께 두 딸의 이름(메랍과 미갈)도 나오는데(삼상 14:49) 이는 다윗과 결혼 이야기가 오가거나 결혼하는 것으로 사울 내러티브 속에 등장하기에 예외적으로 언급한 것으로 보인다.[38] 이렇게 구약에서 어머니는 오직 아들을 낳길 원했고 하나

---

36 여기서 '아들들'은 히브리어 옐레드(יֶלֶד)의 남성 복수형을 사용한다.

37 역대상 3:9에는 다말이 다윗의 첩들에게 태어난 아들들과 함께 다윗의 아들들의 누이로 소개된다. 브라운은 이를 다윗의 누이라고 말하며 유일한 누이이기에 기록했다고 하였지만, 다윗의 누이는 2:16에 나오며 다말은 다윗의 딸로 그녀의 이름은 암논과 압살롬 사건을 기억나게 한다. 참고, 로디 브라운, 『역대상』, 김의원 옮김(서울: 솔로몬, 2006), 138.

38 메랍은 사무엘상 18:17에서 결혼 상대로 언급되다 다른 남자와 결혼해서 사라졌다가 사무엘하 21:8에서 사울의 죄 때문에 죽은 사울 후손의 이름이 언급될 때 등장한다.

님은 아들만 주셨고 족보에는 거의 아들만 기록되어 있다.

아들을 중요시하고 아들을 원하는 이런 남아선호사상은 우리에게도 매우 익숙한 문화이다. 한국도 아주 오랫동안 시집간 여성들에게 '아들 낳기 과제'는 시가에서 적격의 가족 구성원으로 인정받을 수 있는 관문이었고 가정 안팎의 사회적 정체성을 구성하는 중요한 요소였다.39 이렇게 가부장제 사회에서 아들에 대한 선호는 결국 그 사회의 어머니에게 영향을 미치고 그런 사상을 자신의 것으로 내면화하게 된다. 김종군의 남아선호사상에 대한 연구에서 보면 "인권을 침해하는 수준의 아들 낳기 강요는 그 사회와 사회 구성원의 욕망에서 기인하였으며 그 안에서 여성들은 마치 남성 중심 가부장제 사회가 고집하고 있는 아들 낳기 욕망이 자신의 것인 양 자신의 몸과 마음을 희생하고 그 억압 속에서 헤어 나오지 못하였다"라고 지적한다.40 즉, 사회 전체 구조가 남아선호사상을 가지고 있으면 여성인 어머니들도 딸보다는 아들이 중요하다고 생각하고 그에 맞게 행동하고 생각하게끔 교육받고 체화하며, 이런 어머니에게는 사회적·가정적으로 큰 보상과 인정이 뒤따르는 것을 볼 수 있다. 이 지적은 구약의 어머니가 왜 아들 낳기를 간구했는지에 대한 충분한 설명이 된다. 그리고 모성애와 어머니의 역할도 사회화의 산물이기에41 아들을 중요하게 여기는 가부장제 사회 속에서 어

---

39 김종군 외, "구술생애담을 통해 본 남, 북, 중 코리언 여성들의 아들 낳기 문제와 젠더 의식," 「다문화콘텐츠연구」 33(2020), 334.

40 앞의 글, 352.

41 여성주의는 여성의 어머니 노릇이 선천적인 본능이 아니라 사회화의 산물이라고 보는 역할 훈련론의 입장을 펼친다. 이주아, "비혼과 비출산의 시대, 기독교 정상 가족 이데올로기와 생물학적 모성 담론에 대한 여성주의 기독교교육 방안," 「기독교교육정보」 74(2022), 7.

머니가 아들을 보호하고 아들의 이익을 위해 움직이는 것은 당연한 행동이자 의무로 여겨졌다. 그렇기에 앞에서 아들의 이익을 위해 적극적으로 움직인 어머니들인 사라, 리브가, 밧세바, 수넴 귀부인 이야기가 구약에 기록되었다.

이렇게 구약은 아들만을 중요하게 여기고 어머니의 역할을 아들을 위한 보호자로 한정하고 있기에 딸을 위한 어머니 모습에는 관심을 두지도 않고 기록하지도 않았다. 그렇기에 구약에선 딸을 위한 어머니의 목소리도 행동도 존재하지 않는다.

2. 신학적 이유

또 다른 특징으로 구약에서는 아들의 이익을 위해 움직인 어머니 이야기가 하나님의 지지를 받은 것으로 표현된다는 것이다. 사라가 이삭을 위해 아브라함에게 하갈과 이스마엘을 쫓아내라고 할 때 하나님은 사라의 말을 따르라고 하신다(창 21:12). 이것은 사라가 이삭을 보호하는 것이 하나님의 뜻을 따르는 행동으로 본 것이다.[42] 존 맥아더(John MacArthur)는 이삭을 위해 행동한 사라를 인내한 훌륭한 어머니로 극찬하기도 한다.[43] 그리고 리브가가 자신이 사랑하는 야곱을 지지한 것도 하나님의 선택(창 25:23)에 근거한 행동으로 해석할 여지가 있다. 물

---

42 타미 슈나이더의 경우 사라는 하나님의 선택을 받았고 그들은 서로를 지지해주는 공생 관계라고 긍정적으로 평가한다. Tammi J. Schneider, *Mothers of Promise – Women in the Book of Genesis* (Grand Rapids, Mich.: Baker Academic, 2008), 40.
43 존 맥아더,『하나님이 선택한 비범한 여성들』, 조계광 옮김(서울: 생명의말씀사, 2011), 75-79.

론 속임수라는 방법을 사용한 것은 긍정적으로 볼 수 없지만[44] 그녀가 야곱을 위해 행동한 것은 하나님의 선택을 따른 것이라고 볼 여지가 있다.[45] 그리고 결과적으로는 아브라함이 이삭에게 주었던 축복이 야곱에게 간다.[46] 그리고 밧세바의 경우도 마찬가지다. 밧세바는 다윗이 여호와 이름으로 솔로몬을 왕을 세우겠다고 맹세한 것을 근거로 솔로몬을 왕으로 세우라고 압력을 넣는다(왕상 1:17).[47] 수넴 귀부인의 경우는 하나님의 선택은 없지만 그녀의 적극적인 행동으로 하나님께서 죽은 아들을 다시 살리시는 놀라운 기적을 맛보게 된다. 이것은 하나님이 수넴 귀부인의 행동을 긍정적으로 보셨다는 의미로 볼 수 있다. 이렇게

---

44 웬함은 드라이버의 견해를 따라 리브가와 야곱의 행위가 전적으로 수치스러우며 옹호 받을 수 없다고 평가한다. 웬함, 『창세기 16-50』, 396에서 재인용. 천사무엘은 절대 하나님의 축복을 사모했기 때문이라며 속이는 행동을 정당화하는 것은 옳지 않다고 주장한다. 천사무엘, 『창세기』, 371.

45 매리 뮬러는 리브가를 하나님의 선택을 현실화한 영웅적 인물로 평가한다. Marry Lou Mueller, "Three mothers and the will of God," U.S. Catholic 61(1996), 38.

46 브루스 월키와 캐시 프레드릭스는 방법은 옳지 않았지만, 축복은 하나님의 기뻐하심을 따라 전달되었다고 평가한다. 브루스 K. 월키 외, 『창세기 주석』, 김경열 옮김(서울: 새물결플러스, 2018), 689. 웬함도 가족의 모든 구성원이 각자 자신의 이익을 위해 자기중심적으로 행하는 그러한 원칙 없는 행위가 이루어지는 정황에서 구원의 역사를 향한 새로운 걸음을 내디뎠다고 평가함으로 속임은 문제이지만 야곱이 축복을 받은 것은 긍정적으로 여긴다. 웬함, 『창세기 16-50』, 398.

47 이 약속이 실제로 있었는지에 대한 논쟁이 있다. 조이스 윌리스는 개인적 대화 속에서 솔로몬을 왕으로 선택한 것이기 때문에 이것은 왕실의 선전이라고 여긴다. Joyce Willis et al., "Conversation in the Succession Narrative of Solomon," VT 61(2011), 143. 넬슨은 이런 맹세가 반쪽만의 진실, 입증되지 않은 단정들, 조작된 확증으로 다윗을 속인 것이라고 판단한다. 그럼에도 그는 하나님이 솔로몬을 선택하셨다는 것을 지지한다. 넬슨, 『열왕기상.하』, 51-52, 54. 시몬 드브리스는 왕위 계승 역사가의 중심적인 진리는 야웨가 아도니야를 겪고 솔로몬을 세우는 일을 했다는 것이라며 하나님이 솔로몬을 지지했다고 결론 내린다. 시몬 J. 드브리스, 『열왕기상』, 김병하 옮김(서울: 솔로몬, 2006), 158.

표현된 하나님의 지지는 아들을 위해 적극적으로 나선 어머니를 긍정적으로 평가하게 만든다. 즉, 어머니가 아들을 보호하고 이들의 이익을 위해 움직인 것은 하나님의 뜻을 실천하는 신앙적인 행동으로 읽히게 된다. 이렇게 구약의 가부장제 문화에 따른 남아 선호와 본문에 직접 혹은 간접적으로 표현된 하나님의 지지가 아들을 원하고 아들을 위해 적극적으로 움직이는 어머니의 모습을 자연스럽고 이상적인 모성의 모습으로 보이게 만들었다고 생각한다. 현재 교회에서는 아들이 아닌 아이라고 말하며 하나님께서 어머니에게 주신 최고의 임무는 아이를 잘 돌보고 교육하는 것이라고 가르치며 남아 선호가 흐려지긴 하였지만, 여전히 그 그림자가 짙게 남아 있다.

V. 여성을 위한 연대를 꿈꾸며

이 글을 마무리하며 두 가지 예를 통해 곤란에 처한 딸들의 피해를 줄이기 위해 여성을 위한 연대가 반드시 필요하다고 주장하려고 한다. 첫째, 곤란에 처한 딸들의 곤란이 해결되지 않은 것은 이들을 지지하고 문제를 해결해줄 어머니나 여성 보호자의 부재와 무관심하거나 남성의 이익을 위해 움직이는 남성 보호자들 때문임을 알 수 있었다. 만일 곤란에 처한 딸들에게도 그녀들의 처지와 이익을 위해 도와줄 어머니와 같은 보호자가 있었다면 상황은 많이 달라졌을 것이다. 먼저 레아가 야곱을 위해 나선 리브가처럼 적극적으로 자식들과 남편에게 디나에게 가장 이익이 되는 제안을 하고 행동으로 옮기게 만들었다면 디나의 처지는 달라졌을 것이다. 일단 세겜의 사과를 받았을 것이고 성폭행에 대한 피해 보상으로 세겜에게 보상을 받을지 결혼할지 선택할 기회를 가졌을 것이다. 이런 과정에서 피해자인 디나는 분노하고 자신의 의견을 말할 기회를 얻게 되었을 것이고 그러면 디나의 상황은 훨씬 좋았을 것이다. 그리고 레아의 아들들은 세겜을 진멸하는 전쟁을 일으키지도 않았을 것이다. 그리고 만일 레위인의 첩이 수넴 귀부인과 같이 자기의 아들을 지키기 위해 필사적인 어머니의 보호를 받았다면 그렇게 비참하게 죽지는 않았을 것이다. 그리고 다말의 어머니 마아가 솔로몬을 왕으로 만들기 위해 다윗을 찾아가 약속을 지키라며 읍소한 밧세바와 같이 다말을 위해 다윗을 찾아가 읍소했더라면 다말의 상황은 훨씬 나았을 것이다. 아들을 위하는 만큼 어머니가 딸을 위해 움직였다면 딸의 상황은 상당히 나아졌을 것이고 또한 아버지가 아들을 보호하기 위해 나선 것처럼 딸을 위해 행동했다면 딸들의 피해는 훨씬 줄어들었을 것이다. 다윗이 암논의 아버지가 아닌 다말의 아버지로 행동했다면 다말의 인생은 달라졌을 것이다. 그리고 이렇게 여성 피해자가 보호되고 그의 목소리가 전달될 때 피해자 개인뿐만 아니라 공동체가 더 큰 악으로 빠지지 않을 수 있었다. 왜냐하면 철저히 피해자의 목소리가 차단되고 피해자와 연대하는 사람 없이 고립된 사회는 결국 더 큰 폭력을 부르는 부도덕한 사회가 되기 때문이다.

둘째, 신약의 예들은 보호자의 존재가 딸의 곤란을 해결할 수 있다는 의견을 지지한다. 마태복음 9장 18절에서 한 관리인 아버지[48]가 딸을 살려달라고 예수께 절하며 간절히 요청한다. 그리고 예수는 그 딸을 살려주신다(25절). 그런데 이 이야기는 수넴 귀부인이 아들을 살려달

---

48 마가복음 5장 22절과 누가복음 8장 41절에서는 이 사람을 야이로라고 소개한다.

라고 요청하는 것과 매우 유사한데 자녀의 죽음, 직접 와서 절함, 직접 오기를 요청, 살아남음이란 모티프가 공통으로 등장한다. 다만 어머니와 아들, 아버지와 딸이란 관계만 다를 뿐인데 이런 대조를 통해 딸도 아버지로 대변되는 보호자가[49] 도와주면 상황이 얼마든지 좋아질 수 있다는 것을 더 분명하게 보여준다. 그리고 마태복음 15장 22절에서 가나안 여자가[50] 자기 딸이 귀신 들렸다며 구해달라고 소리 지르며 쫓아다닌다. 그런데 예수는 본인은 이스라엘 사람만 구원하기 위해 오셨다며 그녀를 개 취급하며 요청을 모질게 거절하신다(26절). 하지만 가나안 여자는 개들도 주인의 상에서 떨어지는 부스러기를 먹는다며 모진 말에도 물러서지 않고 끝까지 구해달라고 요청하였고 결국 예수는 그녀를 칭찬하며 딸을 고쳐주셨다(30절). 가나안 어머니는 곤경에 처한 딸을 구하기 위해 개인적 자존심뿐만 아니라 관습적이고 사회적인 역할을 넘어 과감히 행동했다. 이 두 예에서 곤란에 처한 딸을 돕기 위해 나선 아버지와 어머니 덕분에 딸들이 생명을 얻고 가정과 공동체 안에서 정상적인 삶을 살 수 있게 되었다. 이렇게 신약은 예수를 통해 곤란에 빠진 딸도 아들과 마찬가지로 어머니와 보호자의 적극적인 도움을 받아야 하는 존재라는 것과 도움을 받았을 때 그들의 인생이 완전히 달라질 수 있다는 것을 보여준다. 신약성경에서 딸들을 살리시고 치료해주시는 예수의 모습에서 하나님 나라가 지향하는 것은 딸이냐 아들이냐를 떠나 여성도 남성과 동등한 대접을 받아 마땅한 존재라는 것을 드러내고 있다.[51]

---

49 이 아버지의 모습은 딸을 전혀 돕지 않았던 야곱과 다윗의 모습과 대조된다.
50 마가복음 7장 26에서는 수로보니게 족속 여자로 소개된다.
51 오히려 신약성경에서 아들의 병을 고치는 사건이 한 번(마 17:15-18)밖에 나오지 않

아직도 우리 사회는 가부장제의 잔재인 남아선호사상이 남아 있고 그 영향으로 많은 어머니가 아직도 아들을 위한 어머니의 역할을 하는 경우를 자주 본다. 하지만 사회는 딸과 아들에 대한 차별, 남녀에 대한 차별을 점점 줄이는 방향으로 나아가고 있다. 그렇기에 이제는 아들이나 남성만이 보호받고 그들의 이익이 우선시되는 사회가 아니라 딸과 여성도 동등하게 보호받고 그들의 의견이 존중되는 사회로 변해가야 한다. 그런데 현실은 교회가 이런 변화에 가장 뒤처지고 있다. 교회가 가장 강고한 가부장제를 지니고 있기 때문이다. 이로 인해 남녀 차별의 문제나 교회에서 벌어지는 성범죄의 경우 남성 목회자, 남성 중직자의 공고한 남성 연대를 통해 여성의 목소리를 묵살하고 권리를 침해하는 경우가 비일비재하다. 이때 여성들은 교회 내에서 자신을 도와줄 사람을 찾기가 쉽지 않다. 다말이 성폭행을 당한 상황에서 어머니, 아버지, 오빠의 도움을 받지 못하고 홀로 고립된 것과 현재 상황이 그다지 다르지 않을 때가 많다. 이런 정의롭지 못한 상황이 변화되려면 차별받고 고통받는 여성을 도울 어머니와 보호자와 지지자가 절실히 필요하다. 교회 안에 여성을 위한 연대와 보호가 있을 때 여성들도 피해자로 차별받는 딸로 계속 남는 것이 아니라 동등한 교회의 일원으로 인정받고 당당하게 살아갈 수 있게 되리라 생각한다.

는 것도 관찰되는데 이것은 구약의 아버지와 남성 보호자의 모습과 신약의 예수의 모습과의 대조를 보여주는 것으로 생각된다.

참고문헌

김이곤. "다윗의 딸 다말 애도송 – 지혜를 능욕하는 왕권을 고발하며." 「기독교사상」 30(1986), 95-144.

김종군, 박재인, 이미화. "구술생애담을 통해 본 남, 북, 중 코리언 여성들의 아들 낳기 문제와 젠더 의식." 「다문화콘텐츠연구」 33(2020), 331-368.

넬슨, 리차드. 『열왕기상.하: 목회자와 설교자를 위한 주석』. 김회권 옮김. 서울: 한국장로 교출판사, 2000.

드브리스, 시몬 J. 『열왕기상』. 김병하 옮김. 서울: 솔로몬, 2006.

맥아더, 존. 『하나님이 선택한 비범한 여성들』. 조계광 옮김. 서울: 생명의말씀사, 2011.

밀렛, 케이트. 『성의 정치학』. 김유정 옮김. 서울: 샘앤파커스, 2020.

박유미. "성폭력, 개인의 문제인가 사회적 문제인가? 구약의 '여성 성폭력-전쟁'의 패턴 에 대한 연구." 「구약논단」 24(2018), 125-155.

_____. 『내러티브로 읽는 사사기』. 서울: 새물결플러스, 2018.

_____. 『오늘 다시 만나는 구약 여성』. 서울: 헵시바, 2022.

브라운, 로디. 『역대상』. 김의원 옮김. 서울: 솔로몬, 2006.

월키, 브루스 K., 프레드릭스, 캐시 J. 『창세기 주석』. 김경열 옮김. 서울: 새물결플러스, 2018.

웬함, 고든. 『창세기 16-50』. 박영호 옮김. 서울: 솔로몬, 2001.

이주아. "비혼과 비출산의 시대, 기독교 정상 가족 이데올로기와 생물학적 모성 담론에 대한 여성주의 기독교교육 방안." 「기독교교육정보」 74(2022), 1-31.

임효명. "성폭력 조력자들 연구." 「구약논단」 83(2022), 193-197.

천사무엘. 『창세기』. 서울: 대한기독교서회, 2001.

최란. "온/오프를 넘나드는 남성연대와 성폭력." 「여성이론」 40(2019), 216-217.

뉴섬, 캐롤 A., 린지, 샤론 H. 『여성들을 위한 성서주석: 구약편』. 이화여성신학연구소 옮김. 서울: 대한기독교서회, 2015.

Andreasen, Niels-Erick A. "The Role of the Queen Mother in Israelite Society." *CBQ* 45(1983), 193.

Block, Daniel I. "Marriage and Family in Ancient Israel." in *Marriage and Family in the Bible World*. Ed. Campbell, Ken M. Downers Grove: InterVarsity Press, 2003.

Bridge, Edward J. "A Mother's Influence: Mothers Naming Children in the

Hebrew Bible." *VT* 64(2014), 389-400.

Fuchs, Esther. "The Literary Characterization of Mothers and Sexual Poetics in The Hebrew Bible." *Semeia* 46(1989), 151-166.

Meyers, Carol. "The Family in Early Israel." in *Families in Ancient Israel*. Louisville: Westminster John Knox Press, 1997.

Mueller, Marry Lou. "Three mothers and the will of God." *U.S. Catholic* 61 (1996), 38-40.

Perdue, Leo G. "Household, Theology, and Contemporary Hermeneutics." in *Families in Ancient Israel*. Louisville: Westminster John Knox Press, 1997.

Rice, Gene. "A Great Woman of Ancient Israel(2 Kings 4:8-37; 8:1-6)." *The Journal of Religious Thought* 60-63(2008-2010), 69-85.

Schneider, Tammi J. *Mothers of Promise-Women in the Book of Genesis*. Grand Rapids, Mich.: Baker Academic, 2008.

Webb, Berry G. *The Book of Judges*. Grand Rapids: Eerdmans, 2012.

Willis, Joyce, Pleffer, Andrew and Llewelyn, Stephen. "Conversation in the Succession Narrative of Solomon." *VT* 61(2011), 133-147.

생태여성 선지자, 마리아가 부르는
생명의 노래(눅 1:46-55)*

김성희 | 안산대학교, 신약학

I. 생명을 사랑하는 여인들의 반란

기독교 전통 교리는 이 세상의 원죄 기원을 하와로 보는 경향이 있다. 하와가 선악과를 따먹지 않았더라면 지금의 세상이 이렇지 않았을 것이라는 주장이다. 물론 이것은 여성 혐오와 관련된 논리이며, 성서에 대한 올바른 이해도 아니다. 그러나 좋다. 하와가 이 세상을 죄로 이끈 장본인이라면, 이제 죄로 물든 이 세상의 구원도 하와의 후손들로부터 시작해보자. 히브리 전통의 이름은 존재 그 자체를 담고 있다. 하와의 이름 뜻이 '생명의 어머니'이니 생명의 후손들이 새 창조와 회복, 구원의 주체가 되어야 할 것이다. 이것이 내가 생태여성신학의 관점에

---

* 이 글은 "생태여성학적 성서해석으로 읽는 마리아의 노래(눅 1:46-55)," 「신학논단」 제 110집(2022), 7-36의 논문을 바탕으로 작성되었다.

서 성서 해석을 시도하는 출발점이다. 지구의 생태 문제, 여성의 문제, 경제·정치·사회·국가·성·민족·문화 간의 문제들이 죄의 그물망 아래 서로 복잡하게 엉켜 있으니, 예수께서 시작하신 하나님 나라의 새 창조 구원사역 출발점을 여성인 나의 문제에서 시작하는 것이 맞는다고 생각하였다. 그리하여 이 글은 여성의 문제와 지구의 문제, 사회경제 정의의 문제를 풀어보기 위한 영감을 생명의 어머니, 하와의 후손인 마리아의 노래에서 얻고자 한다.

오늘날 생태계 파괴와 기후 변화 문제, 인수공통감염 바이러스의 잦은 출현과 환경 재난은 일상의 삶을 위협하고 있으며, 지속 가능한 지구별의 생존을 위해 시급한 해결 방안과 신학적 대응이 요구된다. 이러한 위기의식은 1967년 린 화이트(Lynn White)의 기독교에 대한 환경 파괴의 책임을 묻는 연구와 도전 이후[1] 기독교 내에서 많은 신학적 도전과 응답을 제시해왔으나, 성서신학 분야에서의 대응은 아직 미흡한 수준이라고 하겠다.[2] 최근에는 호주의 노먼 하벨(Norman C. Habel)을 중심으로 여러 성서학자들이 The Earth Bible Project[3]를 제시하고

---

1 Lynn White, "The Historical Roots of Our Ecological Crisis," *Science* 155(1967), 1203-1207. 화이트는 기독교가 하나님의 형상이라는 개념을 인간에게 주어진 특별한 역할로 규정하고, 인간 우월적 세계관하에 자연을 정복과 지배, 소유의 대상으로 정당화하였고 그 결과 자연 파괴와 생태계의 위기를 초래하였다고 주장한다.
2 국내에서 최근 출간된 생태학적 성서 해석에 대한 논의들은 다음을 참조. 조재천, "생태해석학(eco-hermeneutics)의 가능성, 의의, 그리고 과정 – 신약학의 관점에서,"「신학과 사회」36(1)(2022), 77-106; 신현태, "생태성서해석학에 대한 소고 – 데이빗 호렐과 어니스트 콘라디의 나선형 성경해석을 중심으로,"「Canon&Culture」30(2021), 5-44.
3 The Earth Bible Project는 1996년 호주의 애들레이드에서 "생태학과 종교"라는 주제로 열린 심포지엄에서부터 시작되었다. 여성신학적 해석학과 마찬가지로 지구를 위한 성서 읽기 프로젝트는 성서 본문을 비평적 의심의 해석학으로 시작하여 지구를 해석의

환경 문제에 대한 성서 해석을 시도하고 있지만, 더욱 많은 지혜와 노력이 요구되며 한국 성서학계에도 이러한 도전과 응대가 필요해 보인다. 이에 필자는 오늘날의 지구 환경 문제에 대한 성서신학적 대응의 일환으로 누가복음에 나타난 '마리아의 노래(Magnificat)'를 생태여성신학의 렌즈로 읽어보려 한다.

누가복음은 가난한 자와 여성 및 약자들을 위한 복음서로 알려져 있다.4 이러한 누가복음의 서두에 자리 잡고 있는 '마리아의 노래'(눅 1:46-

주체자로 세우고 지구가 말하는 소리를 들으면서 지구의 회복을 지향하는 성서 해석을 연구한다. 이들의 연구 결과는 2000년부터 2002년까지 5권의 책으로 출판되었다. Norman C. Habel ed., *Readings from the Perspective of Earth* (The Earth Bible 1; Sheffield: Sheffield Academic Press, 2000); Norman C. Habel and Shirley Wurst eds., *The Earth Story in Genesis* (The Earth Bible, 2; Sheffield: Sheffield Academic Press, 2000); Norman C. Habel and Shirley Wurst eds., *The Earth Story in Wisdom Traditions* (The Earth Bible, 3; Sheffield: Sheffield Academic Press, 2001); Norman C. Habel ed., *The Earth Story in the Psalms and the Prophets* (The Earth Bible, 4; Sheffield: Sheffield Academic Press, 2001); Norman C. Habel and Vickey Balabanski eds., *The Earth Story in the New Testament* (The Earth Bible, 5; Sheffield: Sheffield Academic Press, 2000). 그 이후에도 2008년에 SBL에서 생태학적 해석학 세미나에서 연구 결과를 출판하였고, 주석 시리즈도 출판되기 시작하였다. Norman C. Habel and Peter Trudinger eds., *Exploring Ecological Hermeneutics* (SBL Symposium Series, 46; Atlanta: Society of Biblical Literature, 2008); Norman Habel, *The Birth, the Curse and the Greening of Earth: An Ecological Reading of Genesis 1-11* (The Earth Bible Commentary, 1; Sheffield: Sheffield Phoenix, 2011).

4 '가난한 자'를 뜻하는 헬라어 'πτωχός'는 다른 복음서에 비해 누가복음에서 많이 사용되는데(눅 4:18; 6:20; 6:24-25; 7:22; 8:14; 14:13; 14:21; 16:20, 22; 18:22; 19:8; 21:3), 이러한 사용의 빈도수는 누가의 신학적 관심을 반영한다. Geoffrey W. Bromiley, *TDNT* abridged in one volume(Grand Rapids: The Paternoster Press, 1985), 877; Jane Schaberg, "Luke," Carol A. Newsome and Sharon H. Ringe eds. *The Women's Bible Commentary* (Westminster: John Know Press, 1992), 277; P. F. Esler, *Community and Gospel in Luke-Acts* (Cambridge: University Press, 1987), 186-187; 김득중, 『누가의 신학』(서울: 컨콜디아사, 1990), 82-84.

55)는 누가복음에서 강조하는 신학적 주제들을 압축하고 있으며 그 내용이 예수의 사역을 서론적으로 준비하고 요약할 뿐 아니라,5 오늘날 요구되는 생태신학적 메시지를 함축하고 있다. 물론 성서의 저자가 오늘날 심각하게 대두되고 있는 환경 문제들을 인지하고 이에 대한 직접적인 메시지를 시사하고 있다고 볼 수는 없다. 그러나 누가가 마리아의 노래를 통해 전달하는 신학적 주제 안에서, 독자들은 충분히 생태신학적 메시지를 들을 수 있으며, 생태여성운동의 선지자요 대표자인 마리아를 발견하게 된다.

생태여성신학(Ecofeminist Theology)은 지구의 생태, 환경 문제가 여성 문제와 불가분 연결되어 있다는 것을 출발점으로 삼아 인간중심적, 가부장적, '주' 중심적(kyriarchal)6 체계에서 만행되어온 자연, 여성, 약자들에 대한 억압을 비판한다. 지구를 살리고 생명을 회복하는 상생으로 나가기 위해서 자연과 여성을 비롯한 약자들이 함께 연대하고 정의와 평등, 공정과 회복이 이루어지도록 노력할 것을 제시한다. 나는 마리아의 노래가 생태여성신학의 맥락에서 읽힐 수 있으며, 이러한 렌즈를 통해 예수의 사역을 이해할 때, 현재 당면한 환경 문제와 지구별의 생존을 위한 성서학적 해석의 열쇠를 발견할 수 있다고 생각한다.

---

5 Shawn Carruth, "A Song of Salvation: The Magnificat, Luke 1:46-55," *The Bible Today* 50(2012), 345; Theresa V. Lafferty, "Called to Be a Witness — Testify!" *The Bible Today* 60(2022), 137.

6 그리스어 'κύριος'는 일반적으로 '주(Lord)', '주인(master)', '황제(emperor)'를 의미하며, 엘리자베스 슈슬러 피오렌자(Elisabeth Schüssler Fiorenza)는 가부장제의 수장인 아버지(πατήρ)를 넘어 더 근본적인 계급적·수직적 피라미드의 상하관계 구조를 상징하는 언어로 사용하고 있다. Elisabeth Schüssler Fiorenza, *The Power of the Word: Scripture and the Rhetoric of Empire* (Minneapolis: Fortress Press, 2007), 151-152.

II. 생태여성의 눈으로 성서 읽기

'에코페미니스트 신학'으로도 불리는 '생태여성신학'은 헬라어의 '집'
을 의미하는 'οἶκος'에서 파생되어 지구의 가족적 개념(household)을 강
조하는 '생태(Eco)'[7]와, 남성중심적으로 진행되어온 전 지구적 차원의
체계를 여성의 관점으로 비판하고 하나님의 창조 회복과 구원의 역사
에 동참하고자 하는 여성신학의 만남이다. 이에 덧붙여 생태여성학적
성서해석학은 생태여성(신)학의 관점에서 읽는 성서해석학(Ecofemin-
ist Biblical Hermeneutics)이라고 하겠다. 즉, 생태여성(신)학과 성서해
석의 만남이다.[8] 먼저, 생태여성주의는 1960~70년대에 기존의 남성
중심적 사회문화 관습과 질서가 여성과 자연을 억압하였고, 그 결과
자연 파괴 및 반인륜적 불평등 사회를 가져왔다고 분석하고 이에 대응
하는 사회 저항운동에서 출발하였다.[9] 생태여성주의는 무엇보다도 여

---

7 '생태학'이라는 용어는 1868년 독일의 생물학자 헤켈(Ernst Haekel)이 처음 사용한 것
  으로 그의 저서 *The Natural History of Creation*에서 생태학을 "살아 있는 존재와 유기
  적, 비유기적인 그의 환경과의 관계에 관한 연구"라고 정의했다. 생태학이란 모든 생명
  체가 복잡한 그물망에서 상호 영향을 주고받으며 양육되어가는 관계라 할 수 있다. 구미
  정, "새롭게 떠오르는 생태여성신학,"「시대와 민중신학」5(1998), 280에서 재인용.
8 생태여성학+생태여성신학+성서해석학의 만남이다. 나는 이것을 줄여서 '생태여성(신)
  학적 성서해석학'이라 칭하였다.
9 환경운동과 페미니즘 운동은 1962년에 출간된 레이첼 카슨(Rachel Carson)의『침묵의
  봄』(*Silent Spring*)과 1963년, 베티 프리단(Betty Friedan)의『여성의 신비』(*The
  Feminine Mystique*) 출판과 함께 시작됐으며 '에코페미니즘'이라는 용어는 1974년 프
  랑수아즈 도본느(Francoise d'Eaubonne)가 처음 사용했다고 한다. Francoise
  d'Eaubonne, "Feminism or Death," *New French Feminism: An Anthology*, eds.,
  Elaine Marks and Isabelle de Courtivron(Amherst: University of Massachusetts
  Press, 1980). 구미정, "새롭게 떠오르는 생태여성신학," 288, 각주 29에서 재인용; 김
  애영, "로즈마리 류터의 생태여성신학," 김영균 외,『현대생태신학자의 신학과 윤리』(서
  울: 대한기독교서회, 2006), 139에서 재인용.

성 억압과 환경 파괴 및 지구의 생존 위기가, 같은 메커니즘의 결과로 상호 연결되어 있음을 주장하면서 전 지구의 모든 생명체가 상생하고 지구의 생존 위기를 극복하기 위해서는 남성중심적, 군사주의적,[10] 인간중심적 세계관에서 과감히 벗어나는 패러다임 전환이 필요하다고 역설한다. 이러한 패러다임 전환은 위기에 직면한 지구공동체에 희망적 대안을 제시해야 하는 구원 담론으로, 여성과 자연에 대한 차별과 억압, 모든 인종 차별과 계급 차별이 복합적으로, 구조적으로 맞물려 있음을 인식하는 것에서 출발함을 강조한다.[11] 더 나아가 생태여성학은 돌봄·공감·상호성·관계성·정의·평등·평화의 영성을 강조하며 인간의 의식과 문명의 전환을 시도하는 생태학적 실천 운동이라 하겠다.[12]

생태여성학을 신학과 연결한 대표적인 학자를 꼽자면 로즈마리 류터(Rosemary Reuther)가 있다. 류터는 여성과 자연, 약자들에 대한 억압이 서구 식민지 제국주의의 발전 단계인 '세계화'에 있다고 하면서 세계화에 내재된 엘리트들의 부와 권력의 집중, 군사적 폭력의 부당성을 지적한다. 빈부의 차를 극대화하고 여성의 삶을 악화하며 자연 착취를 가속화하는 오늘날의 신자유주의 세계경제 체제는 종교적 수사(rhe-

---

10 남성중심적 지배문화의 폭력적 절정은 군사문화에서 드러난다. 독일의 녹색당 창시자 패트라 켈리(Petra Kelly)는 군사주의가 환경 파괴 및 성차별과 깊은 관계성이 있음을 지적한다. 즉, 지배를 위한 군사 전쟁이 일어나면 환경 파괴 및 여성에 대한 성폭력이 함께 발생하게 된다는 것이다. 패트라 켈리, "여성과 권력," 「녹색평론」 3-4(1994), 100.

11 전현식, "에코페미니즘, 세계화, 그리고 생명의 비전," 『현대생태신학자의 신학과 윤리』, 322-331; 이관표, "생태여성주의신학과 환경위기의 문제," 「한국동서정신과학외지」 22(2019), 1-18; 구미정, "새롭게 떠오르는 생태여성신학," 287.

12 전현식, "에코페미니즘, 세계화, 그리고 생명의 비전," 345-349.

toric)와 결합되어 교회와 국가의 일치를 주장하는 국가 종교의 강조, 타 종교에 대한 관용의 거부를 특징으로 하는 종교근본주의의 부흥과 맞물리고 이것은 여성과 여성의 몸에 대한 권리를 무시하고, 자연 착취에 대한 국가적 이념을 정당화한다고 주장한다.13 생태여성신학 관점에서 저술한 류터의 대표작『가이아와 하느님』은 지구에 대한 파괴적 관계가 성·계급·인종 지배와 밀접한 연관이 있으며, 생명공동체의 치유를 위해서는 커다란 불균형의 사회관계의 재질서가 요구되는 생태학적 정의가 필요하다고 주장한다.14 제목에서 시사된 '가이아(Gaia)'는 그리스의 지구의 여신을 일컫는 말로 제임스 러브록(James Lovelock)과 린 마굴리스(Lynn Margulis) 같은 지구 생물학자들이 하나의 통일된 유기체처럼 살아 있는 시스템을 나타내기 위해 사용하는 단어이다.15 류터는 살아 있는 생명체로서의 지구를 상징하기 위해 '가이아' 개념을 사용하면서, 자연과 인간 상호 간의 비지배적 관계를 향한 지구적 치유와 온전함을 위해, 영성을 바탕으로 한 저항의 공동체들이 지속적인 회개와 의식의 변화, 장기적 투쟁을 지속해야 한다고 제안한다.16

---

13 Rosemary Ruether, *Integrating Ecofeminism, Globalization and World Religions* (Lanham: Rowman & Littlefield Publishers, Inc., 2005), 28-37.

14 Rosemary Ruether, *Gaia and God: An Ecofeminist Theology of Earth Healing* (San Francisco: HarperCollins, 1992); 로즈마리 레드퍼드 류터,『가이아와 하느님: 지구 치유를 위한 생태 여성 신학』, 전혁식 옮김(서울: 이화여자대학교출판부, 2000), 18-26.

15 James E. Lovelock, *Gaia: A New Look at Life on Earth* (Oxford: Oxford University Press, 1979); *The Ages of Gaia: A Biography of Our Living earth* (New York: Bantam Books, 1990); Lynn Magullis and Dorian Sagan, *Microcosmos: Four Billion Years of Evoloution from Our Microbian Ancestors* (New York: Summit Books, 1987).

16 류터,『가이아와 하느님』, 298-319.

류터 외에 대표적 생태여성신학자로 샐리 맥페이그(Sallie McFague)와 엘리자베스 존슨(Elizabeth Johnson)의 연구들이 주목할 만하다. 맥페이그는 하나님을 묘사하는 남성 중심 언어 사용과 이미지의 문제점을 지적하며, 언어 넘어 계신 하나님을 어머니, 친구, 연인 등과 같은 수직적이지 않고 포괄적이면서 친근하고 다양한 은유로 표현하는 것이 적절한 방법이라고 주장하였다.[17] 더 나아가 그녀는 하나님에 대한 가부장적·위계적·군주적인 은유들이 생태 위기를 겪고 있는 오늘날에는 시대착오적이고 위협적이라고 비판하면서 하나님과 세계의 관계를 새로운 모델로 제안한다. 류터가 지구를 '가이아'라는 살아 있는 유기체적 생명으로 이해했다면, 맥페이그는 '하나님의 몸'으로 세계를 표현한다. 인간이 착취와 억압, 지배와 정복으로 지구의 고통과 파괴를 이끌었다면, 이제는 생명과 경외의 대상, 하나님의 몸으로 지구를 돌보고 아껴야 한다는 생태여성신학적 은유 모델인 것이다.[18] 존슨은 생태계 위기를 초래한 기독교의 군주적·가부장적 하나님 개념에서 치유자요 생명 수여자인 성령을 강조하고, 새 하늘과 새 땅으로서 지구를 회복할 하나님의 임재로 생태여성신학적 방향을 이끈다.[19] 그 밖에도 많은 생태여성신학자가 지구를 살리고 여성과 남성의 진정한 해방과 창조 법칙에 따른 회복을 향한 몸부림들을 학계와 현장에서 실천적 운동

---

17 Sallie McFague, *Speaking in Parables: A Study in Metaphor and Theology* (Philadelphia: Fortress Press, 1975), 6-10, 35-46.

18 Sallie McFague, *The Body of God: An Ecological Theology* (Minneapolis: Fortress Press, 1993), 2-4, 140-145; 구미정, "샐리 맥페이그의 생태여성신학," 『현대 생태신학자의 신학과 윤리』, 한국교회환경연구소 엮음(서울: 대한기독교서회, 2006), 77-101.

19 Elizabeth A. Johnson, *Women, Earth and Creator Spirit* (New York: Paulist Press, 1993), 41-45.

으로 진행하고 있다.[20]

조직신학, 여성신학 분야에서뿐 아니라 성서학계에서도 생태학적 성서 해석을 발전시키고자 하는 여러 시도가 진행되고 있다. 크게 세 가지 방향에서 연구하고 있는 대표적 학자들을 소개하자면, 첫 번째는 성서 자체의 메시지는 본질적으로 생태적이지만 인간의 성서 해석이 본문을 왜곡해왔다고 주장하며 생태적 재해석을 시도하는 리처드 보컴(Richard Baukham)[21]이다. 두 번째로, 성서가 쓰인 시기에는 오늘날 같이 생태학적 관심이 크게 없었기 때문에 성서 본문 자체가 생태적일 수도 있고 아닐 수도 있으나 관건은 독자들의 생태학적 해석학을 통해 지구가 주체적으로 전달하는 '소리'를 들어야 한다고 주장하며 일반생태학과의 대화를 시도하는 노먼 하벨(Norman C. Harbel)[22]이다. 세 번째는 비평적인 성서 주석을 통해 다른 조직신학, 기독교 윤리, 예배학 등과의 협업을 하며 구성적인 해석학적 작업을 시도하는 데이비드 호렐(David G. Horrell)[23]이다. 생태학적 성서 해석을 위한 보컴의 노력은

---

20 대표적인 생태여성 실천운동으로는 인도에서 시작된 '칩코(chipko)'가 있다. 칩코는 힌두어로 '껴안기'를 뜻하는 것으로, 간디의 비폭력 운동에 영감을 받아 여성들이 나무를 껴안고 환경을 파괴하는 시도들에 저항하는 운동이다. 켄 그나나칸, 『환경신학: 생태위기와 교회의 대응』, 이상복 옮김(서울: UCN, 2005), 52-53. 그 밖에 여러 생태여성신학자들에 대한 소개와 그들의 학문적 실천적 공헌에 대하여는 다음의 글을 참조하라. 구미정, "새롭게 떠오르는 생태여성신학," 279-344.

21 Richard Bauckham, "Joining Creation's Praise of God," *Ecotheology* 7(2002), 45-59. 그 밖에 대표적 작품으로는 다음을 참조하시오. *Bible and Ecology: Rediscovering the Community of Creation* (London: Darton, Longman and Todd, 2010); *Living with Other Creatures: Green Exegesis and Theology* (Waco, Tx: Baylor University Press, 2011).

22 Norman Habel, *An Inconvenient Text: Is a Green Reading of the Bible Possible?* (Adelaide: ATF, 2009) 외 The Earth Bible Project Series의 책들이 있다. 각주 2를 참조하시오.

복음주의 선상에서 매우 호소력 있으나 성서 자체를 절대 신뢰하는 가운데 성서가 생태적으로 위험한 메시지를 전달할 수 있다는 비판적 시각을 용납하지 않는 성향이다. 물론 호렐의 성서학과 다른 분야와의 협업적 연구는 매우 의미 있고 필요한 일이지만, 나는 호렐보다 앞서 비평적인 성서 연구 방법으로 지구를 살리기 위한 성서 읽기 프로젝트를 시작하여 많은 연구를 발표하고 있는 하벨의 생태학적 성서해석학을 설명하고, 덧붙여 생태여성학적 성서 해석의 방향성을 설명하고자 한다. 하벨의 연구를 집중적으로 소개하는 이유는 생태적 성서 해석(ecological hermeneutics)에 가장 많은 업적을 남겨왔고, 그의 성서해석학이 여성신학적 성서 해석의 방법론과도 맞닿아 있기 때문이다.

하벨은 앞서 진행된 생태해석학들이 성경을 단순히 생태 친화적인 책이라고 칭송하는 반면, 비판적 해석학적 성찰이 부족하다고 진단한다. 하벨의 주도로 1996년 호주의 애들레이드에서 시작된 'The Earth Bible Project(지구를 위한 성서 읽기 프로젝트)'에서는 성서를 의심의 해석학(hermeneutic by suspicion)으로 연구하도록 제안한다. '의심의 해석학'은 여성신학적 성서 해석의 대가인 엘리자베스 슈슬러 피오렌자(E. Shüssler Fiorenza)가 제기한 것으로 가부장적 문화와 세계관하에 쓰인 성서 본문을 쓰인 문자 그대로 받아들이지 말고 비판적인 눈과 합리적인 의심을 바탕으로 철저하게 비평하며 이해하고자 하는 해석학이다.24 하벨 역시 인간중심적이고 반생태학적일 수 있는 성서 본문을 무

---

23 데이비드 호렐(David Horrell)은 "환경적 윤리에 관한 성서의 사용들(Uses of the Bible in Environmental Ethics)"이란 주제로 the Exeter project를 2006~2009년까지 실시하였다. 다음의 웹사이트를 참조하시오. http://humanities.exeter.ac.uk/theology/research; David Horrell, "Ecological Hermeneutics: Reflections on Methods and Prospects for the Future," *Colloquium* 46/2(2014), 139-165.

작정 옹호하거나 비평 없는 긍정적인 해석으로 왜곡해서는 안 되고 철저한 비평적 시각에서 읽고 해석하여야 한다고 주장한다.[25] 하벨의 리더십이 돋보이는 '지구를 위한 성서 읽기 프로젝트' 팀은 과학자들, 생태학자들과 함께 심도 있는 통섭적인 대화와 연구 이후 다음과 같은 6개의 생태정의 원칙(Ecojustice Principles)을 제시한다.[26]

- **본질적 가치의 원칙**(the principle of intrinsic worth): 세계, 지구, 모든 만물의 구성들은 본질적인 내재적 가치를 지닌다.

- **연결됨의 원칙**(the principle of interconnectedness): 지구는 삶과 생존을 위해 상호의존적이며 서로 연결된 공동체이다.

- **지구 의견의 원칙**(the principle of voice): 지구는 무엇을 치하하거나 부정의에 대항하여 자신의 소리를 낼 수 있는 주체이다.

- **목적의 원칙**(the principle of purpose): 세계, 지구, 그것의 모든 구성원은 우주적으로 디자인화된 역동성의 한 부분이며, 그 나름대로 각각 목적이 있다.

- **상호적 관리의 원칙**(the principle of mutual custodianship): 지구는 책임

---

24 피오렌자는 여성신학적 성서해석학을 의심의 해석학, 경험의 해석학, 선포의 해석학, 기억의 해석학, 창조적 실현의 해석학으로 설명하면서 여성의 시각에서 새롭게 성서 본문을 규정하고 읽어야 한다고 제안했다. Elisabeth Schüssler Fiorenza, *Bread Not Stone: The Challenge of Feminist Biblical Interpretation* (Boston: Fortress Press, 1984), 15-22.

25 Habel, "Introducing the Earth Bible," *Readings from the Perspective of Earth*, 30.

26 "생태정의 원칙들(The Ecojustice Principles)"이라고 불리는 이 메니페스토(mani-festo)는 The Earth Bible Project 시리즈의 맨 앞에 표기되어 있다. Norman Habel, "Introducing ecological hermeneutics," *Lutheran Theological Journal* (2012/8), 97.

있는 관리인들이 지배하기보다는 서로 파트너가 되어 균형을 잡아야 하는 다양한 공동체이다.

- **저항의 원칙**(the principle of resistance): 지구와 지구의 모든 구성원은 인간의 부정의들로부터 고통받을 뿐 아니라 정의를 위한 몸부림으로 부정의에 적극적으로 저항한다.

이러한 원칙들의 핵심은 지구의 모든 생명체가 상호연결, 상호의존적이며 그 나름의 목적을 지니고 기능하는 유기체라는 것이다. 이러한 주체적 지구의 생태계를 파괴하며 생존을 위협하는 행위에는 과감하게 맞서 저항해야 하고 서로가 책임 있는 존재로 상생, 공존을 모색해야 한다는 것이다. 하벨은 생태정의 원칙들과 더불어 성서해석학의 패러다임을 제시하는데, 의심의 해석학(Suspicion), 지구와의 공감(Iden-tification: empathy with Earth), 지구의 소리를 듣는 회복(Retrieval: the voice of Earth)의 해석학이다. 하벨의 '의심의 해석학'은 인간중심적이면서 자연을 일종의 '대상(object)'으로 이해하는 성서 본문과 해석에 철저한 비평을 하는 것이다. 서양 세계에 깊이 내재화된 이분법적 세계관, 즉 문화/자연, 남성/여성, 정신/물질, 육체/영, 땅/하늘 등을 가르고 우열을 나누는 것을 비판한다. 두 번째, 지구와의 공감해석학은 인류가 지구에 가한 고통의 원인들과 현상들을 드러내면서 인간이 아닌 지구의 구성원들(non-human figures)과 공감하고 연대하여 성서 본문을 '지구의 존재들(Earth beings)'의 이야기로 규정하고 그 사이에 인간의 자리를 위치시킨다. 세 번째, 회복의 해석학은 의심의 해석학, 지구와 공감의 해석학 다음에 자연스럽게 연결되는 단계로 지구 자체와 그 구성원들의 소리를 주체화하고 그들의 소리에 민감하게 반응하여 지구의 치유와 회복을 목적으로 하는 해석학이다. 하벨은 이 해석학적 모델이 여성신학적 성서 해석과 유사하다고 밝히면서, 차이점은 여성의 세계관에서 성서를 해석하는 것에 국한하지 않고 지구의 생태 시스템과 지구를 살리기 위한 방향에서 읽는 걸 최고 우선적 과제로 삼는 것이라고 주장한다.27 이러한 원칙들을 바탕으로 '지구를 위한 성서 프로젝트' 팀은 생태정의를 위한 성서 해석을 시도하고 있으며 주석 시리즈를 출간하고 있다. 나는 '지구를 위한 성서 프로젝트' 팀이 제시한 생태정의 원칙과 하벨이 모형화한 생태정의 성서해석학에 여성의 시각을 더하여 다음과 같은 생태여성학적 성서 해석의 모델을 제안한다.

- **의심의 생태여성 성서해석학**(ecofeminist biblical hermeneutics by suspicion) – 성서 본문을 문자 그대로 해석하지 않고, 그 당시 제국적, 가부장적 '주(κύριος, master)' 중심적, 인간중심적, 비생태적 세계관과 문화가 성서의 본문과 해석에 어떻게 반영되고 있는지 철저한 비평적 분석을 시행한다.
- **상호 정의 생태여성 성서해석학**(ecofeminist biblical hermeneutics by inter-justice) – 생태여성신학적인 시각에서 지구의 모든 만물이 하나님의 자녀들이고 서로 연결되어 있고 의존적인 관계를 바탕으로 한 삶의 공동체라는 것을 인식하고, 상하 수직적 관계에서 나오는 제로섬이 아닌, 수평적 돌봄의 관계를 바탕으로 윈-윈(win-win)하는 상호정의가 이루어질 수 있는 방향의 본문 읽기를 시도한다.
- **통합 실천 생태여성 성서해석학**(ecofeminist biblical hermeneutics by

---

27 Habel, "Introducing ecological hermeneutics," 101-104.

performance) - 성서 연구가 더 이상 아카데미의 소유가 아니라 지구
생명체를 살리기 위한 실용적, 보편적 해석학으로 발전해야 하며 하나
님의 창조와 구원신학의 지평을 세계화하는 실행과 더불어 성서의 인
지적 연구와 실천을 통합하는 해석을 추구한다.

하벨이 제시한 생태정의 원칙들이 다른 분야의 일반인들과 대화하
기 위하여 의도적으로 비신학적인 용어로 표현되어 있고, 여성의 시각
이 빠져 있는 것에 비해, 내가 제안하는 '생태여성 성서해석학'은 생태
학적 인식과 더불어 여성(신)학적 관점을 통합하여 성서를 읽고자 하
는 시도이다. 이와 같은 성서 해석의 패러다임은 생태적 이슈와 젠더
문제가 상호 연결되어 있으며, 진정한 생태정의를 위해서는 복잡한 그
물망에 얽혀 있는 삶의 문제들을 분석적이면서도 통합적으로 보아야
한다는 시각에 근거한다. 이러한 패러다임에 기초하여 다음 장에서는
생태여성학적 성서해석학의 렌즈로 누가복음의 '마리아의 노래'(눅 1:
46-55)를 연구해보고자 한다.

III. 생태여성운동의 선두 주자,
마리아의 생명 노래(눅 1:46-55)

누가복음은 일반적으로 유대인과 이방인을 모두 포괄하는 보편적
인 신학을 추구할뿐더러 정치·사회·젠더·자본·문화적으로 약자들을
고려하고, 세상의 질서와는 전혀 다른 하나님 나라의 '역전(reversal, 반
전)의 질서'[28]를 제시하고 있는 것으로 알려져 있다. 이러한 누가의 신

학을 고찰할 때, 우리는 오늘날 인간의 이기성과 폭력에 의해 희생당해 온 지구를 살리고 새 하늘과 새 땅의 생태적 비전을 꿈꿀 수 있다. 이러한 비전은 인간/자연, 남성/여성, 자연/문화, 부자/가난한 자, 권력자/약자의 이분법적 분열을 넘어 세례 요한이 선포한(눅 3:7-15) 진정한 회개의 열매와 화해로 이끌어 하나님의 몸으로서의 지구를 치유하고 인류를 비롯한 온 생태계 구성원들의 구원을 위한 새로운 삶의 방향을 인도할 것이다.[29]

나는 이러한 생태적 비전을 제공할 본문으로 누가의 '마리아의 찬가'를 연구한다. 마리아의 찬가는 누가복음 1-2장에 나오는 5개의 찬송시[30] 중 하나로 '주의 여종'으로 본인을 규정한 마리아가 하나님의 속성

---

28 누가복음의 '역전'의 주제에 대한 대표적인 연구들은 다음과 같다. Larry Keith Drake, *The Reversal Theme in Luke's Gospel* (unpublished Ph.D. dissertation, St. Louis University, 1985); John O. York, *The Last Shall be First, The Rhetoric of Reversal in Luke*, JSNT Sup. 46(Sheffield: Sheffield Academic Press, 1991); 박광일, "누가복음에서 마리아 찬가(눅 1:46-55)와 양극역전 본문들과의 관련성에 대한 연구," (박사학위, 장신대학교 대학원, 2010).

29 누가복음을 생태학적 관점에서 다루고 있는 대표적 연구로는 Michael Trainor의 *About Earth's Child*(2012)가 있다. The Earth Bible project에서 출간하고 있는 The Earth Bible Commentary 시리즈 중의 하나로, 예수의 사역을 지구 공동체를 살리기 위한 생태적 사역으로 소개한다. Michael Trainor, *About Earth's Child: An Ecological Listening to the Gospel of Luke* (Sheffield: Sheffield Phoenix Press, 2012); 또한 생태학적, 여성학적 관점에서 누가복음을 읽고자 하는 Anne F. Elvey의 *An Ecological Feminist Reading of the Gospel of Luke* (2005)가 있는데, 지구와 여성의 몸과 경험의 상호성(intertext)에 착안하여 생태정의와 여성 해방을 추구하는 본문 읽기를 시도한다. Anne F. Elvey, *An Ecological Feminist Reading of the Gospel of Luke* (Lewiston, New York: Edwin Mellen Press, 2005).

30 엘리사벳의 찬가(1:42-45); 마리아의 찬가(1:46-55); 사가랴의 찬가(1:68-79); 천사의 찬가(2:14); 시므온의 찬가(2:29-32). 스티븐 패리스(Stephen Farris)는 누가복음 1-2장에 나오는 찬가들의 기원에 대하여, 이 시들은 셈어적 히브리어로 쓰였을 것이며, 기원후 70년 이전에 팔레스타인 지역에서 유대 기독교인들에 의해 작성되었을

과 예수께서 하실 일들을 전조적으로 암시하며 누가의 복음적 성격을 명확히 전달하고 요약하는 '서론'과 같은 역할을 하고 있다.31 이 노래를 부르는 '주체'에 대하여 학계에서는 엘리사벳과 마리아 사이에 오랜 논쟁이 있어 왔지만, 지금은 마리아의 노래로 인정하는 것에 크게 이의를 제기하지 않는다.32 찬가의 기원에 대하여는 미리암의 노래(출 15:

것이라고 주장한다. 나 역시 이 시들이 독립적으로 존재했을 것이고, 누가가 자신의 신학적 목적에 각색하여 가지고 온 것이라고 생각한다. 누가복음 1-2장의 구조는 다음과 같다.

요한의 탄생에 대한 예고(1:5-25)	예수의 탄생에 대한 예고(1:26-38)
임신한 두 여인들의 만남과 찬가들: 엘리사벳의 찬가(1:42-45), 마리아의 찬가(1:46-55)	
요한의 탄생, 할례, 이름 짓기(1:57-66)	예수의 탄생, 할례, 이름 짓기(2:1-21)
사가랴의 찬가와 아이 요한의 성장(1:67-80)	시므온의 찬가와 아이 예수의 성장(2:22-40)
성전에서 발견된 소년 예수의 뛰어남에 대한 증거	

Stephen Farris, *The Hymns of Luke's Infancy Narratives: Their Origin, Meaning and Significance*, JSNT Sup. series 9(Sheffield: The University Sheffield Press, 1985), 86-98, 100.

31 Barbara E. Reid, "An Overture to the Gospel of Luke," *Currents in Theology and Mission* 39(6)(2012), 421-434; Robert C. Tannehill, *The Narrative Unity of Luke — Acts: A Literary Interpretation* vol. 1(Philadelphia: Fortress Press, 1986), 30-31.

32 고대 라틴어 사본에는 이 찬가를 부르는 사람이 엘리사벳으로 되어 있는 것들이 있고, 교부들 가운데 이레니우스와 오리겐 역시 이 노래의 주인공을 엘리사벳으로 보고 있으며, 이 노래가 내용과 형식에서 한나의 노래(삼상 2:1-10)와 비슷한데 아이를 낳지 못한 여인의 상황이 처녀인 마리아보다는 한나와 엘리사벳이 유사하여 여러 학자들은 누가복음 1:46-55를 '엘리사벳 찬가'로 인지해왔다. 그러나 이에 반대하는 최근의 논의들은 라틴 본문이 거의 후기에 나온 사본들이고, 1:38에서 마리아는 본인을 '종'이라고 일컫는데, 1:48에서도 찬가를 부르는 자가 동일하게 본인을 '종'이라고 규정하므로 평행을 이룬다. 또한 누가복음 1-2장의 전체 문맥에서도 요한과 예수의 이야기가 서로 주고받는 구조로 전개되고 있어서, 엘리사벳의 찬가로 1:42-55까지 쭉 보기보다는 세례 요한의 어머니 엘리사벳의 찬가(1:42-45)와 예수의 어머니 마리아의 찬가(1:46-55)의 주고받는 구조로 이해하는 것이 더 자연스럽다는 것이다. 더욱이 48절은 엘리사벳보다 마리아에게 적용하는 것이 더 적절해 보인다. R. E. Brown, *The Birth of the*

19-21), 한나의 노래(삼상 2:1-10), 시편들 및 구약성서들의 조합으로 보고 있지만33 중요한 것은 저자 누가가 마리아의 입을 통해서 이 노래를 부르게 하고 있다는 것이다. 누가복음에서 이 찬가를 부르고 있는 사람이 누구냐 하는 것은 매우 중요하다. 왜냐하면 노래의 내용이 부르는 사람의 삶과 분리될 수 없으며, 노래하는 자의 현실과 상황을 바탕

Messiah: A Commentary on the Infancy Narratives in Matthew and Luke (New York: Doubleday, 1977), 334-336; J. A. 피츠마이어, 『누가복음 I(1-9장)』, 이두희, 황의무 옮김(서울: 솔로몬, 2003), 552-554. 그 밖의 논쟁에 대한 정리는 다음을 참조하시오. S. Benko, "The Magnificat: A History of the Controversy," JBL 86(1967), 263-275; Farris, The Hymns of Luke's infancy Narrative, 110-112.

33 "나의 영혼이 주님을 찬양합니다." - 시 34:3; 35:9; 103:1-2; 145:21; 사 61:10; "나의 영혼이 나의 주 하나님을 기뻐합니다(46절)." - 합 3:18; "그분은 그의 여종의 낮은 상태를 살펴보셨기 때문입니다(48절)." - 삼상 1:11; 창 30:13; 말 3:12; "능력 많으신 분께서 나에게 위대한 일들을 행하셨기 때문입니다(49절)." - 시 126:3; 71:19-21; 욥 5:9; "그분의 이름은 거룩합니다(49절)." - 시 111:9; 출 15:11; 사 47:4; 6:3; "그의 자비는 세대와 세대를 거쳐 그분을 두려워하는 사람들에게 주어집니다." - 시 103:17; 출 20:6; 왕상 8:23; 시 118:4; 145:19; 147:11; "그는 그의 팔로 능력을 행하셨고, 마음의 생각에 교만한 사람들을 흩으셨다(51절)." - 시 89:11; 98:1; 출 15:6-7; 사 40:10; 51:9; 52:10; 시 33:10; 59:11; 욥 5:12-14; 단 4:37; "그는 왕자들을 끌어내리셨다(52절)." - 욥 12:19; "낮은 자들을 높이셨다(52절)." - 욥 5:11; 24:24; 시 107:40-41; 113:6-8; 겔 14:24; "배고픈 자들은 좋은 것으로 채워주셨다(53절)." - 시 107:9; 34:10; 146:7; 사 65:13; "그는 그의 종 이스라엘을 도우셨다." - 사 41:8; "그는 자비를 기억하셨다(54절)." - 시 98:3; "그가 우리의 조상들에게 말씀하신 것처럼(55절)" - 미 7:20; 창 18:18; 22:17; 시 105:8; 사 46:3, 4; 49:14-16; 63:7-16; 렘 31:3; 33:24-26; "아브라함과 그의 자손에게 영원히(55절)" - 창 17:19. John V. Grier Koontz, "Mary's Magnificat." Bibliotheca Sacra (1959/10), 339. 탄네힐은 마리아의 노래가 단지 구약의 조합이 아니라 음율 패턴과 구조적 통일성을 바탕으로 형식과 의미를 분리할 수 없는 한편의 '시'로 이해해야 한다고 설명한다. Robert C. Tannehill, "The Magnificat as Poem," JBL 93(1974), 263-275. 마리아의 노래가 히브리적, 셈어적 시의 형태를 가지고 있다는 연구에 대해서는 참조. Randall Buth, "Hebrew Poetic Tenses and the Magnificat," JSNT 21(1984), 67-83; Hugo Méndez, "Semitic Poetic Techniques in the Magnificat: Luke 1:46-47, 55," JBL 135(2016), 557-574.

으로 한 믿음과 신앙적 비전이 고스란히 반영되어 있기 때문이다. 그렇다면 이 노래를 부르고 있는 마리아에 대해 살펴보는 것이 찬가의 내용을 살피기 위한 전제라고 하겠다.

마리아가 제사장 아론 계열의 엘리사벳과 친척 관계인 것으로 보아(눅 1:36) 역시 제사장 가문의 딸인 것으로 추측할 수 있다.[34] 마리아는 그 당시 정혼하는 여성의 유대 문화를 고려할 때 10대 중후반이었을 것이며, 하나님의 은혜를 입었다고 말하는 가브리엘 천사의 말에 따르면(눅 1:28), 하나님이 주목하고 사랑해왔던 인물임이 틀림없다. 마리아는 자신을 '주의 여종'(눅 1:38, 48)으로 고백하고 하나님의 뜻을 이행할 자임을 받아들이며 자신이 행할 일이 온 지구의 구원을 위한 첫 출발임을 인지한다. 생태여성의 시각에서 누가복음을 연구한 앤 엘베이(Anne Elvey)는 마리아의 임신이 하나님의 영과 여성의 몸이 만나는 생태적 관계로 세상에 대한 하나님의 관심의 친밀함을 나타내는 은유(metaphor)라고 설명한다.[35] 마리아의 몸을 통해 태어난 예수는 하나님의 영과 지구를 연결한 열매이며 생태적 치유와 구원의 시작점인 것이다. 이에 마리아의 몸은 하나님의 신성한 영과 연합하는 지구를 상징한다. 하나님의 구원 계획과 그분의 속성을 찬양하는 마리아는 아픈 지구의 신음과 함께 그 원인을 신랄하게 비판하며 지구의 치유와 함께 새로운 세상의 구원을 열어갈 생태여성의 대표자인 것이다. 천사의 고지를 받은 마리아는 곧장 세례 요한을 6개월째 임신한 엘리사벳을 찾아간다(눅 1:39-45). 자궁 안에(눅 1:41, 42, 44) 하나님의 치유와 구원을 품고 있

---

34 Richard W. Swanson, "Magnificat and Crucifixion: The Story of Mariam and her Son," *Currents in Theology and Mission* 34(2)(2007/4), 105.

35 Elvey, *An Ecological Feminist Reading*, 77-78.

는 엘리사벳과 마리아, 두 여인의 만남은 기쁨과 환히, 축복으로 가득
차서 서로를 위로하고 격려한다. 엘리사벳은 하나님의 영이 마리아의
몸에 침투하여 영과 육의 통합을 이루고 있음을 발견하고 마리아 태중
의 아이를 축복한다(눅 1:42-45).[36] 엘리사벳의 축복에 대한 화답으로
마리아는 놀라운 하나님의 구원 계획을 노래하고 있는 것이다. 지구의
치유와 온 생태계 구성원들의 해방을 위한 복음의 전달자로, 하나님의
백성을 대표하는 마리아가 노래하는 생태적 비전의 메시지는 다음과
같다.[37]

1. 약자들의 어려움을 돌보시는 하나님(눅 1:46-48)

46 Καὶ εἶπεν Μαριάμ, Μεγαλύνει ἡ ψυχή μου τὸν κύριον,

   마리아가 말하였다, 나의 영혼이 주님을 찬양합니다.

47 καὶ ἠγαλλίασεν τὸ πνεῦμά μου ἐπὶ τῷ θεῷ τῷ σωτῆρί μου,

   나의 영혼이 나의 구원자, 하나님에 대하여 기뻐합니다.

48 ὅτι ἐπέβλεψεν ἐπὶ τὴν ταπείνωσιν τῆς δούλης αὐτοῦ. ἰδοὺ γὰρ ἀπὸ τοῦ
   νῦν μακαριοῦσίν με πᾶσαι αἱ γενεαί,

   그분은 그의 여종의 어려운 상황을 살피셨기 때문입니다. 보십시오, 지금
   부터 모든 세대가 나를 복되다고 할 것입니다.

누가복음 1장 38절과 마찬가지로 마리아는 자신을 하나님의 '여종

---

36 Trainor, *About Earth's Child*, 74-75.
37 누가복음 1:46-55의 본문을 내용과 주제에 따라 1:46-48; 49-50; 51-53; 54-55로
   나누어 사역 및 주석과 해석을 시행한다.

(δούλη)'으로 규정한다. 학자들은 이 표현을 구약 문헌의 '시온의 딸'과 연결하며 마리아를 이스라엘의 상징적 인물로 보기도 한다.[38] 그러나 54절에서도 이스라엘을 따로 '종'이란 표현으로 나타내고 있는 것으로 보아, 이스라엘을 대표하는 상징적 마리아라기보다는 개인적·실제적 인물로서의 마리아로 보는 것이 적절해 보인다. 그러나 개인적 마리아를 통해 일하시는 하나님은 자신의 다른 모든 백성에게도 동일하게 하시므로, 마리아를 하나님 백성의 대표로 볼 수 있다. 일반적으로 '종'은 주인에게 소속되어 주인의 일을 대신하는 노예이지만, 초대 기독교에서는 하나님의 일을 대표로 하는 권위자의 뜻으로도 일컬어졌다.[39] 마리아는 하나님의 일을 시행할 주체자로 자신을 규정하며[40] 하나님을 구원자(σωτήρ)로 찬양하는데, 그 이유는 하나님이 약자들의 어려운 상황을 살피시는 분이기 때문이다. 마리아의 어려운 상황은 아직 정식으로 결혼하지 않은 상태에서 장차 세상을 구원할 아이를 잉태한 것이고, 죽음에 맞서 생명을 걸고 이 아이를 지켜내어 출산하고 길러내야 하는 사명이며, 이 사명을 완수하기 위해 경제적·사회적·문화적 난관을 헤쳐 나가야 하는 일이다. 어쩌면 본문에서 구체적으로 설명하지 않은 마리아의 어려움이 더 있었을지도 모르겠다. 어떠한 어려움이든지 간에, 마리아는 자신의 '비천함(ταπείνωσις)'을 공포하고 있다. 레이몬드 브

---

38 Farris, *The Hymns of Luke's Infancy Narratives*, 118.

39 바울 및 여러 사도는 자신들을 '그리스도의 종'으로 여겼다. 이들은 모두 초대 기독교의 지도자들이었다. 행 4:29; 16:17; 빌 1:1; 골 4:12; 벧전 2:16 등.

40 비벌리 가벤타(Beverly R. Gaventa)는 여성신학 관점에서 노래를 부르는 주체, 마리아 자체에 초점을 둔다. 가벤타는 마리아가 가난하고 비천한 자들에 대한 하나님의 구원의 예를 자신이 직접 경험하고 고백하는 것으로 마리아 찬가를 이해하고, 하나님께 쓰임 받는 일꾼으로서의 마리아를 살핀다. Beverly R. Gaventa, *Mary Glimpse of the Mother of Jesus* (Columbia: University of South Carolina Press, 1995), 55-59.

라운(R. E. Brown)은 누가복음의 찬가들이 유대 기독교 그룹인 '아나윔 (Anawim צנוים)'에서 유래한 것으로 본다.41 이들은 가난한 삶을 경건과 연관시키면서 스스로 가난을 자처하여 영적인 고양에 이르는 그룹인데, 마리아가 이들의 대변자요 대표자로 노래 부르고 있다는 것이다.42 '가난한 자'는 실질적으로, 경제적으로 가난한 사람을 일컬을 뿐만 아니라 어떠한 고통 가운데 야훼 하나님의 도움이 간절해서 부르짖는 이들이다. 하나님은 그들의 낮은 상태를 돌아보시고 구원하신다. 이러한 '가난한 자'의 대표 마리아는 부를 창출하기 위해서라면 다른 상대들을 희생시키는 것에 괘념치 않는 인간의 이기성과 욕망에 저항하며 지구를 지킬 수 있는 오늘날 '생태적 영성운동의 표상'으로 이해할 수 있다. 마리아가 자신의 또는 세상의 어려운 상태를 공포하고 알리는 것처럼, 우리 역시 세상의 어려운 상황을 널리 알려야 한다. 인간중심적, 특히 남성중심적 제도하에 무차별적으로 개발되어온 자연환경과 그로 인한 생태계의 파괴, 기후 재난, 멸종되는 종들 및 파괴적 전쟁과 이기적 자본주의 체제가 가져온 희생자들, 심화된 빈부격차. 이러한 죽음의 체제 안에서 고통당하는 약자들은 상호 연대하여 마리아처럼 비천함을 세상에 알리고, 약자들의 어려움을 돌보시는 하나님 앞에 서로의 돌봄이 지구를 향한 하나님의 뜻임을 선포해야 하는 것이다.

---

41 Brown, *The Birth of the Messiah*, 350-355.
42 많은 학자들은 마리아가 아나윔 그룹의 구성원일 뿐 아니라 이들의 대표자로, 예언자로 노래하는 것으로 여긴다. Nancy A. Sell, "The Magnificat as a Model for Ministry," *Liturgical Ministry* 10(2001), 31-40; Schaberg, "Luke," 285.

2. 하나님을 두려워하는 자들을 위한 거룩과 자비(49-50절)

49 ὅτι ἐποίησέν μοι μεγάλα ὁ δυνατός. καὶ ἅγιον τὸ ὄνομα αὐτοῦ,

능력 많으신 분께서 나에게 위대한 일들을 행하셨기 때문입니다. 그리고 그분의 이름은 거룩합니다.

50 καὶ τὸ ἔλεος αὐτοῦ εἰς γενεὰς καὶ γενεὰς τοῖς φοβουμένοις αὐτόν.

그리고 그의 자비는 세대와 세대를 거쳐 그분을 두려워하는 사람들에게 주어집니다.

인류가 죄를 짓는 근본 원인 중의 하나는 하나님을 두려워함이 없기 때문이다. 하나님을 두려워한다는 것은 온 세상의 주인이 인간이 아니라 하나님임을 인지하고 받아들이는 것이다. 또한 하나님 앞에 인간의 자리가 어디인지를 확인하는 것이다. 인간은 피라미드 구조의 꼭대기에 있는 것이 아니라, 이 지구가 상생하고 공존하는 하나님의 몸이 되도록 공평하고 균등한 사회의 원(求)심력과 같은 존재이다. 생태계의 모든 구성원을 하나님의 작품으로 존중하고 하나님께서 정하신 각기 기능과 역할이 제대로 이루어지도록, 그래서 하나님의 창조 목적에 맞게 온 세상이 운영되도록 돕는 역할을 인간이 해야 하는 것이다.

마리아는 하나님의 이름을 거룩하다고 선포한다. '거룩함'은 하나님의 본질이며(레 19:2), 모든 창조물은 그 하나님의 속성을 반영한다. 거룩한 삶은 하나님의 창조 법칙과 원뜻을 지켜가는 삶이어야 하는데, 그렇게 운영되지 못한 인간의 역사에 개입하시는 하나님의 구원 사건이 바로 예수 그리스도의 오심이다. 예수 오심의 매개자가 될 마리아는 하나님의 거룩한 속성과 예수를 통해 이루실 새 창조의 비전을 꿈꾸며,

하나님의 또 다른 속성인 자비가 하나님을 두려워하는 자들에게 세세토록 이어질 것을 찬양한다. 이러한 거룩과 자비는 동전의 양면과 같은 하나님의 속성이며 우리 삶의 모든 영역에서 반영되어야 할 원칙과 기본이다. 이러한 비전은 오늘날 우리에게 필요한 생태적 삶의 방향이며 이것을 이루기 위한 출발은 인간의 회개와 생태계에서 자신의 존재 위치를 인식하여 원래 자리로 돌아가는 것이다. 이러한 삶의 원칙을 지켜나가는 것이 바로 하나님을 두려워하는 삶이며, 하나님을 두려워할 때 그분의 자비는 영원할 것이라고 마리아는 노래한다.

3. 역전하시는 하나님(51-53절)

51 Ἐποίησεν κράτος ἐν βραχίονι αὐτοῦ, διεσκόρπισεν ὑπερηφάνους διανοίᾳ καρδίας αὐτῶν.

그는 그의 팔로 능력을 행하셨고, **마음의 생각에 교만한 사람들을 흩으셨습니다.**

52 καθεῖλεν δυνάστας ἀπὸ θρόνων καὶ ὕψωσεν ταπεινούς,

그는 **강한 자들을 왕좌들로부터 끌어내리고 낮은 자들을 높이셨습니다.**

53 πεινῶντας ἐνέπλησεν ἀγαθῶν καὶ πλουτοῦντας ἐξαπέστειλεν κενούς.

그는 **배고픈 자들을 좋은 것들로 채우셨고, 부자들을 빈손으로 보내셨습니다.**

마리아 찬가에서 가장 핵심 구절이라 할 수 있는 51-53절은 역전시키시는 하나님을 찬양하며 새 창조의 시작인 예수 사역의 내용을 암시한다. '하나님의 팔'이라는 표현은 이집트의 노예로 살고 있던 이스라엘을 구출하는 출애굽 사건을 비롯하여 적에게서 이스라엘을 구원해

닐 때 많이 사용된 은유이다(출 6:1-6; 15:16; 신 3:24; 렘 39:21; 시 89:11; 118:15).[43] 마리아는 이곳에서 이스라엘을 해방하셨던 출애굽을 상기하며 예수를 통해 이룰 새 창조, 새 출애굽을 전망한다. "교만한 사람들 (ὑπερηφάνοι)"은 50절의 "하나님을 두려워하는 사람들(φοβουμένοι)"과 대조되는 것으로 52, 53절에 낮은 자들을 무시하는 강한 자들과 배고픈 자들을 발생시키는 부자들을 대표하는 표현이다. 52-53절 본문의 구조는 교차대구로 표현되어 메시지를 다음과 같이 강조한다.

A. 강한 자들을 왕좌들로부터 끌어내림
　　B. 낮은 자들을 높이심
　　B′. 배고픈 자들을 좋은 것으로 채움
A′. 부자들을 빈손으로 보냄

마리아는 '강한 자들/낮은 자들' 다음의 순서를 '부자들/배고픈 자들'이 아닌, '배고픈 자들/부자'들로 바꾸어서 '낮은 자들(B)과 배고픈 자들(B′)'을 하나의 그룹으로 묶어내고 그들의 고통이 하나님께 알려졌으며 하나님의 구원 사건이 그들의 자리를 역전시킬 것이라 전망한다. 이러한 정치적·사회적·경제적 '역전(reversal)'은 누가복음 전체에서 강조되는 주제들 중 하나로[44] 마리아 찬가 이후, 예수의 평지설교

---

43 Farris, *The Hymns of Luke's Infancy Narratives*, 120-121.
44 누가의 '역전' 주제는 대표적인 누가신학 중 하나로, 그 배경을 유대의 종말론적 묵시사
　　상과 연결하거나 그리스 문학의 영향으로 보는 연구들이 있다. 종말적, 묵시적 사상과
　　연관된 대표적 연구로는 다음의 연구를 참조하시오. George W. E. Nickelsburg,
　　"Riches, the Rich, and God's Judgment in 1 Enoch 92-105 and the Gospel Ac-
　　cording to Luke," *NTS* 25(1978), 324-44; R. Batey, *Jesus and the Poor* (New

(6:20-23), 부자와 나사로(16:19-31), 하나님 나라의 식탁(13:26-30); 잔치에 초대받은 손님(14:16-24), 탕자와 맏형(15:11-32), 먼저 된 자가 나중 되고 나중 된 자가 먼저 된다(눅 9:24; 13:30; 14:11; 17:33; 18:14)는 메시지들에서 반복되어 나타난다.45 이러한 역전의 메시지는 소위 권력자들과 강자들에 의해 파괴되어 고통을 당하고 있는 생태적 약자들에게 희망을 던져준다. 예수에 의해 시작될 하나님의 새 창조는 이러한 역전을 통해 치유와 회복의 길로 들어설 것이라고 마리아는 노래하고 있으며, 이미 예수의 사역에서도 그러한 역전의 실제를 확인하게 되었다. 지속 가능한 지구별의 생존을 고려해야 하는 오늘날, '역전'을 노래

York: Harper and Row, 1972), 18-22; Walter E. Pilgrim, *Good News to the Poor: Wealth and Poverty in Luke-Acts* (Minneapolis: Augsburg, 1981), 32-35; Luke T. Johnson, *Luke-Acts: A Story of Prophet and People* (Chicago: Franciscan Herald Press, 1981), 59-60. 반면, 누가의 역전신학을 유대 묵시사상이 아닌 그리스의 비(희)극문학과 관련하여 보고자 하는 연구들은 그리스-로마 문학 작품들에서 발견되는 운명의 역전을 나타내는 '페리페테이아(peripeteia)'라는 문학적 구성 장치를 누가가 사용하고 있다고 주장한다. York, *The Last Shall be First*, 166-182; C. H. Dodd, "The Beatitudes: A Form-critical Study," *More New Testament Studies* (Manchester: University of Manchester, 1968), 1-10; Frederick W. Danker, *Luke, Proclamation Commentaries* (Philadelphia: Fortress press, 1987), 47-57.

45 드레이크는 누가복음이 '역전'에 관한 본문들로 꽉 차 있다고 주장하며 세 범주의 '역전'으로 본문들을 나누어 설명한다. 1) 명확한 양극적 역전(Explicit Bi-Polar Reversal): 1:5-25; 1:46-55; 2:34; 4:16-30; 6:20-26; 9:24; 13:30; 14:11; 2) 명확한 극적 역전(Explicit Polar Reversal): 3:4-6; 4:16-30; 8:17; 12:2; 10:15; 9:48; 22:25-27; 3) Implicit Reversal(암시적 역전): 7:36-50; 19:1-10; 10:25-37; 16:1-14. Drake, *The Reversal Theme in Luke*, 159, 187, 240. 한편, 요크는 드레이크의 세 분류를 두 분류로 줄여서 설명한다. 1) 명확한 양극적 역전(Explicit Bi-Polar Reversal): 1:53-55; 6:20; 16:19-31; 1:9-14; 14:11; 18:14; 9:24; 17:33; 13:30), 2) 암시적인 양극적 반전(Implicit Bi-Polar Reversal): 2:34; 3:4-6; 7:36-50; 10:25-37; 14:7-24; 15:11-32; 18:18-30. York, *The Last Shall be First*, 39-93, 94-163.

하는 마리아의 찬가는 우리가 귀 기울이고 생태학적 삶의 실천으로 한 걸음을 내디딜 수 있도록 우리를 도전한다.

4. 자녀들에게 주어진 영원한 자비(54-55절)

54 ἀντελάβετο Ἰσραὴλ παιδὸς αὐτοῦ, μνησθῆναι ἐλέους,

　　그는 그의 자녀, 이스라엘을 도와주셨고, **은총**들을 기억하셨습니다.

55 καθὼς ἐλάλησεν πρὸς τοὺς πατέρας ἡμῶν, τῷ Ἀβραὰμ καὶ τῷ σπέρματι

　　αὐτοῦ εἰς τὸν αἰῶνα.

　　그가 우리들의 조상들을 향해 말씀하신 것처럼, 아브라함에게 그리고 그의 자손들에게 **(은총은) 영원합니다.**

　　하나님은 자녀들의 어려움을 기억하시고 은총을 베풀어주시며 도 와주셨다. 이것은 이스라엘 역사에서 확인된 것이다. 마리아는 이제 결론적으로 하나님이 아브라함을 비롯한 이스라엘의 조상들에게 말씀 하시고 이루신 것처럼, 하나님을 두려워하는 그분의 자녀들에게 영원 히 은총을 베푸실 것이라고 하면서 노래를 마무리한다. 51절부터 54 절까지 부정과거 시제가 사용되는데 이는 역사 속에서 하나님께서 이 루셨던 일들을 상기하면서, 똑같은 하나님의 구원의 역사가 과거와 현 재와 미래에도 지속될 것이라는 의미에서 사용되었다.[46] 과거에 자녀

---

46 51-53절에 묘사되는 부정과거 시제는 히브리적 표현을 참고삼아 하나님이 항상 반복 적으로 행하고 있는 일을 설명할 때 사용하는 격언적 부정과거(gnomic aorist), 또는 과거와 현재와 미래를 아우르는 예언적 부정과거 동사(prophetic aorist)로 이해될 수 있다. C. H. Talbert, *Reading Luke: A Literary and Theological Commentary on the Third Gospel* (New York: Crossroad, 1982), 25; Brown, *The Birth of the*

들을 위해 일하셨던 하나님이 현재와 미래에도 하나님의 자비와 은총을 베푸실 터인데, 관건은 그것을 인지하고 받아들이는 하나님의 자녀들에게 달려 있는 것이다. 마리아를 통해 들려진 지구 회복과 온 생태계 구성원을 위한 하나님 나라의 새 창조와 역전의 메시지, 그에 대한 우리의 생태학적 반응과 삶의 실천은 이제 지구를 살리기 위한 마리아의 후예들에게 넘겨진 것이다.

IV. 나가는 말
: 마리아의 노래에 나타난 생태여성신학적 함의

성서는 시대를 막론하고 우리에게 들려주시는 하나님의 말씀이다. 그러나 약 2~4천 년 전에 쓰인 고전문학이 오늘날 우리가 당면하고 있는 현실의 문제들에 대해 일대일식 대응으로 대답하지 않는다. 그럼에도 성서가 우리에게 살아 있고 역동적인 하나님의 말씀으로 들려질 수 있는 이유는 성서에 면면히 흐르고 있는 하나님의 성품과 구원 계획을 알 수 있기 때문이며, 성서의 이야기들을 오늘날 우리가 실존하고 있는 상황에서 하나님의 뜻에 맞게 다시금 해석할 수 있는 하나님의 백성들이 현존하고 있기 때문이다. 그러므로 성서 해석은 성서에서 들려주는 하나님의 속성과 우리의 상황이 만나서 역동적으로 우리를 도전하고, 맞닥뜨린 현실의 문제들에 하나님의 뜻을 알고 반응할 수 있도록 도와주는 사명이 있다.

Messiah, 362-363.

생태여성학적 성서 해석은 하나님의 뜻에 따라 오늘을 살아가고자 하는 하나님의 백성을 도전하고 반응하게 하는 시대적 사명에 따른 해석학이다. 생태여성학적 성서해석학은 근대 산업혁명 이후 급속하게 발전해온 고도의 과학과 기술문명, 자본주의 체제 아래 신음하고 있는 생태계의 약자들에 주목하고 그들을 향한 하나님의 관심과 구원을 표명한다. 또한 지금까지 생태계 약자들로부터 이득을 취해온 권력자들과 강자들을 고발하고 하나님의 새 창조와 구원 계획의 비전에 동참할 것을 목적으로 한다. 인간중심적 문명과 견고화된 자본주의 체제하에 심화된 빈부격차, 에너지의 고갈, 자연생태계의 파괴, 그로 인한 환경 재앙들은 이제 생태계의 약자들뿐 아니라 자본주의와 고도문명의 이득을 누려온 소수의 부자들과 권력자들에게도 위협적인 실체로 다가오고 있다. 이러한 상황에서 하나님의 말씀을 대변하는 성서 해석에 대한 패러다임 전환이 필요하고, 나는 한 예시로 생태여성학적 성서해석학을 소개하였다. 생태여성학적 성서 해석은 기존의 여성신학적 성서해석의 패러다임과 '지구를 위한 성서 읽기 프로젝트' 팀이 제시한 생태정의 원칙들, 이 팀의 리더 하벨이 제시한 생태정의 성서해석학의 시각을 종합하여 구성하였다. 성서 본문과 해석이 제국적, 가부장적, 주(master) 중심적이지는 않은지 생태여성학적 시각에서 비평적으로 살피는 의심의 생태여성 성서해석학, 지구를 가족공동체로 이해하고 그 모든 구성원의 상호정의를 위한 방향으로 해석하고자 하는 상호정의 생태여성 성서해석학 그리고 성서의 메시지를 본문에서만 이해하지 않고 삶으로 연결하여 이론과 실천의 통합을 지향할 통합실천 생태여성 성서해석학으로 제시하였다.

　　나는 이러한 생태여성의 눈으로 읽는 성서 해석의 일환으로 누가복음의 '마리아의 찬가'(눅 1:46-55)를 연구해보았다. 마리아의 노래는 전체 누가복음의 서론적 역할과 더불어 예수의 사역을 전망하고 요약하는 기능을 한다. 마리아는 이스라엘의 역사에서 약자들의 어려움을 돌봐주시고 하나님을 두려워하는 자들에게 자비를 베푸시며, 교만한 자들·강자들·부자들을 낮추시고, 반면에 하나님을 두려워하는 자들·낮은 자들·배고픈 자들을 좋은 것으로 채우시는 역전의 하나님을 찬양한다. 마리아는 그 당시에도 가난한 자들, 약자들의 대변인이었으며, 그녀의 노래는 오늘날 위기에 처한 지구 공동체의 약자들과도 연대하도록 손을 내민다. 하나님의 거룩한 영을 자신의 몸으로 받아 하나님과 이 세상을 결합시키고 구원의 시작을 알린 마리아. 결국 그녀의 노래는 오늘날 생태적 지구의 총체적 위기에 직면한 하나님의 백성으로 하여금 새로운 삶으로의 패러다임 전환을 요구한다. 하나님을 두려워하는 마음으로 인간의 이익만을 중심으로 한 개발 중심적인 삶의 방향을 멈추고, 지금까지 직진해온 이기적 인간의 맘몬 문명 아래 피해를 입은 생태적 약자들의 어려움을 돌볼 것이며, 왕좌에 있는 권력자들과 부자들을 회개시키고, 낮은 자들과 굶주리고 있는 자들이 만족할 수 있는 진정한 나눔을 회개의 열매로 맺어가도록 도전하는 것이다. 하나님의 몸인 지구 공동체에서 모든 생명체가 각자의 기능을 하나님의 (새)창조의 뜻에 맞게 발휘하도록 돕고, 생명·평화·안전·상생·공존·돌봄의 영성으로 인간의 자리를 찾아가는 일이 마리아가 노래하는 생태여성신학적 함의일 것이다.

참고문헌

구미정. "새롭게 떠오르는 생태여성신학."「시대와 민중신학」5(1998), 279-344.
_____. "샐리 맥페이그의 생태여성신학."『현대 생태신학자의 신학과 윤리』. 한국교회
　　　환경연구소 엮음. 서울: 대한기독교서회, 2006.
그나나칸, 켄.『환경신학: 생태위기와 교회의 대응』. 이상복 옮김. 서울: UCN, 2005.
김득중.『누가의 신학』. 서울: 컨콜디아사, 1990.
김애영. "로즈마리 류터의 생태여성신학." 김영균 외,『현대생태신학자의 신학과 윤리』.
　　　서울: 대한기독교서회, 2006.
박광일. "누가복음에서 마리아 찬가(눅 1:46-55)와 양극역전 본문들과의 관련성에
　　　대한 연구." 박사학위 논문, 장신대학교 대학원, 2010.
신현태. "생태성서해석학에 대한 소고-데이빗 호렐과 어니스트 콘라디의 나선형 성경해
　　　석을 중심으로." Canon & Culture 30(2021), 5-44.
이관표. "생태여성주의신학과 환경위기의 문제."「한국동서정신과학외지」22(2019),
　　　1-18.
전현식. "에코페미니즘, 세계화, 그리고 생명의 비전."『현대생태신학자의 신학과 윤리』.
　　　서울: 대한기독교서회, 2006.
조재천. "생태해석학(eco-hermeneutics)의 가능성, 의의, 그리고 과정 - 신약학의
　　　관점에서."「신학과 사회」36(1)(2022), 77-106.
켈리, 패트라. "여성과 권력."「녹색평론」3-4(1994), 100.
피츠마이어, J.A.『누가복음 I (1-9장)』. 이두희, 황의무 옮김. 서울: 솔로몬, 2003.
Batey, *Jesus and the Poor*. New York: Harper and Row, 1972, 18-22.
Bauckham, Richard. "Joining Creation's Praise of God," *Ecotheology* 7(2002),
　　　45-59.
_____. *Bible and Ecology: Rediscovering the Community of Creation*. London:
　　　Darton, Longman and Todd, 2010.
_____. *Living with Other Creatures: Green Exegesis and Theology*. Waco, Tx:
　　　Baylor University Press, 2011.
Benko, S. "The Magnificat: A History of the Controversy." *JBL* 86(1967),
　　　263-275.
Bromiley, Geoffrey W. TDNT abridged in one volume. Grand Rapids: The
　　　Paternoster Press, 1985.

Brown, R. E. *The Birth of the Messiah: A Commentary on the Infancy Narratives in Matthew and Luke*. New York: Doubleday, 1977.

Buth, Randall. "Hebrew Poetic Tenses and the Magnificat." *JSNT* 21(1984), 67-83.

Carruth, Shawn. "A Song of Salvation: The Magnificat, Luke 1:46-55." *The Bible Today* 50(2012), 345-349.

Danker, Frederick W. *Luke, Proclamation Commentaries*. Philadelphia: Fortress press, 1987.

d'Eaubonne, Francoise. "Feminism or Death," *New French Feminism: An Anthology*, Elaine Marks and Isabelle de Courtivron Eds. Amherst: University of Massachusetts Press, 1980. 구미정, "새롭게 떠오르는 생태여성신학," 288, 각주 29.

Dodd, C. H. "The Beatitudes: A Form-critical Study." *More New Testament Studies*. Manchester: University of Manchester, 1968.

Drake, Larry Keith. "The Reversal Theme in Luke's Gospel." unpublished Ph.D. dissertation, St. Louis University, 1985.

Elvey, Anne F. *An Ecological Feminist Reading of the Gospel of Luke*. Lewiston, New York: Edwin Mellen Press, 2005.

Esler, P. F. *Community and Gospel in Luke-Acts*. Cambridge: University Press, 1987.

Farris, Stephen. *The Hymns of Luke's Infancy Narratives: Their Origin, Meaning and Significance*. JSNT Sup. 9 Sheffield: The University Sheffield Press, (1985).

Gaventa, Beverly R. *Mary Glimpse of the Mother of Jesus*. Columbia: University of South Carolina Press, 1995.

Habel, Norman C. *Readings from the Perspective of Earth. The Earth Bible 1-5*. Sheffield: Sheffield Academic Press, 2000-2002.

_____. *An Inconvenient Text: Is a Green Reading of the Bible Possible?* Adelaide: ATF, 2009.

_____. "Introducing ecological hermeneutics," *Lutheran Theological Journal* (2012/8), 97-105.

Johnson, Luke T. *Luke-Acts: A Story of Prophet and People*. Chicago: Franciscan Herald Press, 1981.

Koontz, John V. Grier. "Mary's Magnificat." *Bibliotheca Sacra* (1959/10), 339.

Laferrty, Thersea V. "Called to Be a Witness — Testify!" *The Bible Today* 60 (2022), 135-140.

Lovelock, James E. *Gaia: A New Look at Life on Earth*. Oxford: Oxford University Press, 1979.

_____. *The Ages of Gaia: A Biography of Our Living earth*. New York: Bantam Books, 1990.

Magullis, Lynn and Sagan, Dorian. *Microcosmos: Four Billion Years of Evoloution from Our Microbian Ancestors*. New York: Summit Books, 1987.

McFague, Sallie. *Speaking in Parables: A Study in Metaphor and Theology*. Philadelphia: Fortress Press, 1975.

_____. *The Body of God: An Ecological Theology*. Minneapolis: Fortress Press, 1993.

Méndez, Hugo. "Semitic Poetic Techniques in the Magnificat: Luke 1:46-47, 55." *JBL* 135(2016), 557-574.

Nickelsburg, George W. E. "Riches, the Rich, and God's Judgment in 1 Enoch 92-105 and the Gospel According to Luke." *NTS* 25(1978), 324-44.

Reid, Barbara E. "An Overture to the Gospel of Luke." *Currents in Theology and Mission* 39(6)(2012), 421-434.

Ruether, Rosemary. *Integrating Ecofeminism, Globalization and World Religions*. Lanham: Rowman & Littlefield Publishers, Inc., 2005.

_____. *Gaia and God: An Ecofeminist Theology of Earth Healing*. San Francisco: HarperCollins, 1992. 전현식 옮김.『가이아와 하느님: 지구 치유를 위한 생태 여성 신학』서울: 이화여자대학교출판부, 2000.

Pilgrim, Walter E. *Good News to the Poor: Wealth and Poverty in Luke-Acts*. Minneapolis: Augsburg, 1981.

Schaberg, Jane. "Luke," Carol A. Newsome and Sharon H. Ringe Eds. *The Women's Bible Commentary*. Westminster: John Know Press, 1992.

Schüssler Fiorenza, Elisabeth. *The Power of the Word: Scripture and the Rhetoric of Empire*. Minneapolis: Fortress Press, 2007.

Sell, Nancy A. "The Magnificat as a Model for Ministry." *Liturgical Ministry* 10 (2001), 31-40.

Swanson, Richard W. "Magnificat and Crucifixion: The Story of Mariam and her Son." *Currents in Theology and Mission* 34(2)(2007/4), 101-110.

Talbert, C. H. *Reading Luke: A Literary and Theological Commentary on the Third*

Gospel. New York: Crossroad, 1982.

Tannehill, Robert C. *The Narrative Unity of Luke-Acts: A Literary Interpretation* vol. 1. Philadelphia: Fortress Press, 1986.

_____. "The Magnificat as Poem." *JBL* 93(1974), 263-275.

Trainor, Michael. *About Earth's Child: An Ecological Listening to the Gospel of Luke.* Sheffield: Sheffield Phoenix Press, 2012.

White, Lynn. "The Historical Roots of Our Ecological Crisis." *Science* 155 (1967), 1203-1207.

York, John O. *The Last Shall be First, The Rhetoric of Reversal in Luke.* JSNT Sup. 46. Sheffield: Sheffield Academic Press, 1991.

| 2부 |

담 론

· ·

내부에서 낯설게 말하기

백소영 | '기독 여성주의'는 교회 담론이 될 가능성이 있는가?
최순양 | 낙인찍힌 죄에 대한 해체 — 해체주의적 관점에서 바라본 죄론
구미정 | 종전 선언과 반공 기독교 성찰 — 황석영의 『손님』을 중심으로

'기독 여성주의'는 교회 담론이 될 가능성이 있는가?*

백소영 | 강남대학교, 기독교사회윤리학

I. 여성주의적 시각에서 기독교사회윤리학 전공자가 묻다, "어쩌다가 교회 밖에서?"

　나의 전공은 기독교사회윤리학이다. 융복합이 유행인 요즘에 와서야 "전공 잘 선택했다"는 소리를 가끔 듣지, 얼마 전까지도 "그건 뭐 하는 거냐"는 질문을 더 많이 받았다. 신학 내부자들 안에서조차 성서신학이나 조직신학에 비교하며 소위 붙들고 씨름할 텍스트나 교리가 없는 광범위함을 '덜 신학적'이라는 프레임으로 응시하는 눈길들을 경험했다. 하긴 나 자신도 종종 말한다. 신학과 도덕철학과 사회학이라는 분과학문 간의 긴밀한 학제 간 연구를 필수로 하는 기독교사회윤리학

---

* 이 글은 「기독교사회윤리」 55(2023), 169-201에 실린 논문 "기독여성주의, 교회 담론으로서의 실패와 가능성"을 가독성 있는 언어로 다시 풀어낸 것이다.

은 자칫 잘못하면 삼류 신학자, 삼류 윤리학자, 삼류 사회학자가 되기 쉽다고. 그래서 더 성실해야 하고 더 치열해야 하며 더 부지런히 공부해야 하는데, 지금까지 그러지 못했다. 사람의 생애사가 늘 꽃길이 아니지만, 대한민국 사회에서 노부모를 모시는 기혼 유자녀 여성에 큰딸/목사 딸로 살아간다는 것은, 아무리 머리로는 '아니'라고 부인해도 늘 과도한 관계의 자리가 요구되었으니까. 그래도 나이 50이 되면 스스로 부끄럽지 않도록 학자의 자리가 내 일상의 더 많은 부분을 차지할 줄 알았는데, 아직 멀었다. 60이면 가능하려나? 그래서 지금 이 글은 개별 분과학문 영역에서는 아직 '삼류' 딱지를 떼지 못한 채 나이 들어버린 '현실'과 언젠가는 신학과 윤리학, 사회학 사이에서 신명 나게 뛰노는 꿈을 포기하지 않으려는 '낭만' 사이에서 써보는 글이다. 내가 하는 일이 이런 일이라는 맛보기? 촘촘하지도 깊지도 않은 글이라 부끄럽지만, 언젠가는 이런 글을 깊게 분석적으로 설득력 있게 써서 세상에 조금의 도움이라도 줄 수 있는 날이 있겠지, 소망하면서 말이다.

2022년 기독교사회윤리학 전공학회의 가을학술대회에서는 한국교회 내 담론에 대한 비판적 성찰을 시도했다. 생물학적으로 여자 사람이고 여성주의적 시각에서 학문해왔으니, 내가 관심을 가져야 하는 담론이라면 당연히 최근 주목받고 있는 우리 시대의 담론인 '페미니즘'이 제격이었다. 한국교회 안에 '담론'으로서 포착 가능한 '기독 여성주의(Christian Feminism)'가 존재하는가? 이것이 이 글을 준비하면서 물은 가장 근본적인 질문이다. 물론 한국교회 전반적으로 자리 잡은 가부장적 기조에 대한 비판적 저항으로서 '여성신학'이라는 학문 영역이 존재하는 것은 사실이다. 1970년대부터 서구에서 들어온 페미니즘 사상과 함께 여성신학적 관점의 텍스트와 주장들이 한국에 소개되기 시작했고, 이어 1980~90년대에는 일부 신학교를 중심으로 서구 여성신학자들의 주요 저서가 번역되고 읽히기도 하였다. 여성주의적 관점을 패러다임으로 삼는 각 신학 분과학문 전공자들이 모여 〈한국여성신학〉 학회를 조직하여(1985년) '여성신학' 혹은 '기독 여성주의'라는 계열로 묶일 수 있는 학문적 내용물을 모아오고 있기도 하다. 하지만 내 질문은 한국에 여성신학이 존재하느냐는 질문이 아니다. 하나의 '담론'으로서 '기독 여성주의'가 교회 안에 존재하느냐는 것이다. 지적 산물을 모두 모은 총합이 곧 '담론'인 것은 아니다. 푸코는 담론을 "동일한 형성의 계열에 속하는 언표들의 집합"[1]이라고 정의한 바 있는데, 이 정의로 판단한다면 '기독 여성주의'를 표현하기 위하여 동일한 형성을 이룰 언표들은 존재한다. 하지만 교회 밖에서다. '기독 여성주의'가 교회 내부에서도 발화되고 소통되고 갈등하는 이론으로서, 즉 내부자적 의사소통의 언어인 '교회 담론'으로 존재하고 있는 것 같지는 않다.

나면서부터 기독교인이고 30년이 넘게 페미니스트라고 생각했고 말해왔고 글을 써왔던 내가 이런 질문을 하게 된 데에는 한 계기가 있었다. 창립 100주년을 기념하는 기독 여성 시민단체인 YWCA가 '기독 여성주의'를 정체성의 기조로 삼았다는 소식을 접하면서였다.[2] 기독교

---

1 허경, "미셸 푸코의 '담론' 개념 – '에피스테메'와 '진리놀이'의 사이," 「개념과 소통」 9 (2012), 15에서 재인용.
2 2022년은 한국YWCA 창립 100주년이 되는 해였다. 조직도 마치 유기체와 같아서 백년을 '살아낸다'라는 것은 여간 어려운 일이 아니다. 더구나 이익 집단이나 권력 집단처럼 조직체의 구성원들이 자신의 유익을 위하여 결속하는 단체도 아닌 까닭에 비영리 시민단체가 오래 지속되었다는 점에서 그 역사가 더욱 값지다. 영어 약자 그대로, 젊은 여성 크리스천들의 모임(Young Women's Christian Association), 그러나 조직 규모가 커지고 시민운동 단체로서 사회 여러 문제에 연대하며 참여하다 보니 일종의 '정체성' 점검이 필요했다. 하여 지난 1세기를 돌아보고 가능하다면 또 한번의 100년을 계획하면서

인, 여성, 청년이라는 세 키워드를 핵심 정체성으로 삼는 회원들의 연합체로서 향후 또 다른 100년을 만들어 감에 있어 구성원들의 말과 글, 행동의 동일성을 묶는 사상으로 '기독 여성주의'를 채택했다는 것이다. 그런데 조직의 내부자들 간에 '기독 여성주의'란 무엇인지를 논의하는 과정에서 근본적인 질문이 생겼다고 했다. "세상은 바야흐로 페미니즘이 시민 사회의 주류 담론으로 자리매김하고 있는데, '기독 여성주의'는 소위 '세속 페미니즘'[3]과 어떤 점에서 같으며, 어떤 점에서 다른가?" 이에 답하기 위해 내부적 고민은 물론 외부 전문가들을 초청하여 연구와 강연이 이어졌고, 기독교적 정체성과 페미니스트로서의 정체성을 한 존재 안에 담고 씨름했던 사람으로서 나 역시 이 '담론화 과정'에 자주 참여했다.[4] 그러다가 의문이 든 것이다. '기독 여성주의'라면 그야말로 물어도 교회가 묻고 '담론화 과정'도 교회에서 생겨나며, 갈등을 빚더라도 교회 현장에서 벌어져야 할 일이었다. 기독교적 정체성을 포함

'젊은 여성 크리스천들의 모임'이 붙잡아야 하는 사상적 기조가 무엇인지 묻는 작업이 최근 수년 간 진행되었다. 그 결과 연합회 차원에서도 지역 YWCA에서도 '기독 여성주의(Christian Feminism)'를 단체의 핵심 정체성으로 선정했다. YWCA가 시작부터 추구해왔고 앞으로도 놓지 말아야 할 주장이라는 것을 동의한 것이었다.

3 '세속'이라는 종교성 강한 대비적 언어를 사용한 것은 중세적 의미에서 성과 속을 구별하려는 의도가 아니다. 그보다는 현재 한국에서 담론적 우위를 차지하고 있는 '급진적 페미니즘'의 한 흐름이 기독교(특히 개신교)를 향하여 대립각을 내세우고 있는 상황을 반영하기 위한 것이다. 급진적 페미니즘은 여성의 자유와 주체성 확립을 위하여 제거되어야 하는 목록에 가부장제, 자본주의제와 더불어 근본주의적 신념 체계로서의 기독교를 포함하는 주장이기에, 종교성이 삭제된 그들의 주장을 강조하는 차원에서 '세속 페미니즘'이라고 부르기로 한다.

4 2018년에는 서울 YWCA에서 '여성의 시각에서 다시 읽는 성서' 프로그램을 한 달에 한 번씩 1년간 진행했고, 2020년 연합 YWCA에서 '성서 속 여성 리더십'에 대한 영상 강의, 이후 지금까지 20여 차례가 넘게 연합회와 지역 Y 모임에서 '기독 여성주의란 무엇인지'에 대해 강의를 이어오고 있다.

한 시민단체가 '기독 여성주의'를 물어서는 안 된다는 말이 아니라, 한 시민단체가 '기독 여성주의'를 알기 위해서 교회 '밖에서' 고군분투하고 있는 현실이 의아하고 당혹스러웠다.

담론은 한 발화자의 독백이나 외로운 글쓰기가 아니다. 그래서 동일한 주제와 내용을 담고 있어도 혼자 하는 말과 글을 '담론'이라고 부르지는 않는다. 프랑스어 discours나 영어 discourse의 어원이 되는 라틴어 *discursus*는 '여기저기 뛰어다니다'는 의미를 담고 있다. 그러니까 단어의 뜻만으로 유추하더라도, '담론'이란 이론들이 부딪히고 갈등하는(이리 뛰고 저리 뛰는) 과정 가운데 만들어지는 체계적인 말의 집합체라 할 수 있다. '동일한 형성'을 체계화한다는 것이 꼭 획일적 내용을 생산한다는 의미는 아니기에, 그 담론에 참여하는 발화자의 패러다임은 다양할 수 있다. 예를 들어 '세계화 담론'을 생산하는 학자들은 저마다 '글로벌리즘' '로컬리즘' '글로컬리즘' '혼종화' 등의 다양한 패러다임을 바탕으로 담론화 과정에 참여하며 '세계화 담론'에서 설득력 있는 지적 권위를 확보하고자 서로 경쟁한다. 그리고 이러한 '이론들의 경합'이 진행되려면 최소한 발화자와 대화하는 상대가 함께 포함되는 하나의 사회 혹은 공동체는 필수적인 전제조건이다. 요컨대 '담론'을 형성하려면 적어도 발화자와 대화 상대자가 함께 만나고 부딪히고 논의할 수 있는 공동의 장(場)이 있어야 하고, 아울러 하나의 주제에 대한 논의가 '동일한 형성'(예를 들어 '기독 여성주의 담론'이라 불리는)을 구성할 만큼 그 현장 안에서 지속적으로 교환되어야 한다는 것이다.

그런데 그동안 하나의 담론으로서 '기독 여성주의'는 한국교회 안에서 이 필수적인 요소를 확보하지 못했다. 지속성은 둘째치더라도 '기독 여성주의'의 발화자들은 제대로 대화 상대자와 의사소통할 내부적 현장(교회)을 가지지 못했다. '기독 여성주의'가 하나의 독립된 담론으로 인정되고 시민단체에서 호명되는 것은 '교회 밖'의 일이었다. 오히려 한국교회 안에는 반(反)페미니즘적 주장의 지배적 영향 속에서 '기독 여성주의'에 대한 담론화의 기회조차 허락되지 않았다. 이는 교단신학교 내에서도 마찬가지다.5 '페미니즘'과 관련하여 교회 내부에서 뚜렷하게 포착되는 주장 중 하나는 "좌파 종북·게이·페미니스트"를 하나의 '혼종적 괴물'로 생성하며 적대시하는 목소리이다. 배경은 추적할 만하다. 세기말적 불안감에 더하여 후기-근대적 제도의 불안정성은 세계적으로도 근본주의적 정치 성향과 종교 성향의 사람들에게 내부 공동체적 신념을 밖으로 확산하려는 경향을 부추기고 있다. 하지만 이는 담론이라기보다는 '주장'이다. 같은 주제를 놓고 한 공동체(교회)의 일원으로서 그들과 생각이 다른 상대와 이성적으로 대화하는 '담론화 과정' 없이 일방적으로 생산되었기 때문이다. 야스퍼스는 "이성을 본질로 하는 존재들은 기본 상황에 대한 통찰에 입각해 모든 의사소통 수단들을 획득할 방도를 모색한다"6라고 말했다. 그의 이론을 긍정적으로 받아들이며 하버마스 역시 "서로에게 배우는 당파들을 연결하고, 정당한 대립들까지 평정할 필요 없이 지적 투쟁에서 화해를 도모해 평화를 구축하는" "철학적 기본 지식"이 요청되며 또한 가능하다고 주장하였

---

5 최근 다른 논문을 준비하면서 자료를 수집하는 과정에서 구체적으로 파악한 경악할 만한 사실은 비교적 진보적인 교단의 신학교조차 여성신학 과목이 충분히 개설되지 않거나 아예 개설되지 않은 사례들이 많았다는 점이다. 보수교단 신학교의 경우, 여성신학 과목이 개설되리라고 예상하지는 않았기에 〈결혼과 가정〉, 〈가족 상담〉 등의 과목만 보이는 상황에 놀라지는 않았지만, 심지어 남자 대학원생과 여자 대학원생의 교과목 선택 트랙이 구별되는 교과 편성표를 보니 암담했다.

6 위르겐 하버마스, 『의사소통의 철학 - 현대 독일 철학의 정신 8인과의 대화』, 홍윤기 옮김(서울: 민음사, 2004), 57.

다.7 그러니까 담론은 자신의 신념을 고집하는 방식이 아니라 이를 견지하되 "일치감에 대한 희망"을 놓지 않고 계속 대화하는 가운데 형성되는8 지적 생산물이다. 그런 점에서 본다면, 한국교회는 아직 '기독 여성주의'라는 담론을 만들 만큼 이성적인 대화 상대자도, 내부적 현장도 갖지 못했다.

페미니즘 이론이 한국 학계에 소개된 지 반백 년이 넘었음에도 상황이 이러할진대, 과연 '기독 여성주의'라는 사상이 향후 교회 안에서 담론으로 자리 잡을 가능성이 있기는 할까? 어떻게 현장을 확보하고 대화 상대자를 '회개'시킬 것인가의 전략도 중요하겠지만, 이 글에서는 그 전(前) 작업으로 도대체 무엇 때문에 페미니즘은 그동안 교회와 그렇게나 멀었는지, 교회 안에서 하나의 시대 담론으로서 페미니즘이 논의되고 자리 잡지 못한 까닭은 무엇인지, 나아가 기독교 신앙과 페미니즘 사이에 과연 접점이 없는 것인지, 기독교 버전의 페미니즘 그러니까 '기독 여성주의'라는 것이 교회 안에서 논의 가능한 담론이기는 한지, 가능하다면 어떤 내용이 핵심이 되어야 하는지, 이런 질문에 대한 성찰적 작업을 선행하려 한다.

---

7 앞의 책, 57.
8 앞의 책, 58-59.

II. 근현대 한국 사회의 역사적 배경과 한국교회 담론 실종의 계보학

1. 위기의 한국 근현대사, 시대적 과제의 독점 이데올로기 정당화

나는 우리나라의 경우 자유롭고 창발적인 담론들의 경합 가능성을 차단한 가장 주요한 원인으로 긴박하고 압축적인 근현대사의 정황과 그로 인해 권력을 획득한 주체들의 '위기 담론' 혹은 '우선성 이데올로기'를 꼽는다. 비단 '기독 여성주의'만의 문제가 아니다. 일제 강점기에 뒤이은 전쟁과 쿠데타, 분단국가의 불안정성은 하나의 확실하고 명료한 가이드를 요청하거나 적어도 인내하는 사회적 조건으로 작용하였다. 일제 강점기에는 '독립'이, 전쟁 후에는 '산업화'가, 독재 정권에서는 '민주화'가 시대의 긴급한 과제였던 역사를 통과하면서 다른 과제에 대한 안건을 제기하는 것은 물론, 같은 과제 안에서도 다른 시각의 언어들이 들려지는 것이 억압당했다.

한 시대는 한 가지 우선적 과제를 가지며 이에 대한 답안 또한 하나여야 했던 체제가 지속되는 사회에서 '담론들'의 경합은 불가능하다. 김진호는 우리나라에서 담론화 자체를 원천 차단하는 이러한 체제를 "1948년 체제"라고 명명하는데, 이러한 기조를 형성한 상징적 사건으로 제주 4.3사건을 들었다.

나는 오늘 한국 사회에서 발생하고 있는 이러한 구조화된 폭력과 폭력의 와전, 책임 전가의 상황을 총체적으로 가리키는 개념을 '1948년 체제'라고 부른다. 그리고 그 사건의 정초적 사건을 '제주 4.3사건'이라고 보았다.

그런데 이러한 근대 한국의 폭력적 체제의 기원을 이야기하기 위해서 세 범주의 증오의 화신들이 주목된다. 제2차 세계대전 이후 국제 질서를 '반 공'이라는 새로운 증오의 질서로 구축하려는 미국과 그러한 미국의 국제 정치적 전략에 기초해서 남한 사회를 '반공'이라는 증오의 사회로 구축하 려는 남한 정부, 그리고 '반공주의적 증오의 신학'으로 주체를 형성해 갔 던 월남자 중심의 개신교 세력, 이들의 헤게모니적 결합이 한국의 '1948 년 체제'를 구축했다.9

김진호가 지적한 "1948년 체제"의 주역 중에서 "월남자 중심의 개신 교 세력"이라고 호명한 범주가 한국교회의 주류 담론을 독점해왔다는 것은, 교회 내 권력 역학(power dynamics)을 아는 이들에게는 새롭지 않은 사실이다. 이는 푸코가 계보학적 시각으로 '담론'을 분석한『감시 와 처벌, 감옥의 역사』에서 강조한 바 있는 권력과 지식과의 긴밀한 상 관관계를 설명하는 적절한 사례이다. 푸코는 칸트나 헤겔, 마르크스까 지 비판하면서, 소위 배제가 없는 '보편', 상대적인 것이 없는 '진리', 목 적성을 가지는 '역사 법칙' 등 '선험적(a prior)'인 실재에 대해 회의했다. "오히려 우리가 인정해야 할 것은 권력은 어떠한 지식을 창출한다는 점이며, 권력과 지식은 상호 직접 관여한다는 점이고, 또한 어떤 지식 의 영역과의 상관관계가 조성되지 않으면 권력적 관계는 존재하지 않 으며, 동시에 권력적 관계를 상정하거나 구성하지 않는 지식은 존재하 지 않는다는 점이다."10

---

9 김진호, "모두에게 파괴였던 시간의 바깥," 권지성 외,『혐오와 한국교회』(서울: 삼인, 2020), 83.
10 미셸 푸코,『감시와 처벌, 감옥의 역사』, 오생근 옮김(서울: 나남, 2003), 59.

그러니까 '위기라고 호명된' 우리나라의 근현대사는 시민 사회의 발생과 내부적 구성원 간의 담론화 과정이 유보된 상태에서 진행되었고, 그 과정에서 헤게모니를 지닌 소수 주체의 주장이 그대로 '진리'가 되는 상황이 지속되었다고 볼 수 있다. 이는 후속 세대에게 '역사적 아 프리오리(l'a priori historique)'로 작용하고, 새로운 구성원들은 이미 '진리'의 위치를 선점한 지적 내용물이 존재하는 사회에 태어나고 그 안에서 사회화된다. 그 안에서 성장하는 동안 주류가 된 담론은 '정상성' '진리'의 위치를 차지하게 되고, 이와 다른 의미를 지닌 발화자들은 '환자' '정신병자' '이단'으로 배치되고 배제된다.[11] '기독 여성주의'라는 복합체, 즉 기독교 사상과 페미니즘의 결합 가능성에 대한 담론화 과정이 기회조차 얻을 수 없던 까닭도 여기에 있다. '기독교 사상'과 '페미니즘'이 공존할 수 있는가를 질문할 기회나 다양한 시각의 답변들이 경합할 장(場)은, 최근까지 교회 내부뿐만 아니라 우리 사회 안에도 존재하지 않았다.

2. '정통'과 '이단', 한국교회 배제 정치의 '근본주의적' 계보학

하나의 주제를 놓고 담론이 형성되기 위해서는 '공론의 장'과 더불어 이에 참여하는 자들의 공통된 전제가 필요하다. 내 주장을 펼침에 있어 신념이나 특수 이익에 의한 것이 아니라 지적 성실성과 이성에

---

11 1970년 콜레주 드 프랑스 취임 강연이었던 『담론의 질서』의 대전제는 이러하다: "모든 사회에서 담론은 담론의 힘과 위험을 추방하고, 우연적 사건을 통제하고, 그 무겁고 의심스러운 물질성을 제거하는 역할을 하는 일련의 절차에 의해 동시에 통제 선별 조직 재분배된다." 미셸 푸코, 『담론의 질서』, 허경 옮김(서울: 세창출판사, 2020), 21.

근거하여 임해야 한다. 마치 선수가 게임의 법칙을 알고 합의한 상태로 경기에 임해야 하는 것처럼 말이다. 그런데 '하나가 맞으면 다른 하나는 틀리다'는 이항 대립적 사고가 지배적인 사회에서는 '주장'이나 '교리'는 있을지언정 담론 형성은 불가능하다. 그런 점에서 한국교회는 기독교적 배경에서도 한국적 배경에서도, 이런 '합의'에 이르기 어려운 계보학을 지니고 있다.

기독교 공동체(교회)도 처음 2세기 정도까지는 '하나님' '그리스도' '성령' '인간' 등 주요한 신학적 주제를 놓고 다양한 '담론들'이 생산되었다. 각자의 공동체가 처한 특수 상황이나 문화적 배경이 작용하여 같은 주제에 대한 다른 해석과 접근들이 존재했고, 의견을 달리하여 갈등하기는 하였어도 서로 존중했다. 그러나 주지하듯이, 로마 제국의 국교화와 맞물려 이러한 '담론들'이 사라지고 하나의 '교리'로 바뀌게 되었다. 한 주제에 대한 다양한 의견들이 소통하고 서로 성장시키는 공론의 장(場)이 차단된 채 오직 정치적 안정을 위한 '하나의 교회(조직)'에 유리한 방식의 '하나의 주장'만이 '정통(교리)'의 위치를 획득했다.

이같이 기독교 안에 '담론화 과정'의 형성이 어려웠던 근본적 계보는 기독교의 제도화 과정에서 형성된 '정통/이단'의 대립적 인식론에 있지만, 한국교회의 경우는 특수한 배경이 더해져 이러한 인식론을 강화했다. 한국 개신교는 신앙을 건네받은 미국적 상황에 의존도가 높았다. 18세기 말 청교도 전통의 상실을 위기 상황으로 인식한 미국 복음주의자들의 대각성 운동의 결과 세계 선교에 헌신한 선교사들에게 영향을 받았기 때문이다. 미국적 정황에서 복음의 정체성 위기 속에 강력하게 응집된 복음/근본주의적 내용'만'을 '기독교'의 이름으로 전달받은 셈이다. 나아가 1950~60년대의 미국적 위기 상황에서 만들어진 기독교적 내용물 역시 고스란히 한국으로 전해졌다. 당시 68혁명의 영향으로 일어난 반(反)문화운동을 페미니즘, 동성애, 낙태라는 키워드로 묶어 기독교 신앙의 적으로 규정하면서, '기독교적 가치관'을 수호하자는 신(新)복음주의(neo-evangelism)의 언어들이 '담론화 과정' 없이 한국교회에 고스란히 유입되었다.12 하나의 대항 담론 혹은 대안 담론으로서 '페미니즘'이 시대적 담론으로 본격적으로 부상했던 1960년대 미국적 현장에서, 미국 교회는 이미 페미니즘을 반(反)신앙적 '이단' 사상으로 분류하고 적대시하였고, 한국교회도 미국 교회의 주장을 그대로 수용했다.

이에 더하여 나는 주자학을 '정통' 유교라고 숭앙해온 조선 지식인 사회의 오랜 인식론적 계보학이 한 주제에 하나의 답만을 '진리'라고 주장하는 한국교회의 반응에 또 하나의 문화적 습속을 더하고 있다고 생각한다. 개항기 서구 사회의 가치를 마주한 한 보수적 유학자의 의미 추구를 추적하며 당시 조선의 사대부 신념 체계를 연구한 정재식에 따르면, '근본주의'가 한국 사회의 지적 정서와 잘 맞물리는 원인 중 하나가 바로 이러한 '정통' 대 '이단'의 대립적 인식론 때문이라 한다. 정재식은 구한말 노론의 대표적 인물인 이항로(1792~1868년)가 서구 기독교를 '이단(heterodoxy)'으로 규정하고 강하게 저항했던 사례를 들어 한국 (엘리트) 문화 안에 자리 잡은 이항 대립적 사고의 틀을 설명하였다.13 유교적 조선 사회의 수립과 전개 과정에서 같은 유학적 사조끼리

---

12 백소영, "지구화시대 도시 개신교 신자들의 '의미 추구': 1990년 이후 수도권 신도시 지역 '복음주의적 초교파 교회'로 이동한 개신교 신자들을 중심으로," 「탈경계 인문학」 2(1)(2009), 93.

13 Chai-sik Chung, *A Korean Confucian Encounter with the Modern World*

도 정쟁이 끊이지 않았던 과정에서 양명학이 대안 담론 혹은 상보적 담론을 형성할 장(場)을 빼앗겼음을 지적하면서, 그는 가톨릭이 유난히 수난을 겪은 까닭도 개신교보다 '먼저' 들어왔던 요소보다는 교리적 충돌 원인이 컸다고 여긴다.[14] 우주의 원리와 순서, 질서가 '리(理)'로서 국가나 가정 시스템에 오롯이 반영되어야 한다고 믿었던 조선의 유학자들은 주희에게 물려받은 위계적 인간 이해를 사수해야 했는데, 그 근간을 흔들 만한 서구 기독교 사상, 즉 '모든 인간이 천주 앞에서 평등하다'는 주장과 토론하고 의사소통할 여지를 제공하지 않았다는 것이다. 하여 정재식은 군자와 야만인의 구도 속에 기독교를 후자로 인식하고 탄압의 정당성을 찾았다고 말한다.[15]

아이러니한 것은 보수적(혹은 근본주의적) 유교 지식인에게 '야만' 혹은 '열등의 기호'로 취급당했던 기독교가 오히려 사고방식에서 '정통' 대 '이단'의 유교 엘리트적 사고방식을 그대로 답습하고 있다는 사실이다. 가톨릭과 달리 의료나 교육을 선교 방법론으로 채택하고 한국에 들어온 개신교가 처음부터 교리 간 충돌로 부딪히지 않았다는 점은 교세 확장에서 유리하게 작용했다. 그러나 바로 그 유리함 때문에, 한국 개신교는 한국의 현장에서 성찰적으로 기독교적 정체성을 토론하는 '담론화 과정'을 생략해왔다. 그 때문에 담론화 과정 없이 근본주의적 신앙을 지닌 선교사들의 사상을 그대로 수용하는 과정에서, 유교와 기독교의 사상적 내용은 달라도 한국 기독교 지도자들의 인식 방식에서는 '친화성(affinity)'[16]을 가지게 하였다고 볼 수 있다. 20세기 초, 미국에서

(Berkeley: The Regents of the University of California, 1995), 2, 4.

14 앞의 책, 25-27.

15 앞의 책, 94, 138-142.

발생한 근본주의 신학 역시 '이단 사상'으로부터 '근본 신앙(교리)'을 지키기 위해서 생겨났고, 이는 조선 시대를 거쳐 오면서 유교 엘리트들에게 내재화된 이단 논쟁의 사고 체계나 행동 양식과 닮아 있었다.

물론 1920년대 말부터 새로운 신학 사상과 학문적 방법론을 배우고 고국으로 돌아온 학자들을 중심으로 대항/대안 담론이 형성될 기회가 있기는 했다. 일례로 일본에서 신학 공부를 한 김춘배 목사, 김영주 목사 등은 바르트의 신정통주의와 미국 사회복음운동을 접했는데, 이에 근거하여 1934년 '여권 문제'나 '창세기 모세 저작 부인 사건'에서 새로운 목소리를 냈다. 그러나 그들이 '치리'되었던 과정은 한국 교계에서 '경쟁하는 담론들'이 펼쳐질 수 없었던 기독교적 권력 지형도를 확인하는 사례가 되었을 뿐이었다.[17] 여성 장로직을 청원하는 여전도인들의

---

16 막스 베버가 개신교의 노동 윤리를 분석하면서 사용한 개념인 '선택적 친화성(elective affinity)'은 양자 간에 친화성을 지닐 논리적, 필연적 원인이 없음에도 사회 행동의 주체가 특정한 신념이나 태도를 결합한 상태를 의미한다. 베버가 보기에 근대 자본주의 정신과 칼뱅의 금욕적 노동 윤리 사이가 그러했다.

17 당시 여성의 직제 문제는 1920년대부터 꾸준히 거론되고 있었는데, 1930년 새해 1월 1일자 「기독신보」에 여전도인의 성차별적 현장을 비판하는 기획 연재물이 소개되었다. 최경자, 정마리아, 김경순, 최죽심, 윤홍림, 박숭호 등 여전도인들이 글을 기고했고, 이를 계기로 1934년 장로교 함남노회 22개 교회 여성들이 여성 장로직을 허락하라는 청원을 하기에 이른다. 이에 김춘배 목사는 1934년 8월 23차 총회 직전에 이를 지지하는 글을 「기독신보」에 투고하였다. 김 목사는 장로회 헌법 5장 3조, 즉 "장로의 자격은 27세 이상 남자 중 입교인으로 무흠하고 5년을 경과하고 상당한 식견과 통솔의 기능이 있으며 딤전 3:1-7에 해당한 자로 할 것이라"는 내용에 문제를 제기하면서, 이는 "우리 스스로 하루 더 매욕함이요 교회발전을 그만치 지연시키는 것"으로서, "여자는 조용하여라 여자는 가르치지 말라는 2천 년 전의 일(一) 지방교회의 교훈과 풍습을 만고불변의 진리로 알고 그러는 것도 아닐 터인데요"라고 적었다. 결국 이 구절이 논란을 일으켰고 총회는 선교사와 보수적 학자들로 구성된 연구단을 발족하고 김춘배 목사의 발언은 성서 해석의 오류이며 이 말씀은 "만고불변의 진리"라는 결론으로 그를 정죄하기에 이른다. 이 보고서를 기초로 김춘배 목사의 제명 요구를 하자, 결국 김춘배 목사는 사과문을 제출하고 뒤로 물러났다. 한국기독교역사연구소, 『한국기독교의 역사 II』(서울: 기독

목소리에 힘을 실어주었던 김춘배 목사가 성서적 근거를 제시하는 과정에서 제시한 새로운 해석학적 패러다임을 '이단'으로 간주하면서, "결국 '여권 문제'는 교회 내의 남녀 차별과 여성 지위라는 본래 의미를 상실한 채 성경의 권위에 대한 보수 진보 간의 갈등을 일으킨 결과가 되어"버리고 말았다.18

'아빙돈 성서주석 사건'도 같은 맥락이었다. 1934년에 출판된 주석서에 반영된 성서비평적 방법론과 관련된 논쟁이었는데, 미국 아빙돈 출판사의 성서주해서 번역본이 취한 학문적 방법론에 대한 정죄와 배척 사건이었다. 감리교 유형기 목사가 번역편집 책임자였지만 50여 명이 넘는 당대 저명한 학자와 목회자가 대거 참여한 이 주석서에 대해 보수적 교회에서 반발과 저격의 목소리가 컸다. 평양 노회에서는 '이단서'로까지 정죄하였고 결국 번역에 참여한 자들의 각서를 받는 방식으로 일단락되었다.19 요컨대 단순히 여권이나 여성 지도력이라는 특수한 아젠다에 대해서만 국한된 것이 아니라 성서를 읽는 학문적 방법론의 다양성까지 '정통'과 '이단'의 프레임 안에서 바라보고 힘의 논리로 제압하던 한국 개신교의 초기 기조가 지금까지도 교회 안에서 강력한 영향을 미치고 있는 셈이다.

교문사, 1990), 154-156.
18 앞의 책, 156.
19 앞의 책, 159-160.

III. 개신교 가부장제의 여성 담론, 봉건화와 낭만화의 함정

위와 같은 한국 사회와 교회 안의 '역사적 아 프리오리'에 더하여, '기독 여성주의'가 한국교회 내부의 담론으로 자리 잡는 데 실패한 요인 중 주목해야 하는 부분은 근대 세계의 핵심 담론이었던 '주체성 담론'을 여성의 자리에서 비판적으로 성찰하지 못했다는 것이다. 물론 이는 교회 여성만의 한계는 아니었다. 소위 '제1기'라고 평가되는 세속 페미니즘의 전개에서도 사회구조적 문제를 놓친 경우가 대부분이었다.[20] '자유주의(liberalism)'라는 이름이 담은 의미 그대로 개인의 자유와 권리를 주장하는 것이 근대 사상의 핵심인데, 개인의 범주에 여성이 배제될 이성적, 합리적 근거는 없었다. 하여 이전 사회의 기득권 집단인 1계급(성직자)과 2계급(귀족)에 저항하며 신민(臣民)이 아닌 시민(市民)의 위상을 확보할 이념적 근거를 만들었던 계몽주의 사상은 '계몽된' 여성들에게도 당연한 문제 제기와 주장을 가능하게 했다. 메리 울스턴크래프트(Mary Wollstonecraft)의 『여성 권리 옹호』(*A Vindication of the*

---

20 페미니즘을 1기와 2기로 나누는 분할선의 기준이 되는 지점이 바로 '가부장제'의 구조를 인식하고 있느냐의 문제였다. 18세기 후반부터 계몽주의적으로 고무된 개인 여성들이 등장하고, 19세기 시민권 논쟁을 전개하면서 하나의 시대 담론이 되었던 페미니즘이 급격하게 공론의 장에서 사라진 것은 1930년대 서구권에서 여성의 참정권과 교육권을 법적으로 확보 받고 난 뒤부터였다. 교육의 기회, 참정권의 기회가 공평하게 주어진다면 남녀의 차별이 자연히 사라질 것으로 믿었던 여성들이 대부분 가정으로 돌아갔다. 그리고 이어진 한 세대, 약 30년간 소위 "이름할 수 없는 문제"(베티 프리단이 『여성의 신비』에서 언급했던 도시 근교 중산층 교육받은 전업주부들의 증상)를 경험하면서 여성 인권의 문제는 단순히 기존 법 체제 안에서의 기회 확보가 아니라 가부장제라는 가장 근본적인 제도를 구조적으로 바꾸어야 하는 일임을 깨닫게 되면서 페미니즘 2기가 시작되었다.

Rights of Woman, 1792)를 시작으로 '이성의 보편성'에 근거한 여성의 권리 주장은 예측 가능한 행보였다. 계몽주의가 충성해야 할 군주나 수호할 나라를 가지지 않는 '보편 사상'임을 굳게 믿는 계몽주의적 남성학자 중에는, 드물지만 자신들의 원칙에 근거하여 여성들의 권리를 옹호하는 사람들도 있었다.[21]

구성원의 압도적 다수가 기독교인이었던 유럽과 미국에서 시작된 사상이었으니, 교회 여성 역시 '여성의 권리'에 대한 기대와 논의를 하지 않을 이유가 없었다. 신실한 교회 여성이었고 신학 수업을 받을 기회도 있었던 엘리자베스 케디 스탠턴(Elizabeth Cady Stanton)도 이 흐름에 응답하면서 여성의 주체성 선언 운동에 동참했던 한 사람이다. 그녀의 「소감 선언문」(Declaration of Sentiments, 1848)은 미국의 「독립선언서」에 여성 인권이 빠져 있음을 발견하고 쓴 글이었다.[22] 당시는 흑인 인권운동도 함께 목소리를 높이던 시기였고, 그녀는 신혼여행을 '세계 반노예제 대회'가 열리던 런던으로 갈 만큼 초창기 흑인 인권운동과 페미니즘의 연대를 굳게 믿고 있었다.[23] 그런데 이런 정치적 저항의 결과 「독립선언서」에 빠졌던 유색인종과 여성에 대한 권리를 포함하는 방식의 수정안이 진행되는 과정에서 그녀로서는 매우 황당한 일을 경험하게 된다. 흑인 남성에 대한 권리가 포함되는 동안 여성은 참정권이나 재산소유권 면에서 독자적 개인으로 보장받지 못한 채 배제되고 있었

---

21 존 스튜어트 밀(John Stuart Mill)의 『여성의 종속』(*The Subjection of Women*, 1869)이 대표적인데, 이는 상당히 예외적이라 할 수 있다. 그의 아내 헤리엇 테일러 밀의 영향을 받은 저작으로 학자들은 공동 저술의 가능성을 제기하기도 한다.
22 백소영, 『기독교 허스토리』(서울: 비아토르, 2022), 185.
23 앞의 책, 186.

기 때문이다.

"우리 여성은 이 정부에 결코 동의한 적이 없으며 대표를 선출하지도 않았고 이 정부에 의해 인정받은 적도 없기 때문에, 엄밀하게 말해서 귀하의 정부는 우리에게 어떤 충성도 요구할 수 없다."[24] 결국 흑인 인권운동이 흑인 '남성' 인권운동이었다는 것을 깨닫게 되면서 스탠턴은 흑인 인권운동과는 결별을 선언하고 페미니즘 운동에 집중하게 되었다. 그런데 여성 인권운동에 몰두하던 그녀는 생각지 못한 또 다른 장벽에 부딪혔다. 바로 '성경적 여성관'이 굳건하게 자리 잡은 북미에서 여성의 배치가 법적으로만이 아니라 존재론적으로 제한되어 있음을 발견한 것이다. 그녀가 80대 노령의 나이로『여성의 성서』(*Woman's Bible*, 1895)를 출간한 까닭도 이러한 자각에 기초하고 있다. 스탠턴은 북미 여성 인권운동의 경우 성서를 재해석하지 않고서는 전개가 어렵다는 것을 알게 되었다.

그런데 스탠턴으로서는 예상하기 힘들었을 일이 벌어졌다. 함께 운동하던 여성들의 반대였다. 이로 인해 그녀는 '주류' 여성운동과도 결별해야만 했다. '성경'을 건드리는 일은 인권운동과는 다른 차원의 '거룩한 영역'에 대한 도전이라고 믿었던 북미 기독 여성들의 정서가 여성 인권운동 진영에서도 압도적이었기 때문이다. 그럼에도 스탠턴은 굽히지 않았다. 평생 함께 운동했던 단짝 수전 앤서니(Susan Anthony)의 만류에도 그녀는 당대의 페미니스트 진영의 주류와는 '다른' 목소리를 냈다. "언어가 어떤 의미를 갖는다면, 우리는 신성 안에 남성적 요소와

---

24 사라 에반스,『자유를 위한 탄생, 미국 여성의 역사』, 조지형 옮김(서울: 이화여자대학교출판부, 1998), 158.

동등한 권능과 영광을 갖는 여성적 요소가 이 텍스트들 속에 선언되고 있음을 발견하게 될 것이다. 하늘에 계신 어머니와 아버지여! 하나님은 그의 형상대로, 남성과 여성을, 인간을 창조했다."[25] 당시 유럽을 중심으로 발전된 비평학적 성서 읽기 방법론까지 접목하여 여성의 경험과 시각에서 여성과 관련된 성서 본문들을 다시 읽었던 『여성의 성서』는 복음주의적 남성들만 놀라게 만든 것이 아니었다. 자유주의적 차원에서 여성운동을 함께 했던 많은 여성이 자신은 스탠턴의 주장에 동의하지 않는다고 선을 그었다.[26]

페미니즘이 하나의 담론으로서 교회 영역 안에서 전개되기 어려웠던 가장 근본적인 이유가 여기에 있다. 당시 여성들이 생각했던 '인권' 인식의 한계는 교육권과 선거권 획득 정도로 법적 권리에 머물러 있었지, 여성의 정체성에 대한 문제 제기가 아니었기 때문이다. 다수의 교회 배경 페미니스트들은 굳이 성서의 '전통적(다분히 정통이라고 믿는)' 여성관을 건드릴 필요가 없다고 생각했다. 신앙과 인권은 별개의 문제라고 여겼기 때문이다. 그러나 따지고 보면 스탠턴의 주장은 상당히 '성경적'이다. 한때 왕의 가문만 신성을 소유하고 있다고 믿었던 신념이 한낱 '이데올로기'였음을 공유하는 '계몽된' 근대인이라면, 남성만이 '하나님의 형상'이라고 주장할 수는 없지 않겠는가. 나아가 예수님 이래로 초대교회에서 선포되었던 '하나님의 자녀' 담론은 그야말로 성(性) 평등한 주장이다. 그런데 어쩌다가 기독교는 여권을 주장하는 페

---

25 최연정 "미국 여성 운동의 세대간 '단절'과 종교적 배경," 「종교학연구」 25(2006), 76.
26 당시 반대는 매우 광범위해서 스탠턴이 창립하고 초대 회장까지 지냈던 〈전미여성참정권협회〉마저도 그녀의 주장이 협회의 공식 입장은 아니라고 천명했다. 백소영, 『기독교 허스토리』, 189.

미니스트조차 '여성의 신적 권위'에 대해서는 주춤하고 뒤로 물러나게 만들었을까?

담론이 갖는 '모종의 질서'에 대해 분석한 푸코에 따르면, 이는 '애초에' 기독교 신앙 담론 안에 여성 인권에 대해 참과 거짓을 분별하기 위한 담론의 가능성이 들어 있지 않았기 때문이다. 푸코는 분명하게 지적했다. "하나의 명제가 특정 분과학문의 집합에 귀속될 수 있기 위해서는 복잡하고도 엄격한 요청들을 만족시켜야 한다. 하나의 명제가 참이거나 거짓이라고 말해질 수 있기 위해서는, 먼저 그 명제가—조르쥬 캉킬렘(Georges Canguilhem, 1904~1995)이 말하듯—'참인 것 안에(dans le vrai) 존재해만 한다."[27] 푸코의 논리대로라면 여성의 신적 권위에 대한 논의는 가부장제적 기독교 전통이 만들어지는 동안 교회 안에 존재하지 않았기에 여성주의적 주장들의 참과 거짓을 놓고 담론화 작업 자체를 진행할 엄두를 못 내는 사람들이 존재할 수밖에 없다는 것이다. 그것이 '담론의 질서'이다. 그러니까 계몽주의 담론이 사회에 존재하는 상황에서 '여성의 인권'은 논의 가능성이 있었지만, 가부장적 기독교 전통 안에서 '여성의 인권'을 논할 '역사적 아 프리오리'가 부재한 상태에서는 여성 인권에 대한 '성경적 근거'를 연결하여 사고할 용기를 갖기 어려웠다는 말이다.

'배제'는 독점적인 담론을 만들기 위한 권력자들의 대표적인 전략이다. 페미니스트 성서신학자인 엘리자베스 슈슬러 피오렌자(Elisabeth S. Fiorenza)의 주장에 따르면 이미 1세기 말엽부터 '하나님의 형상'이요 '하나님의 자녀'인 여성의 자리와 권리를 가부장제 질서 안에서 제한적

---

27 푸코, 『담론의 질서』, 47.

으로 배치하려는 오래된 시도가 있었다. 그녀가 "교부적 기독교"라고 부르는 가부장적 담론이 바울의 후기 저작이나 목회서신에서 이미 드러나 있다는 것이다.

2C에 일어났던 그 변이는 카리스마적 지도권에서부터 제도적 병합에로의 변이가 아니라, 카리스마적인 또 공동체적인 권위로부터 지역적 직분자들에게 부여된 권위에로의 변이였으며, 그 지역적 직분자들은, 조만간에 예언자와 사도의 가르치는 권위뿐만 아니라 공동체의 결정권도 병합한다. 이러한 변이는, 동시에 모든 세례받은 자들에게 접근 가능한 교대적인 지도권에서부터 가정들의 남성 가장들에게 한정된 가부장적 지도권에로의 변이이며 그것은 가정 교회로부터 "하나님의 가정"으로서의 교회에로의 변이이다.[28]

여전히 새로운 "가족"이지만, 그것은 가부장적 가정의 의미에서 분명하게 이해된다. 교회는 하나님의 가정(딤전 3:15)으로서, 많은 상이한 그릇들을 포함하는 "커다란 집"(딤후 2:20)으로서 이해된다. 그것의 관리자 혹은 행정가는 감독관/감독인데, 그는 교육받아야 하며, 흠이 없어야 하며, 선하고, 신중하고, 공정하고, 경건해야 하며, 한 아내의 남편이어야 하며, 그 공동체에 속하지 않은 사람들에 의해서 존경받아야 한다. ⋯ 간단히 말해서, 감독관/감독은 그 자신의 가정을 잘 다스릴 수 있다고 입증한 선한 부가족(paterfamilias)이어야 한다(딤전 3:2f, 딛 1:7ff.). ⋯ 가정의 종속

---

28 엘리자베스 슈슬러 피오렌자, 『크리스찬 기원의 여성신학적 재건』, 김애영 옮김(서울: 종로서적, 1986), 350.

적인 멤버들은 그 집의 우두머리에게 자신들을 복종해야만 한다. … 한 아내/여인은 그녀의 지위가 요구하듯이 아주 정숙하고 복종적으로 배워야만 한다. 그녀는 한 남편/남자를 가르쳐서는 안 되며 혹은 그에 대한 권위를 가져서는 안 된다. 왜냐하면 그것은 종속의 질서를 위반하기 때문이다(딤전 2:10-15).[29]

그러나 동시대에 그녀가 "소피아(지혜) 전통"이라고 부르는 교회 전통이 존재했으니, 피오렌자는 요한복음의 저자가 가장 대표적이라고 말한다.[30] 그러니까 스승의 부재 이후 이미 두 상이한 '담론들'이 교회 안에서 경쟁하고 있었던 셈이다. 안타깝게도 그 경쟁에서 하나의 독점적 담론이 '정통(orthodoxy)'의 이름으로 권력을 잡았고, 중세 교회의 '암흑기'(여성 인권의 면에서는 특히)를 지나오면서 '하나의 담론'이 아닌 '정통' 혹은 '진리'의 지위를 차지하게 되었다. 그리고 그 '정통('진리')' 안에서 여성은 "하나님의 형상"인 남자를 유혹에 빠지게 만든 부도덕하고 미숙하며 모자란 존재, 즉 '열등의 기호'로 전락하고 만 것이다.

하지만 평등 개념에 기초한 '근대적 주체' 담론이 시대의 담론으로 자리 잡게 되자, 교회도 더는 여성을 '열등의 기호'로 주장하기 어려워졌다. 이때 교회를 구원한 것이 이미 초대교회 시절부터 존재했던 목회서신이나 후기 바울 저작 등에 담긴 '온건한 가부장제'였다. 그리스도와 교회의 관계처럼 사랑에 기반한 기능적 위계를 정당화하는 담론이었다. 이를 교회 안에 성공적으로 안착시킨 사람들이 개혁주의 목회자

---

29 앞의 책, 352-353.
30 앞의 책, 391-403.

들, 특히 청교도 신학자들이다. 청교도 학자들의 주장에 동조적인 입장에서 『청교도 - 이 세상의 성자들』을 저술한 리랜드 라이큰(Leland Ryken)은 "교부적 기독교"가 시작한 가부장적 담론의 '청교도' 버전을 다음과 같이 평가한다.

청교도들이 이해한 머리 됨은 전횡이 아니다. 그것은 사랑에 뿌리박은 지도력이다. 벤자민 워즈워스는 좋은 남편은 자고로 "자상하고 순탄하게 아내를 이끌고, 두려움의 대상이 되기보다 사랑하고 싶은 존재가 되려고 노력하는 법이다"라고 썼다. 사무엘 월라드가 말하는 좋은 남편은 "아내가 남편의 지도력을 즐겁게 따르고, 그것을 노예가 된 기분이 아니라 자유와 특권으로 느끼도록" 이끄는 사람이다.[31]

결국 하나님의 자녀가 될수록, 근대적 주체가 될수록, 근현대 기독교 여성의 현실은 가정에서 아내와 엄마의 소명을 더욱 충실하게 수행하는 개인으로 배치되었다. 근대적 주체로서 단독자의 권리와 능력을 제한받는 '노예'의 삶을 낭만화하여 '자유와 특권'으로 느끼게 하는 것, 이것이 '신적 질서'로 절대화된 교회 안에서 '기독 여성주의'는 발화될 기회조차 부여받지 못했던 것이다. 오히려 페미니스트적 관점과 주장을 펼치는 사람들이 '탈교회' '탈기독교' 하는 것을 선택함으로써,[32] 기

---

31 리랜드 라이큰, 『청교도 - 이 세상의 성자들』, 김성웅 옮김(서울: 생명의말씀사, 2003), 168.

32 탈기독교 페미니스트(post-Christianity feminist)라고 불리는 메리 데일리(Mary Daly)가 대표적이다. 그녀는 아예 여성들에 의해 창출되는 새로운 사상과 문화를 시도하며 그 첫해였던 1975년을 AF(Anno Feminarum)라고 선포하기까지 했다. 메리 데일리, 『교회와 제2의 성』, 황혜숙 옮김(서울: 여성신문사, 1994), 258-259.

독교 신앙과 페미니즘이 '여성'이라는 주체 안에서 통합되고 교회 공동체 안에서 담론화될 가능성은 멀어져갔다.

IV. 교회 담론으로서 '기독 여성주의', 하나의 가능성

1. '기독 여성주의' 담론 형성을 위한 유산

교회에는 시작부터 '두 이야기' 혹은 '이야기들'이 있었다. 하나는 성차를 구별하는 이야기였고, 다른 하나는 성차보다는 개성, 기독교적 언어로는 '은사'를 구별하는 이야기였다. 이 땅에 기독교가 처음 들어오던 때에는 두 이야기를 구분하지 못했다. 당시 우리 사회에서 여자는 온전하게 독립된 한 인격으로서 자신을 책임지고 의사결정을 하는 존재로 여겨지지도 않았다. 하지만 한국적 특수성으로 인해 근대화와 기독교화가 동시에 맞물려 진행되었던 이 땅에서, 근대 문물과 신앙을 함께 받아들인 젊은 여성들은 신적 권위에 힘입어 비로소 '자기'가 되는 체험을 '교회 안'에서 할 수 있었다. 해방이었고 자유였다. 근대적 성취였으며 신앙적 선물이었다. 적어도 그렇게 보였고 그렇다고 믿었다. 한국에 들어온 개신교 신앙과 서구 문물과 사상의 복합체가 가부장적이었음을 미처 파악하지 못한 채였기에, 여성주의적 시각에서의 성찰이 부재한 채로 반세기 이상을 '하나의(하나인 줄 알았던) 이야기' 안에서 기뻐하기만 했다.

이러한 문명적 혜택과 신앙적 기쁨은 서구 선교사들이 설립한 학교를 중심으로 교육 기회를 얻었던 '신여성'들에게 더욱 그러했다. 1886

년 이화학당을 시작으로 정신, 숭의, 일신 등 10년 사이에 거의 20개에 달하는 여성 교육기관이 기독교적 배경에서 설립되게 되었다.[33] 그러나 미국의 '공화주의적 모성 담론'[34]을 신앙적으로 승화한 여성 선교사들은 한국에서도 같은 의도에서 여성 교육에 힘을 모았다. 전근대적 여성상으로는 근대적 시민을 길러낼 수 없다는 인식 아래 시민 사회에 이바지할 수 있는 구성원들을 양육하고 돌볼 능력을 함양하는 '개화된 모범적 주부' 만들기가 교육의 핵심이었던 셈이다.[35] 교회 안에서 여성/모성에 대한 담론(이데올로기)이 독점적이었기 때문에, 다수의 교회 여성들은 이를 받아들이며 근대형 전업주부의 기독교적 버전의 역할을 충실히 수행하는 방향으로 자아를 형성해 갔다.

이러한 시절에 최용신이 여성 교육의 목표와 소명이 결코 '근대적 주부'가 되는 개인적 성취에 만족할 수 없음을 천명하였다는 것은 기독 여성주의의 시각에서 볼 때 놀라운 일이다.

예로부터 우리 조선 여성들은 5천 년 동안 어둠 속에 갇혀 사회의 대세는 고사하고 자기들의 개성조차 망각하고 말았다. 이로 보아 남녀 양성으로 이루어진 이 사회가 남성만의 활동과 노력만으로 원만한 발전을 기대할 수 없음을 알 것이다. 여기에 교육받은 여성들이 자각하여 자기들의 책임

---

33 양현혜, "근대 한국 사회의 변혁과 기독교 여성", 「여성신학사상」 6(2008), 151.

34 미국이 하나의 독립 공화국으로 건설되던 당시의 배경 속에서 만들어진 담론으로, '공화주의적 모성(Republican Motherhood)'이란 여성들이 열망했던 정치적 의식과 참여 동력을 가정으로 귀속시켜 근대적 시민을 양육하는 사명에 몰두하게 하거나, 혹은 정부를 지원하는 시민 부분의 자원봉사 단체의 구성과 활동에 참여하도록 독려하던 이데올로기를 의미한다.

35 백소영, 『엄마되기, 힐링과 킬링 사이』 (서울: 대한기독교서회, 2013), 269-270.

의 분을 지고 분투한다면 비로소 완전한 사회가 건설될 줄로 믿는다. 중등 교육을 마친 우리들은 각각 자기의 이상을 향하여 각자의 최선을 다하지 않으면 안 될 것이다. 이제 그 활동의 첫 계단은 무엇보다도 농촌 여성의 지도라고 믿는다. 나는 농촌에서 자라난 고로 현 농촌의 상황을 막연히나마 알고 있다. … 농촌의 발전도 구경은 여성의 분투에 있다는 점 … 중등 교육을 받은 우리가 화려한 도시 생활만 동경하고 안일의 생활만 꿈꾸어야 옳을 것인가, 농촌으로 돌아가 문맹 퇴치에 노력하여야 옳을 것인가.[36]

개신교 여학교 루씨여자보통학교 졸업사에서 기독교인이요 YWCA 운동의 헌신적 참여자였던 최용신은 매우 중요한 두 가지를 지적했다. 근대 고등교육의 수혜자로서 개인적 생활 여건 상승에만 몰두하는 것은 이기심이라는 것, 그리고 무엇보다 하나님께서 지으신 '사람'의 성(性)에는 남성과 여성이 있음에도 5천 년간 오직 한 성(남성)에 의해 사회와 문화가 만들어져 온 것은 옳지 못할 뿐만 아니라 반(反)신앙적이라는 선언이다. 다수의 개신교 젊은 여성이 농촌계몽운동에 앞장섰지만, 이는 단순히 물질적 번영을 위한 것만은 아니었다. 최용신의 사례처럼 이들은 평범한 여성들의 일상 환경을 개선하고 주체로서의 자기 인식을 심어주기 위한 교육과 봉사활동에 매진했다. 그러나 개인적으로는 '신여성'이요 사회적으로는 동시대 일반 여성들을 새로운 삶과 정체성으로 인도했던 여성 지도자들은 대부분 독신의 길을 선택했다. 주어진 제도 안에서는 양자택일이 가장 현실적이기도 했고 '여성/모성 담론' 안에서 자유롭기 위해서는 어쩔 수 없는 선택이기도 했다.

---

36 유달영, 『농촌계몽의 선구 여성 최용신 소전』 (서울: 성서조선사, 1937), 23-24.

나는 이 지점, 즉 여성에게 '명예 남성'의 선택지와 '엄마/아내의 전적 소명'이라는 제도적 선택지 안에서만 답을 찾도록 했던 개신교 가부장제의 여성 담론을 비판하지 않고 그 안에서 양자택일을 해왔던 교회 여성들의 행동이 오늘날 '기독 여성주의'의 담론적 자리를 교회 안에서 확보하는 데 어려움을 주었다고 생각한다. "너 아직도 교회 다니니?" 최근 젊은 여성들 사이에서는 교회 여성 청년들을 향해 남녀의 '기능적 위계'를 신적 질서로 정당화하는 교회 문화에 저항하지 못하고 가부장적 기독교의 내부자로 지낸다는 비아냥거림이 심심치 않다. 더구나 다양한 페미니즘의 스펙트럼 중에서 현재 한국의 젊은 여성들을 사로잡고 있는 패러다임은 압도적으로 '급진적 페미니즘'이다. 남자와 함께 할 수 있는 지점은 없다고 선언하는 급진적인 주장인데, 오래되고 견고한 가부장적 제도와 문화를 타파하고 여성해방적인 새로운 제도와 문화를 건설하기 위해서는 생물학적으로도, 사회문화적 경험으로도 '여성'이어야 한다는 합의에 근거한다. 하여 '페미니즘'이라는 사상을 한 극단적 패러다임으로만 접한 교회의 젊은 여성들은 근대 초기의 여성들과는 또 다른 양자택일, 즉 교회를 떠나거나 아니면 존재의 분열 상태를 겪으며 이질적 질서를 견뎌야 하는 선택지 사이에 놓여 있다.

　　그러나 우리가 배치된 오늘의 시대는 동력 면에서는 가부장제가 이미 그친 시절이다. 오랜 관성으로 제도적 영향력이나 문화적 관성이 아직 잔재해 있지만, 사회학적으로 볼 때 지속 가능한 힘이 아니다. 질 리포베츠키(Gilles Lipovetsky)는 이런 시대의 '여성'을 "제3의 여성"이라고 부르면서 새로운 이야기의 생성 가능성으로 우리를 초대한다.

　　역사적 사회적으로 의미심장한 이 여성상을 우리는 '제3의 여성'이라고 부른다. '제3의 여성'은 전통과 가정의 굴레에 갇혀 있었던 '굴종의 여성상'과 남성과의 무조건적 대립만을 일삼았던 '전투적 여성상'을 뛰어넘는 것으로, 역사상 처음으로 여성의 자리가 미리 정해져 있지도 않고 사회적 자연적 제약을 받지도 않는다. 지금 여성들의 앞에는 과거에 닫혀진 세계 대신 아무것도 정해지지 않은 채 모든 가능성이 열려 있는 세계가 놓여 있다. 이 세계는 사회학적 불확정성의 논리와 개인의 자유로운 통제 논리로 구성되어 있다. 무엇보다 중요한 것은 남성이든 여성이든 똑같은 운명, 즉 자아를 자유롭게 구성하고 활용할 기회를 갖고 모든 사회적 강령에서 벗어나 스스로 자아를 창조해야 한다는, 동일한 과제 앞에 서 있다는 것이다.[37]

교회 안과 밖, 남녀 모두에게 주어진 현재의 시대적 과제는 "사회적 강령에서 벗어나 스스로 자아를 창조하는" 일이다. 교회 여성에게는 '소피아적 유산'과 '재구성의 시대'가 맞물린 '호기'이다. 비록 2세기 이래로 담론 경합의 장에서 이겨본 적 없지만, 고고학적 발견과 해석학의 발전 등으로 피오렌자가 "소피아 전통"이라고 불렀던 유산의 형태와 내용이 드러나고 있다. 또한 시대는 가톨릭 버전이든 개신교 버전이든 남성의 신적 우위를 신학적으로 정당화하기에 불리한 방향으로 흘러가고 있다. 전문성의 획득에 성별 구별의 제도적 제한이 사라졌으며, 맞벌이가 아니면 핵가족의 경제적 자립이 불가능한 사회 상황이기 때문이다. 물론 이에 대한 반동으로 극우화된 젊은 남성들의 '백래쉬' 현상이 생겨났지만, 이 역시 시대적 적합성과 구성원들의 '보편적' 동의

---

37 질 리포베츠키, 『제3의 여성』, 유정애 옮김(서울: 아고라, 1997; 2007), 10-11.

를 얻기는 어려워 보인다. 신앙 담론의 면에서는 여전히 교회 안 구성원들에게 "의사소통적 이성"을 기대하기 어려운 상황이지만, 구성원의 변동과 시절의 도움은 우리에게 '기독 여성주의'를 하나의 담론으로 교회 안에서 들리게 할 가능성으로 작동하고 있다.

2. '기독 여성주의'의 윤리 원칙들, '살아내는' 존재 명령과 '살려내는' 구원 명령

'기독 여성주의'는 가부장제도 안에서 사는 방식과 믿음의 내용을 규정하는 데 배제된 여성들의 목소리와 시각을 반영하는 것이기에 기본적으로 '체제 저항적'일 수밖에 없다. 하지만 이것은 보수주의적 기독교 가부장들의 우려처럼 '배타적'인 담론이 아니다. 최용신의 말처럼 그간 남성의 시각'만'이 압도적으로 반영되어 있었음에 대한 비판이요 함께 공존하는 새로운 제도 건설을 위해 여성의 시각과 참여를 보장하자는 것이다. 때문에 '기독 여성주의'는 현재 한국에서 주류를 형성하고 있는 급진적 페미니즘의 주장대로 생물학적 남성을 배제한 채 전개하려는 의도가 없다.[38] 물론 남성 배제를 주장하는 급진적 페미니즘의 주장이 아주 설득력이 없는 것은 아니다. 5천 년짜리 견고한 제도를 흔들고 새로운 대안을 만들고자 한다면, 이미 기존 제도 안에서 학습하고 타성에 젖었으며 기득권까지 지니고 있는 남자 구성원들은 배제해야,

---

38 아울러 '생물학적 여성'이 아니라는 이유에서 현 제도와 시스템을 만드는 데 자신의 목소리를 반영하지 못했던 다양한 사람들을 배제하지도 않는다. 나는 『페미니즘과 기독교의 맥락들』(서울: 뉴스앤조이, 2018)에서 이들을 "은유로서의 여성"이라고 불렀다 (21쪽 참조).

'여성적 대안'이 방해받지 않고 생성될 수 있기 때문이다. 만약 현재 교회 안의 가부장적 담론이 제도와 신념의 결합체로서 세상보다 더욱 견고한 형태로 유지되고 있고 대화 가능성이 전혀 없다면, 그들의 말처럼 교회를 떠나는 것만이 페미니스트 여성 개인이 주체로서 자아를 형성할 수 있는 유일한 출발점일 것이다.

그렇지만 창세기 2장의 "상응하는 파트너"라는 상보적 관계를 신앙적으로 고백하는 크리스천으로서,39 또한 대항 담론을 갖지 않는 권력-지식은 지속적 배제 속에서 결국 타락한다는 사회학적 법칙으로 볼 때도, 새로운 사회를 상상하고 구성하는 데 남성 배제적 선택을 하는 페미니스트들에게 비판적 질문이 생긴다. 즉, 여성들로 '만' 이루어진 또 하나의 배타적 집단에서 만들어지는 '사상'이 과연 교만과 타락으로부터 자유로운 온전한 사회적 대안이 될 수 있을까? 최근 ('이대남'이라고 호명되는) 20대 젊은 남자들이 페미니즘이라는 말만 들어도 격분하는 '현상'은 이러한 질문과 무관하지 않다. 이미 동력을 다한 가부장제의 끝자락에서 태어난 그들은 가부장제의 기득권을 누린 적이 없다 (혹은 적다). 오히려 성평등을 주장하는 사회적 흐름과 '여성 할당제' 등 제도적 장치가 같은 나이에 사회로 진입하는 젊은 남성의 불공정한 배제나 누락을 초래한다고 생각한다. 물론 여성주의적으로 볼 때 '이대남'의 독해 방식은 아직 잔재하는 구조와 제도의 제한을 보지 못한 까닭이다. 그러나 이러한 현상을 포착하여 2022년 대선에서 정치인들은

---

39 청교도들에 의해 확립된 남녀 간 '상보론'은 다분히 가부장적 기능 분업과 이를 낭만적으로 위계화하는 것이었기에 이 글에서 비판한 바 있다. 그렇기 때문에 여기서 '상보적 관계'에 있다고 한 것은 고정된 남성성, 여성성을 전제한 상보론이 아니라 '하나님의 형상'을 이루어가기 위해 피조물로서 인간이 지닌 서로 다른 특성들을 발현하고 다른 관점에서 의사소통하며 '공동체적 인간'을 이루어간다는 의미이다.

'이대남'과 '이대녀' 프레임으로 젊은이들을 편 가르기 했다. 하지만 청년 당사자들(남자와 여자 모두)도, 이 현상을 언론을 통해 접하는 시민들도 정작 놓치고 있는 지점이 있다. MZ세대라고 말하는 20~30대의 사회학적 위치는 남녀 차이보다 세대적 불이익이 훨씬 더 크다는 사실이다. 물론 근현대적 기획이 중산층 엘리트 남자들의 머리에서 나온 '가부장적' 기획이었음은 틀림없다. 하지만 공적 생산 영역과 사적 재생산(임신과 출산) 영역의 경계를 견고히 하는 방식으로 출발했던 부르주아 사회는 더는 그 '칸막이화(compartmentalization)'를 유지하기 어렵다.

'이대남'들은 여자들이 공적 세계로 진출하여 자신들의 자리를 빼앗는다고 아우성치지만, 외벌이 생산노동으로 핵가족이 유지되지 못하는 신자유주의적 자본주의 사회에서 이미 성별 분업은 구조적으로 지속 불가능한 상황이라는 것을 그들도 안다. 머리로는 아는데 심정적으로 분노하게 되는 까닭은 청년층의 사회적 자리가 불안정하고 불투명하기 때문이다. '곳간에서 인심 난다'고 삶의 자리가 안정적일 때는 남녀노소 할 것 없이 너그럽기 마련이다. 그러나 '생존'이 시대의 키워드가 된 오늘날, 일상이 하나의 서바이벌 게임처럼 변한 사회에서 살아남기 위해 '일단 배제하고 가야 할 공공의 적'을 만들게 되어버린 것이다. 생물학이 운명을 결정하지 않는 시대에, 오히려 역설적으로 생물학적 성에 기반한 '간절한 연대'가 일어나고 있는 셈이다. '모두가 다 살아남을 수는 없다'는 무한 경쟁, 고용 유연성의 신자유주의적 원칙은 이십 대 젊은이들을 성별로 결집시켰다. 이 점에서 '이대남'들의 적대감은 방향이 틀렸다. 그러나 '이대녀'들의 페미니즘이 급진화한 것도 이 맥락에서 성찰해볼 일이다. '같이 살기의 방식'을 위계에서 수평으로, 전쟁에서 평화로, 승자독식에서 공존으로 바꾸는 길을 모색했던 페미니즘의 출발을 생각한다면, 배타적 성별 싸움으로 진행되는 현재의 흐름은 페미니즘을 닮아 있기보다는 신자유주의적 사고방식을 닮아 있기 때문이다. 한마디로 페미니즘이 적자생존의 세계에서 유리함을 획득하기 위한 '자기 계발 담론' 속에 포획되어버렸다.[40]

이러한 시절에 나는, 젊은이들의 성별 대립 구도나 대중화된 페미니즘의 신자유주의적 포획 구도 속에서 '기독 여성주의'가 새로운 담론으로 기여할 수 있다고 생각한다. '마주 봄'과 '상호 도움'이라는 기독교적 유산을 비판적으로 계승하면서 기독 여성주의가 제시해야 하는 윤리 원칙은 '나로 살아내고' '너를 살려내는' 생명 운동이기 때문이다. 기독교 경전과 전통 안에는 존재 명령(살아내라)과 구원 명령(살려내라)의 신적 기원을 강조하는 유산들이 가득하다. "생육하고 번성하라." 이 명령을 사람에게 적용할진대 어찌 단순히 '아이를 많이 낳으라'는 개체 번식의 명령으로 해석할 수 있을까. 적어도 사람의 존재 이유가 단순한 생물학적 개체 번식에'만' 있지 않다는 것을 창조신앙을 근거로 신앙고백하는 신자라면, "하나님의 형상"으로 존재해야 하는 사람의 소명(calling)은 내가 신에게 받은 개체적 특성을 잘 살려서 성장하며 풍성하게 삶을 영위하는 것(존재 명령)과 더불어 그냥 두면 그 안의 하나님의 거룩한 숨을 잃고 말 생명을 살려내는 도움(구원 명령)을 제공하는 것임에 동의할 것이다. 오늘 우리가 살아가는 사회는 생물학적으로도 사회적으로도 죽음과 죽임이 가득한 후기-근대적, 신자유주의적 제도의 끝물이다. 세상이 험하고 불안하니 다양한 담론들이 경합한다. 이러한

---

40 이 주제에 대한 좀 더 상세한 논의에 대해서는 백소영, "젠더 갈등의 '선택적 혼종성' 양상에 대한 신학 윤리적 제언,"「기독교사회윤리」43(2019), 123-151을 참조하라.

담론들 가운데 '기독 여성주의'를 하나의 가능성으로 주목해야 할 이유가 여기 있다. 우리는 '살고 봐야' 할 뿐만 아니라 '살려야 하기' 때문이다. 나 살기만 바쁜 삶은 적어도 창조신앙에 비춘다면 사람의 삶은 아니다.

V. 글을 닫으며, 새로움을 시작하며

지금까지 '기독 여성주의'가 교회 안에서 하나의 담론으로 자리 잡지 못한 역사적·사회적·이념적 배경을 살펴보고, 이 사상이 향후 교회 안에서 담론화될 가능성과 필요성을 제시하였다. 한국 땅에서 반백년의 역사를 가진 페미니즘이 교회 안에서 담론화 과정을 통해 '기독 여성주의'라는 담론의 지위를 획득하지 못했던 까닭으로 나는 크게 세 가지 이유를 들었다. 첫째는 긴박하고 위급했던 한국의 근현대사가 진행되는 과정에서 권력을 획득한 주체들의 '위기 담론(이데올로기)'이 다양한 담론들의 경합 과정을 박탈했기 때문이었고, 둘째는 기독교 내부에 강력하게 자리 잡은 '정통 교리' 수호와 '이단 배제'의 인식론적 계보학이 한국 주자학의 풍토와 '친화성'을 띠면서 아예 페미니즘이 교회 안에서 담론화될 여지를 차단했기 때문이라고 보았다. 또한 셋째로, 1세대 페미니즘의 한계이기도 했고 계몽주의적 여성 이해와 성서적 여성관을 분리하여 받아들였던 교회 여성들의 한계이기도 했던바, 법적이고 제도적인 인권이 평등하게 보장된다면 그것이 성평등이라고 믿으며 여권 운동을 전개하는 과정에서, 가부장제의 이데올로기 속에 배치된 여성의 제도적 제한을 파악하지 못했던 것이었다.

본론에서 인용했던 미셸 푸코의 성찰처럼, 내부에 존재하지 않는 언어는 포착할 수 없기에 아예 담론화 과정을 거칠 수 없다. 초기 기독교 공동체(교회) 안에는 '기독 여성주의'를 담론화할 풍부한 유산이 존재했었음에도, 교부들이 권력-지식을 독점하는 과정에서 배제된 계보학을 확인하며, 나는 여성주의적('소피아적') 유산들을 다시 교회 내부로 가져와야 한다고 주장했다. 기독교에서는 2세기 이후로 줄곧, 한국교회 상황에서는 아예 존재한 바 없었던 '소피아 전통'을 교회 안에서 담론화하는 것이 가능한 이유로 나는 최근 변화하는 사회 변동에 주목했다. 후기 상태로 진입한 자본주의적 근현대 사회 제도는 전문성의 면에서나 경제적 안정성의 면에서 더는 여성을 '전통적 자리'에 배치할 수 없기에 이를 정당화하는 이데올로기들이 힘을 얻을 수 없는 현실이다. 사회에서 불고 있는 페미니즘의 대중화는 이런 시절을 반영한다. 이러한 변화는 교회의 존속에도 영향을 미칠 것이며, 결국엔 교회 역시 페미니즘을 내부적 담론으로 성찰하되 기독교적 정체성과 만나게 하는 과제에 직면할 수밖에 없다.

이러한 때에, 개별 학자나 교회 '밖'의 조직을 중심으로 무엇이 '기독 여성주의'인가를 지속적으로 논의해왔던 기존의 주제와 내용을 교회 '안'으로 가져오는 작업은 교회의 생존과 유의미한 사회적 역할을 위해서 도움이 되는 행보일 것이다. 이러한 담론화 과정을 통해, 무엇보다 먼저 '살아내라'는 존재 명령을 가리고 여성에게 제한된 배치를 경전의 권위로 지속하고 있는 교회의 성차별적 인간상을 극복하는 교회로 거듭날 기회를 제공할 수 있을 것이다. 또한, '살려내라'는 구원 명령을 잊은 후기-근대 사회의 개인주의적 인간상과 문명의 흐름에 대안이 되는 사회선교적 사명을 감당할 수 있기를 희망한다. 이것이 현 시스템

바깥의 시각과 언어로 우리의 유산 안에서 권위 있는 근거를 찾아내고 실천적 방법론을 제시하는 '기독 여성주의'가 새로운 교회 담론으로 자리 잡음으로써 성취할 수 있는 새로움이라고 믿는다.

참고문헌

김진호. "모두에게 파괴였던 시간의 바깥." 권지성 외. 『혐오와 한국교회』. 서울: 삼인, 2020.

데일리, 메리. 『교회와 제2의 성』. 황혜숙 옮김. 서울: 여성신문사, 1994.

라이큰, 리랜드. 『청교도 - 이 세상의 성자들』. 김성욱 옮김. 서울: 생명의말씀사, 2003.

리포베츠키, 질. 『제3의 여성』. 유정애 옮김. 서울: 아고라, 2007.

백소영. "지구화시대 도시 개신교 신자들의 '의미 추구': 1990년대 이후 수도권 신도시 지역 '복음주의적 초교파 교회'로 이동한 개신교 신자들을 중심으로." 「탈경계인 문학」 2-1(2009), 77-110.

_____. 『엄마되기, 힐링과 킬링 사이』. 서울: 대한기독교서회, 2013.

_____. 『페미니즘과 기독교의 맥락들』. 서울: 뉴스앤조이, 2018.

_____. "젠더 갈등의 '선택적 혼종성' 양상에 대한 신학 윤리적 제언." 「기독교사회윤리」 43(2019), 124-151.

_____. 『기독교 허스토리』. 서울: 비아토르, 2022.

양현혜. "근대 한국 사회의 변혁과 기독교 여성." 「여성신학사상」 6(2008), 143-169.

에반스, 사라. 『자유를 위한 탄생: 미국 여성의 역사』. 조지형 옮김. 서울: 이화여자대학교 출판부, 1998.

유달영. 『농촌계몽의 선구 여성 최용신 소전』. 서울: 성서조선사, 1937.

최연정. "미국 여성 운동의 세대간 '단절'과 종교적 배경." 「종교학연구」 25(2006), 67-91.

푸코, 미셸. 『감시와 처벌, 감옥의 역사』. 오생근 옮김. 서울: 나남출판사, 2003.

_____. 『담론의 질서』. 허경 옮김. 서울: 세창출판사, 2020.

피오렌자, 엘리자베스. 『크리스찬 기원의 여성신학적 재건』. 김애영 옮김. 서울: 종로서 적, 1986.

하버마스, 위르겐. 『의사소통의 철학 - 현대 독일 철학의 정신 8인과의 대화』. 홍윤기 옮김. 서울: 민음사, 2004.

한국기독교역사연구소 편저. 『한국기독교의 역사 II』. 서울: 기독교문사, 1990.

허경. "미셸 푸코의 '담론' 개념 - '에피스테메'와 '진리 놀이'의 사이." 「개념과 소통」 9(2012), 5-32.

Chung, Chai-sik. *A Korean Confucian Encounter with the Modern World*. Berkeley: The Regents of the University of California, 1995.

낙인찍힌 죄에 대한 해체
― 해체주의적 관점에서 바라본 죄론*

최순양 | 이화여자대학교

I. 들어가는 말

누가복음에서 전하는 예수는 "가난한 자는 복이 있다"라고 말한다. 나는 마태복음의 "마음이 가난한 자는 복이 있다"라는 구절보다 누가복음의 구절이 훨씬 더 설득력이 있고, 하나님 나라의 속성을 더 잘 드러낸다고 생각했다. '가난한'이라는 경제적 현실을 드러내는 용어가 경제적 약자를 가리킬 뿐 아니라, 민중신학에서 말하는 민중에 더 가깝기도 하기 때문이다. 그러나 생각을 좀 더 진전시키다 보면 "가난한 자들에게 복을 선포한다는 것은 무엇을 뜻하는가?"라는 물음이 생긴다. 가난한 현실을 바꾸어서 더 이상 가난하지 않게 하겠다는 것일까? 아니면 가난함이라고 하는 현실을 비관적으로 여기지 않고 기쁨을 간직하

---

* 이 글은 「신학연구」 81(2022)에 실린 논문을 수정 보완한 것이다.

면서 살 수 있도록 하겠다는 것일까? 가난한 현실을 살아가는 사람들은 같이 살아가는 사람들과의 공감과 연대를 형성할 수 있기 때문에 복이 있다라는 것일까? 이쯤 생각하다보니 오히려 마태복음이 전하고 있는 "마음이 가난한 자는 복이 있다"라는 말이 더 쉽고 분명하게 다가오는 것 같기도 했다. 그러면서 서서히 나의 고민은 민중신학에서 이야기하는 민중의 해방이라는 것은 무엇을 의미하는가? 하는 질문으로까지 이어졌다. 예수의 복음 선포는 민중들에 대한 해방 사건과 다르지 않다. 예수가 팔복 선언뿐만 아니라 사람들을 만나면서 어떻게 복음을 전파했는지를 알아가다 보면 민중의 해방이 어떤 의미를 지니고 있었는지 조금은 알 수 있을 것이다.

따라서 이 글에서는 민중신학에서 이야기하는 '해방'의 의미를 '죄인'을 만난 예수를 통해 생각해보고자 한다. 소위 사회에서 죄인이라고 낙인찍은 사람들을 만나서 예수는 그들에게 죄로부터의 해방을 선포했다. 만약 이 현실이 예수에게서만 끝나는 것이 아니라 오늘날 우리에게서도 이어지게 하려면 이 사건이 어떤 의미를 지니는지 면밀히 살펴볼 필요가 있을 것이다. 나는 이 글을 통해 민중을 해방시킨다는 의미를 언어에 이미 내재되어 있는 이분법과 차별적 요소를 해체함으로써 민중을 죄인의 위치에 놓치 않으려는 노력으로 이해하려고 한다. 이 작업을 위해서 먼저 서남동 선생을 통해 민중신학에서 이야기하는 죄는 전통 신학적 의미의 죄 이해와 어떻게 달라져야 하는가에 대해서 살펴볼 것이다. 그리고 이러한 민중신학적 접근을 더 심화하기 위해서 언어에 놓인 기득권 중심성을 해체하고자 하는 학자들, 즉 포스트식민 여성운동가 가야트리 스피박(Gayatri Spivak)과 젠더 이분법을 해체한 주디스 버틀러(Judith Butler)의 이론을 살펴볼 것이다. 그 후에 한국에서 이러한 지식인 중심성을 극복해야 하는 딜레마를 가지고 있었던 사례로 성매매방지특별법에 대한 문제를 다루어볼 것이다.

II. 서남동 선생이 해석한 '죄'

예수의 복음 선포는 대부분 사회에서 환영받지 못하는 사람들, 세리나 죄인, 귀신 들린 사람들을 만나 치유하고 구원을 전하는 이야기로 알려져 있다. 이런 이야기들 중에서 마가복음 2장에 나오는 중풍 병자의 치유 이야기는 특별히 우리의 이목을 끈다. 병을 치유하고 나서 예수는 "네 병이 다 나았다"라고 하는 것이 아니라 "네 죄가 용서함을 받았다"(막 2:9)라고 선언하기 때문이다. 예수는 병자나 가난한 자, 귀신들린 자와 같은 민중을 만날 때 그들을 향해서 의인이 되라고 하지 않았다. 그들의 상황을 바꾸어서 다른 존재로 변화되라고 요청하지 않았다. 있는 그대로의 모습으로 그들의 존재를 인정하고 그들에게 하나님나라의 복이 있다고, 하나님은 누룩인 그들의 편에 계신다고 선언했다.[1]

예수의 치유 행위 중에 중요한 부분 중 하나가 의인과 죄인의 경계를 허무는 일이었다. 이런 맥락에서 죄란 그 자신이 저지르는 범죄가 아니라 사회로부터 분리당하고 낙인찍히는 현실을 말한다. 엄밀히 말하면 그 자신에게 문제가 있는 것이 아니라, 사회적 관습과 분류법에 따라서 그 사람을 정죄하는 것이 더 큰 문제라고 볼 수 있다.

서남동 선생도 죄에 대해 "힘 있는 자들이 힘없는 자들에게 붙이는

---

1 박경미, 『신약 성서, 새로운 삶의 희망을 전하다』 (파주: 사계절, 2014), 141.

딱지인 경우가 많음"을 지적하고, "죄의 문제가 아니라, 죄를 범하게 되
는 여러 가지 사회 조건이 문제가 되는 것이다"라고 말한다.[2]

따라서 서남동 선생은 가해자가 아닌 약자의 입장에서 죄는 "범죄
를 당한 자(those who are sinned against)"라고 해석한다. 그리고 사회적
죄는 약자에게 가하는 착취적 범죄를 말한다. 이 지점에서 민중신학은
죄를 희생자들의 측면에서, 억울한 자들의 측면에서 재해석하려고 시
도한다. 그러나 더 나아가서 누군가를 죄인으로 만드는 사회의 규율과
그 분류법 자체를 문제시하지는 않는다. "누구의 편에서 해석하는가"
의 문제를 이야기하면서 민중은 오히려 죄인으로 억울하게 분류당하
기 때문에 한을 느끼게 된다는 면에 대해서는 잘 바라보고 있고, 따라
서 민중신학은 피해자와 억압을 받는 사람의 입장에서 가해자의 언어
를 사용하지 않아야 한다고 말한다. 그러나 피해자와 죄인을 만들어내
는 분류가 생겨나는 언어에 대해서는 비판적으로 바라보지 않는다. 이
지점에서 나는 '가해자의 언어를 해체하기 위해서는 그 언어가 가지고
있는 폭력성과 이분법 자체를 흐트러뜨려야 하는 것이 아닌가?'라는
의문을 품게 되었다.

서남동 선생도 "종교적 철학적 의미의 죄는 민중에게는 그렇게 심
각한 것이 아닙니다. … 오늘날 민중신학이 관심하는 문제는 사회적인
부조리, 구조적 모순을 어떻게 해결해야 하느냐에 있는 것입니다"[3]라
고 말하면서 피억압자에게 "죄인"이라는 낙인을 찍고 있는 사회적 모
순을 지적한다. 예수의 관심은 죄인이라 칭하는 데 있었던 것이 아니라

---

2 서남동, "민중신학의 성서적 근거,"『민중신학의 탐구』(서울: 한길사, 1983), 244; 김희
   헌,『서남동의 철학』(서울: 이화여자대학교출판부, 2013), 119에서 재인용.
3 서남동,『민중신학의 탐구』, 202.

사회구조적 모순과 문제들을 바꾸어나가고 개혁하는 데 있었음을 밝히고 있기 때문에 민중신학적으로 보더라도 사람들을 '죄인'이라 칭하기 이전에 그렇게 죄인으로 몰아가는 사회구조를 바꾸어야 한다고 역설한다.

그러나 민중신학에서 말하는 사회적 모순은 사실 경제적 억압을 포함한 사회 현상에 주로 많은 관심이 가 있었던 것이 사실이다. 민중신학의 입장에서는 가난한 노동자를 착취하고 군사독재하에서 저항하는 자들을 침묵시키려는 사회적 억압을 죄로 말하지 않고 하나님 앞에서의 신앙적 죄만 언급하는 것이 가해자의 언어를 사용하는 전통 신학의 문제점이었다. 서남동 선생이 지적하는 것처럼 지배계급이 만들어놓은 율법과 체제가 글도 쓸 줄 모르고 안식일도 범하게 되는 사람들을 죄인으로 몰아간다고 보기 때문에, 지배계급의 폐쇄적 문화와 규정이 결국 민중을 죄인으로 낙인찍히고 있음을 밝힌다.[4]

나는 여기에서 한 가지 지점을 더 짚어야 한다고 생각하는데, 그것은 민중신학이 나아가야 할 방향 중 하나는 지배계급의, 아니 어쩌면 우리 모두의 사고방식을 이루고 있는 폐쇄적 언어를 해체하는 방식으로 나아가야 한다는 것이다. 즉 언어가 가지고 있는 이분법, 인간중심주의(서구 백인 남성 지식인 중심주의)를 드러내는 역할을 하여야 한다. 서구 백인 남성이 아닌 사람들은 이 이분법 속에서 열등한 '타자'로 그려진다. 따라서 언어에 이미 담긴 부정적 타자를 '열등한 존재'와 '죄인'으로 모는 사회구조의 모순을 먼저 인식할 수 있어야 한다. 이는 언어를 해체함으로써만 가능한 일이다.

---

4 앞의 책, 213.

III. 기득권 중심의 언어 해체 — 가야트리 스피박을 통해서

서남동 선생이 이야기하였듯이, 민중신학은 특히 신학자들은 자신이 가해자의 언어를 사용하여 또다시 민중을 억압하는 일에 대해서 경계해야 한다. 그러나 민중신학은 여전히 가해자와 피해자를 생각할 때, 혹은 억압자와 민중(피억압자)을 말할 때, 경제적으로 부유한가 아닌가를 그 기준으로 놓고 있는 경향이 있다. 민중은 가난한 사람들이라는 구분의식을 떠나서는 민중을 생각해내기가 어렵다.

그러나 오늘날의 사회는 경제적으로 가난한 사람들만이 억압과 차별을 겪는다고 볼 수는 없다. 다양한 현실로, 성적으로, 인종적으로 그리고 권력을 가지고 있느냐에 따라서 다양한 억압과 차별이 발생한다. 언어가 품고 있는 권력 관계는 경제적 관계로만 설명될 수 없다. 언어가 기득권 중심으로 형성되어 있는 문화이기 때문에, 언어의 기득권을 통해 차별되거나 대상화되기 쉬운 사람들은 여성일 수도 있고 비백인 인종일 수도 있으며, 이성애적 성정체성을 가지고 있지 않은 사람들일수도 있다. 언어는 폐쇄적으로 나와 다른 이를 이분법적으로 구분하는 경향성이 있기 때문이다.

따라서 나는 언어에 나타나 있는 기득권 중심성을 가야트리 스피박(Gayatri Spivak)의 해체 이론을 바탕으로 살펴보고자 한다. 스피박을 페미니즘의 흐름 속에서 포스트모더니즘을 거쳐서 전개된 탈식민주의 페미니스트라고 보는 것이 적절할 것이다. 스피박은 서구 여성 중심으로 전개된 페미니즘에 무의식적으로 비백인 여성을 열등하게 보는 제국주의적 성향이 배어 있을 수 있음을 비판하였다. 그는 이러한 언어에 배태된 서구중심성으로 인해 인종·계급·성별적으로 가장 목소리를 낼 수 없는 사람들을 '서발턴(Subaltern) 여성'으로 읽으면서, 이 서발턴 여성들의 삶이 어떤 경로를 통해 페미니즘으로부터, 서구중심주의로부터 소외되는지 밝혀나간다. 또한 목소리가 들리지 않는 서발턴 여성들의 현실이 드러나고 그것이 페미니즘의 주제가 될 수 있을 때라야 마침내 모든 여성이 해방될 수 있다고 주장한다.

스피박은 권력이 언어에 미치는 영향을 설명하면서 해체주의를 주창한 푸코와 들뢰즈에게서도 권력 작용이 작동하며 상대적으로 서발턴이 침묵당할 수 있다고 고발한다. 스피박은 서구적 주체 이론 속에서 백인 남성 이론가들이 스스로 어떠한 지정학적 결정 요소도 가지지 않은 척함으로써(자신을 어떤 선입견도 작동시키지 않는 투명한 존재로 간주함으로써) 역설적으로 실제적 주체를 도입하고 있다고 비판한다.[5]

스피박은 푸코와 들뢰즈의 대담을 살펴보는데, 이 둘은 사회의 타자들을 단순화함으로써 그들을 침묵시킨다. 그들의 대담 속에서 혁명 주체들은 다양하게 설명될 수 있는 존재들임에도 "마오주의자"와 "노동자 투쟁"으로만 단순하게 묘사된다.[6] 반면 지식인들은 각각의 이름이 부여되고 서로 구별되면서 복잡한 주체들로 설명된다.

예컨대 이들의 대담에서 들뢰즈는 "흩어진 대중과 직면하고 있는 우리 자신을 발견하지 않고서는 권력이 발동되는 어느 지점에서건〔권력과 - 스피박〕 접촉할 수 없습니다. 그리하여 우리는 불가피하게 … 권력을 완전히 폭파시키고자 하는 욕망으로 이끌려 갑니다. 모든 부분적인 혁명 공격 혹은 방어는 이런 식으로 노동자 투쟁과 연결됩니다"[7]라

---

5 가야트리 차크라보르티 스피박 외, 『서발턴을 말할 수 있는가』, 태혜숙 옮김(서울: 그린비, 2013), 47.
6 앞의 책, 49.

고 하면서 노동자 혁명이 "권력에 대한 폭파"라는 단순한 목적으로만 이루어지는 것처럼 설명한다. 노동자 혁명은 개별자들의 다양한 요구들이 얽혀서 일어날 수 있는 현상이다. 그러나 노동자들이 어떤 목적의식을 가지고 어떻게 복잡한 방식으로 권력을 해체하고자 하는지의 과정이 나타나 있지 않고 이것을 단순화하고 있다.

또 하나의 문제는 대중이나 노동자들이 단일한 정체성인 것처럼 간주된다는 것이다. 대중들은 남성이나 여성 혹은 경제적 하위계급 등의 단순한 정체성으로 단일화되기 어렵다. 그러나 이들은 다양한 대중들이 권력에 어떤 방식으로 저항하는지의 문제를 욕망이라고 하는 변수로 축소하고 획일화하려고 하였다. 스피박에 따르면 권력에 대중들이 어떻게 다양하게 반응하고 저항하는지에 대해 자세히 분석하지 않는다면 전 지구적 자본주의라든가 젠더의 변수, 혹은 아시아의 상황을 보지 않게 되며 이는 대중들의 욕망을 일반화하는 우를 범하게 된다. 그리고 또한 노동자들이 왜 투쟁을 하게 되는지의 복잡다단한 과정이 단순화되어버리며 이들은 다양한 주체들로 묘사되기보다는 하나나 둘의 목소리만 지닌 사람들로 그려지게 된다. 노동자 투쟁의 성격이 매우 심하게 축소되는 셈이다(이렇게 미흡한 분석을 '노동자 투쟁'이라고 생각해버리고 말아도 되는가?).

그런 이유로 "이질성과 타자를 가장 훌륭하게 예언하는 지식인들이 이런 식의 차단을 인가해야 하는 이유는 무엇일까?"라고 스피박은 질

---

7 Michel Foucault, "Intellectuals and Power: A Conversation Between Michel Foucault and Gilles Deleuze," 217; 한국어 번역본 "지식인과 권력: 푸코와 들뢰즈의 대화", 『푸코의 맑스』, 이승철 옮김(서울: 갈무리, 2004), 207; 스피박 외, 『서발턴을 말할 수 있는가』, 50에서 재인용.

문한다.[8] 푸코는 권력은 욕망의 효과들을 창출하는 것으로 주체들을 지배한다고 분석한다. 그런데 스피박이 분석하기에는 그가 해체하려는 서구자본주의식 '권력'의 지배를 받는 욕망이라고 하는 기제는 은연중에 '태양인 유럽의 주체'의 욕망으로밖에 드러나지 않는다. 나의 욕망도 정확히 알지 못하는 인간의 특성상 나도 아니고 다른 존재의 욕망을 마치 다 아는 것처럼 설명하는 게 가능한 것일까! 욕망이라고 하는 기제야말로 고정해놓은 존재가 다른 존재의 것을 이해하고 특징지을 수 없는 성격의 것이다. 그런 점에서 푸코가 설명하는 '욕망'이라고 하는 것에 다양한 주체가 지니고 있는 다양한 욕망이 포함되어 있다고 하는 생각은 거의 불가능에 가깝다.[9]

푸코와 들뢰즈가 권력의 지배를 받는 공간으로 상정하는 "공장, 학교, 병영, 감옥, 경찰서"라고 하는 상황은 유럽에서 일어나는 권력과 억압된 욕망을 드러낼 수는 있으나 제국주의적 억압이나 글로벌리즘이라는 경제 억압이 발생하는 비유럽 지역의 현상을 설명하기에는 불충분하다. 예컨대, '국제노동분업'이라든가 이주의 여성화(가난한 나라의 이주 여성들은 더욱더 사적인 노동에 종사하게 되고 열악한 노동 환경에서 일하게 된다)라고 하는 현실을 읽지 못하게 된다. 그들이 설명하고자 하는 노동자나 억압받는 사람들의 현실과 이주를 통해 가난을 극복하고자 하는 여성들의 현실이 너무도 다른데도 그 상이함과 복잡성을 보고자 하는 의도가 푸코와 들뢰즈 등의 좌파지식인들에게 존재하지 않기 때문이다. 스스로의 현실을 말하고자 하는 힘을 박탈당한 집단을 일관되게

---

8 스피박 외, 『서발턴을 말할 수 있는가』, 51.
9 앞의 책, 52-53, 57.

묘사할 경우, 그들의 목소리는 "정치적 대리인"[10]의 목소리에 종속되며, 이 과정에서 드러나는 것은 모든 것을 정확히 알고 있다고 간주되는(투명하게 표현되는) 지식인의 욕망과 이익뿐이다.

푸코는 그의 저서에서 "말하고 행동하는 사람은 … 항상 다양체"이며 "대중들은 완벽하게, 잘, 명확하게 알고 있고 … 알고 있는 것들을 아주 분명하게 표현합니다"라고 말한다.[11] 그러나 푸코가 말하고 있는 이 일반화된 명제는 어디까지가 정확한 묘사가 될 수 있을까? 대중들 혹은 민중들이 자신들의 현실을 잘 알고 있고 잘 말할 수 있다는 것이나, 지식인들이 절대로 민중들을 재현할 수 없다고 보는 이분법적 극단 사이에서 항상 우리는 한쪽의 선택을 해야 할까? 그렇다면 말할 수 없는 대중들은 누구이며 말할 수 있는 대중들은 누구인가? 푸코와 들뢰즈가 전 세계에 존재하는 개별체로서의 민중들을 다 만나보고 이러한 명제에 도달했다고 할 수 있을까? 들뢰즈나 푸코는 소위 '추상적인 순수이론'이 현실에게 미치는 '행동' 이상의 효과를 간과하고 있는 셈이다. 대중들은 스스로에 대해 잘 말할 수 있다고 하는 전제에도 불구하고 지식인들은 여전히 서발턴들을 그들의 욕망에 따라 재현하고 있다. 그들 자신이 어떤 이데올로기 혹은 선입견이 있을 수 있음을 전제하지 않는다(자신을 투명한 존재로 착각한다). 이런 상황에서 서남동 선생이 말한 가해자의 언어를 사용하는 전통 신학의 문제점을 되풀이하지 않는다는 것은 어떻게 비판되어야 할까? 전통 신학의 문제점이 민중과 노동자의 입장을 생각하지 않는 것이라고 한다면 진보적인 지식인들은 그

---

10 스티븐 모튼, 『스피박 넘기』, 이운경 옮김(서울: 앨피, 2005), 112.
11 스피박 외, 『서발턴을 말할 수 있는가』, 58.

행위를 반복하지 않기 위해서 어떻게 달라져야 할 것인가? 이는 태도나 관점의 문제라기보다는 우리가 사용하고 있는 언어에 이미 담겨 있는 것이라고 볼 수 있다. 지식인의 대리적 입장을 차치하고서는 형성될 수 없는 언어라고 하는 서술 방식에 오히려 그 문제점이 있다.

IV. 주디스 버틀러를 통한 언어 해체

통상적으로 '젠더(gender, 사회적 성)'는 후천적인 개념이고, '섹스(sexuality, 생물학적 성)'는 타고날 때부터 지니고 있는 것이라고 생각해 왔다. 그러나 최근에 와서 과연 생물학적 성이 선천적이라고 할 수 있는가? 하는 의문이 제기되었다. 남성과 여성으로만 인간을 구분하는 구분법이 사회에 이미 존재하고 생물학적 성은 이를 그대로 따르고 있기 때문이다. 이런 점에서 주디스 버틀러(Judith Butler)는 생물학적 성이라고 하는 이분법적 분류를 그대로 따르는 젠더(사회학적 성) 개념이 개별자들의 젠더를 담을 수 있는 다양성을 내포하지 못한다고 비판한다.

버틀러 역시 포스트모던 페미니스트라고 할 수 있는데, 그 이유는 기존의 페미니즘이 가지고 있던 '여성이 누구인가'의 기준이 여전히 서구-백인-남성중심주의의 작동 결과라고 보기 때문이다. 서구 여성, 남성의 반대로 존재하는 여성이 여전히 여성을 규정하는 주체로 작동하고, 이 중심성에 들지 않는 여성들을 비정상적으로 부정하게 여기는 경향이 페미니즘 안에도 여전히 존재한다. 이런 이유로 버틀러는 '여성'을 공통성을 공유하는 존재로 간주하고 이 공통성을 전제로 여성의 해방을 외치는 페미니즘이 가능한가? 하고 질문한다. 다시 말해 과연 계급과 인종, 성 정체성을 다양하게 보유하고 있는 여성들에게 공통된 정체성이 있다고 할 수 있는가? 하는 의문을 제기하는 것이다. 사람을 여성이나 남성으로 분류한다고 해도 그 정체성이 그 사람의 전부가 될 수 있는 것은 아니며, 성 정체성이 그 사람에 대해 말해줄 수 있는 것은 극히 일부에 지나지 않는다. 버틀러에 따르면 '젠더'는 사실 인종적·계급적·민족적·지역적·성적 양상들과 분리시켜 독립적인 개념으로 이해하기 어려운 개념이다.[12]

여성들이 공통성을 지니고 있지 않다는 것은 달리 말하면 개별 여성들이 경험하는 억압이 단순하지 않다는 것을 의미한다. 또한 여성이 여성이라는 성을 지니고 있기 때문에 경험하는 억압은 보편적 체제나 가부장제 남성 지배 구조에서 발견되는 유일한 형태의 억압은 아니다. 개별자로서 여성이 경험하는 억압은 다양한 얼굴이 있다.

버틀러가 여성이 경험하는 억압이 다양하며 여성이 하나의 공통성을 지니고 있지 않다고 주장하는 이유는 사회가 상정하는 '젠더'라는 개념 안에 이분법적 젠더 관계만이 규제화되고 고정되었기 때문이다. 더욱이 여성이라는 범주는 인종이나 계급이라고 하는 정체성과 분리되어 개별 여성들을 설명하는 대표적 정체성으로 안정성과 일관성을 획득해왔다.[13] 이 안정된 정체성은 페미니즘을 대표하는 여성들이(여성 지식인들이) 다양한 여성들을 대신 말하고 설명할 수 있다고 하는 권위를 준 것이나 다름없다. 여성주의적 지식인들조차도 남성이라고 하는 인간의 고정된 정체성을 규정하고 그 남성 주체의 열등한 특징으로

---

12 주디스 버틀러, 『젠더 트러블』, 조현준 옮김(파주: 문학동네, 2006), 89.
13 앞의 책, 90-93.

정체화된 존재들을 여성들이라고 간주해왔다.

버틀러가 페미니즘 주체(하나의 얼굴을 한 여성)에 균열을 낸 것은 섹스와 젠더의 구분을 해체했기 때문이다. 버틀러에 따르면 젠더가 성별화된 몸이 갖고 있다고 가정되는 문화적 의미라면, 젠더는 섹스(생물학적 성)를 따라 규정된 결과물이 되어서는 안 된다. 젠더가 엄밀한 의미에서 문화적이고 사회적인 성을 의미한다고 한다면 젠더는 섹스와 완전히 별개의 것이 되어 자유롭게 떠도는 인공물이 되어야 한다. 우리가 사는 사회에서 어떤 사람이 '여성'이라는 것은 생물학적으로 여성이라는 것을 포함하지만, 사회에서 여성에게 기대되는 역할 역시 수행한다는 것을 의미한다.[14] 어떤 사회의 여성이냐에 따라서 여성성은 가변적이고 복잡한 양상으로 나타나기 때문이다.

그러나 실상 사회에서 우리에게 인식되는 젠더는 생물학적 성에 따른 이분법과 크게 다르지 않다. 젠더가 다양한 형태의 성적 특징을 반영하려면 생물학적 남성과 생물학적 남성이 행하는 남성적 역할이 일치할 필요는 없다. 개별자들의 몸을 기준으로 본다면 "남자와 남성적인 것은 남자의 몸을 의미하는 만큼이나 쉽게 여자의 몸을 의미할 수 있"었다.[15] 사회적 기표에 따라 다양한 존재들의 몸을 남성 혹은 여성이라는 이분법으로 분류하기에 인간은 반드시 남성 아니면 여성으로 태어나야 하는 것으로 우리는 해석한다.

우리는 섹스가 '자연적'이거나 해부학적이라고 가정한다. 즉, 우리가 바꿀 수 없는 타고난 운명 같은 것을 생물학적 성이라고 생각한다.

---

14 조현준, 『젠더는 패러디다』 (서울: 현암사, 2014), 26.
15 주디스 버틀러, 『젠더 트러블』, 96.

그러나 버틀러에 따르면 생물학적 성은 인간은 반드시 남성이거나 여성이어야 한다는 사회적 전제에 따라 분류된 기표에 불과하다. 버틀러는 생물학적 성이 기표이기 때문에 "섹스는 언제나 이미 젠더였을지도 모른다"라고 제안한다.16 둘은 사실상 구별될 수 없는 것이었다. 섹스는 선천적인 것이므로 자연에 속한 것이며, 젠더는 사회적인 것이므로 문화와 관계된 것이라는 전제는 옳지 않다.

젠더를 구성하는 바로 그 문화가 하나 혹은 일련의 법이라는 관점에서 이해된다면, 젠더는 "생물학은 운명이다"라는 법에 따라 결정되고 고정되는 것이며, 생물학이 아닌 '문화'가 운명이 되는 것이다. 예를 들어, 초창기 여성주의 철학자 시몬 드 보부아르(Simone de Beauvoir)는 '여성은 만들어진다'고 했으나 여성은 이미 여성으로 만들어지는 문화적 강제 상황 아래에 있기에 여성으로 해석된다는 것을 인식하지 못했다. 여성이 여성이 되는 것은 운명적인 '섹스(생물학적 성)'에서 유래된 것이 아니다. 보부아르가 '만들어진다'라고 할 때 사용하는 것은 생물학적 성이 아니라 젠더에 가까운 것이다.17 보부아르는 이름 붙일 수 없는 몸이 사회적 강제 아래 여성이 되는 과정에 대한 것, 즉 '여성'으로 만들어진 '사람'이 여성이라고 불린다는 설명은 하지 않는다. 즉 개별적 몸을 가진 여성이 기표로서의 여성이 되는 과정에 대해서는 의문시하지 않은 것이다.

버틀러에 따르면 몸은 다양하고 개별적으로 태어나지만, 그 다양한 몸들은 사회적으로 정해놓은 기표, 즉 남성 아니면 여성이라는 명명법

---

16 주디스 버틀러, 『젠더 트러블』, 97.
17 주디스 버틀러, 『젠더 허물기』, 조현준 옮김(서울: 문학과지성사, 2015), 109.

에 의해 이름을 가지고 존재자가 된다. 그런 과정을 통해 인간은 남성이거나 여성이 되는 것이다. 몸이 하나의 상황이라서 고정될 수 없는 다양성을 지니고 있는 것이라면 이 몸들은 늘 문화적 의미로 해석되어야 한다. 고유성과 다양성을 지닌 채로 사회적 기표에 의해 읽히지 않는다면 그 몸은 존재자가 될 수 없기 때문이다. 따라서 버틀러는 "언제나 이미 문화적 의미로 해석되지 않은 몸에 기댈 수 있는 것은 아무것도 없다"라고 말한다.18 생물학적 성을 우리가 태어날 때 타고난 것이라고 전제한다면 두 개의 성의 특징을 지니고 태어나는 사람들을 인간이라고 설명할 방법이 없다. 따라서 생물학적 성을 인간을 설명하는 원본이거나 해부학적 사실성이라고 보기는 어렵다. 생물학적 성, 즉 인간을 남성 혹은 여성이라고 보는 이 기표는 이미 사회적으로 만들어진 기표인 것이다. 따라서 다양한 특징을 지니고 있는 개별자들의 몸은 사회적으로 정해진 기표들, 즉 젠더 표식을 통해서만 존재자가 될 수 있는 것이다.19 만약 이렇게 남성 혹은 여성이라고 하는 사회적 기표가 사회적으로 형성된 것이라는 생각에 도달하지 못한다면 여성주의자조차도 기존의 이분법적 분류—남성이나 여성이나 이미 태어난 것이다—로부터 자유로워질 수 없다.

---

18 주디스 버틀러, 『젠더 트러블』, 99.
19 앞의 책, 100.

V. 지식인 중심성에 대한 해체
   : 보부아르 등의 페미니즘 이론 비판

　주디스 버틀러는 서구 백인 남성(과 여성)을 표준으로 놓고 있는 페미니즘을 '인본주의적 페미니즘'이라고 보면서, 이 정체성이 없는 존재들을 비정상적인 예외자로 놓게 된다고 비판한다. 인본주의적 페미니즘의 문제는 사람을 본질적으로 이해한다는 것이다. 즉 사람이라고 불리는, 본래 젠더화되기 이전 사람들이 본질이나 '핵'이라고 하는 공통된 특징을 지니고 있다고 생각한다. 여성은 '여성'이라고 하는 공통성을 가지고 여성으로 태어나고 남성은 '남성'이라고 하는 공통성을 가지고 남성으로 태어난다고 보았다. 인간의 본질적 성을 합리성이나 도덕적 배려, 언어 같은 보편적 능력을 의미하는 것처럼 이해한 것이다. 그러나 버틀러에 따르면 '젠더(gender)'는 변화하거나 맥락화된 현상으로서 본질적인 존재를 의미하는 것이 아니라 문화적이고 역사적인 특수한 일련의 관계를 둘러싼 상호 수렴의 지점이다.

　젠더는 사회가 규범적으로 개인에게 입히고 있는 일종의 행동 명령이기 때문에 이 사회적 규범을 따르지 않으면 정상적 사회인으로 살아가기 힘들게 만드는 역할을 하기도 한다. 즉 '여성처럼 행동하라'라는 암묵적 규범을 개개인들을 항상 염두에 두고 그 규범을 무의식적으로 따르면서 살아가는 것이다. 이런 관점에서 볼 때 버틀러는 보부아르가 여성이 사회적 약속을 실천하면서 여성이 되어가는 존재임을 밝히지 않았다는 것을 비판적으로 보고 있다.

　보부아르는 '주체'가 이미 여성이 아닌 남성을 뜻하고 여성이 '타자'라는 것까지는 이해했지만, 그렇기에 여성은 남성이 가진 반대적 특성

으로만 정의되어야 한다는 것은 인식하지 못했다. 여성도 남성처럼 됨
으로써 보편성 안에 포함되어야 한다고 생각했다. 인본주의 철학에서
주장하는 남성의 열등한 타자는 여성이라고 하는 전제를 보부아르는
극복하지 못했다. 그 이유는 부인되고 멸시당한 체험이 예컨대 남성은
이성적인데 여성은 육체적이고 감정적이라고 하는 것을 받아들임으로
써 열등한 특징을 여성적인 것으로 다시 명명하기 때문이다.[20]

버틀러는 여성을 열등한 남성으로 그대로 받아 안기보다는 "남성성
은 어떤 부정과 부인을 통해 보편성으로 노정되며, 여성성은 어떤 과정
을 통해 육체성으로 구성되는가?"의 질문을 물어야 한다고 주장한다.
보부아르의 자유와 몸에 대한 분리는 데카르트식 구분법을 무비판적
으로 재생산했기 때문에 제한받는다. 정신과 몸을 이분법적으로 구분
하고 남성은 보편적 정신을 지닌 존재이며 여성은 육체성에 제한된 존
재라고 구분하지 않는다. 이러한 구분법을 계속 유지하는 것이야말로
남근-로고스 중심주의(이성적 남성성을 인간의 정상성으로 놓는 사고)의 징
후로 읽을 수 있다.[21]

남성을 태어난 존재라고 간주하고 여성은 후천적으로 만들어진다
고 전제한다면 백인 남성중심주의로 구성된 주체의 특징을 무비판적
으로 받아들이게 된다. 이럴 경우 여성이 여성이라 특징 지워진 성으로
규정되지만, 남성은 몸을 초월한 보편성으로 존재하는 것처럼 이해된
다.[22] 따라서 버틀러는 "적을 단일한 형태로 규명하려는 노력은, 일군
의 다른 관점을 제시하는 대신 억압자의 전략을 무비판적으로 모방하

---

20 주디스 버틀러, 『젠더 트러블』, 103-105.

21 앞의 책, 106.

22 앞의 책, 101.

는 하나의 역담론이 되어버린다"[23]라고 주장한다. 남성이 여성보다 우월하지 않다는 것을 드러내기 위해 무의식적으로 여성이 남성처럼 되어야 한다는 주장을 하게 된 것이다.

버틀러는 여성을 공통된 특징을 공유하는 존재들로 설명하고자 하는 "민주적 충동에도 불구하고, 연합론자는 자기도 모르는 사이 스스로를 그 과정의 권위자로 세울 수 있다"[24]라고 페미니즘에 경고한다. 즉 여성들이 권위를 가진 여성과 지식인 여성에 의해서 공통된 존재로 대표될 수 없음에도 불구하고, 권위를 가진 여성들은 대변하고 대신 말하고자 하는 충동을 느끼게 된다. 이런 점에서 스피박이 지식인들에게 경고한 것을 버틀러에게서도 찾아볼 수 있을 것이다. 따라서 버틀러는 연합의 정치학을 반대하면서 본질주의를 해체하고자 한다. 버틀러가 주장하는 반본질주의적 접근방식은 인간이 지닌 '정체성'에 공통점이 있다고 간주하지 않는다. 공통된 목적을 향해 사회를 개혁하고자 한다고 해서 개별자들이 지니고 있는 정체성이나 욕망을 모두 다 알 수 있는 것도 아니다. 인간의 몸은 구성되는 것이기 때문에 "미리 젠더화된 본질이나 속성의 중핵이라는 것이 존재"한다고 단정할 수 없다.[25] 버틀러에 따르면 "젠더는 그 총체성이 영원히 보류되어서 주어진 시간대에 완전한 모습을 갖출 수도 없는 어떤 복합물이다."[26] 여성들이 가지고 있는 여성이라는 젠더는 그 사람이 놓인 복잡한 상황과 관계되어서 해석되어야 한다. 다양한 여성이 다양한 목적을 가지고 연합하여

---

23 앞의 책, 109.
24 앞의 책, 111.
25 조현준, 『젠더는 패러디다』, 75.
26 주디스 버틀러 『젠더 트러블』, 114.

싸울 때라도 다양한 사람에게 어떤 공통성이 존재한다고 생각하지는 않아야 한다.

따라서 버틀러는 여성을 단일한 정체성으로 규정하게 되면 여전히 남성이라고 하는 보편적·초월적 존재의 열등한 타자로 여성을 규정하게 된다고 경고한다. 이런 상황에서는 '여성의 이상적 모습'이라는 서열적 개념이 생기게 되고 그 아래 다양한 여성을 규제하고 판단하는 권위적 방식이 재발할 수 있다. 여성은 다양한 특징을 지닌 개별자이자 고유성을 가진 존재로 상상되어야 한다. 그래야만 어떤 특정한 여성이 다른 여성의 권위 있는 목소리로 작용하면서 그들을 단순화된 주체로 재현하는 우를 범하지 않을 수 있다.

VI. 우리의 인식을 넘어서
: 언어적 판단을 넘어 연결된 존재임을 자각하기

예수가 소위 사회에서 '죄인'이라고 여겨지는 사람들을 만나 그들에게 해방의 복음을 전한 사건은 "간음하다 붙잡혀 온 여성"을 만날 때에도 발생했다. 그러나 이 사건에 대해 예수가 "나도 너를 정죄하지 않겠으니 가서 다시는 죄짓지 말라"라고 한 말씀이 시원하고 만족스럽게 들리지는 않는다. 오히려 예수가 "나도 너를 '판단하지 않겠으니' 판단에서 자유로워지기를 바란다"라고 말했다면 더 멋지지 않았을까 하는 생각을 여러 번 했다.

여성학 운동 중에서 지식인 페미니스트들이 현실적 변화를 이끌어 낸 사례 중에서 꼽을 수 있는 것 중 하나는 아마도 성매매방지특별법을 제정한 사건일 것이다.

이에 대한 명칭은 성매매방지법이라고 통칭되지만 세부적으로는 '성매매 알선 등 행위의 처벌에 관한 법률'과 '성매매 방지 및 피해자 보호 등에 관한 법률'이라고 할 수 있다. 제목에서 알 수 있듯이 성매매 여성이라고 하는 특정 대상은 이 법 조항에서 사실상 "피해자 혹은 희생자"로 간주된다.

이 법이 제정되기까지 여성주의자들 중에는 성매매라고 하는 제도는 성을 사고자 하는 남성들을 이롭게 하는 것이기 때문에 근절되어야 한다고 생각한 사람들이 많았다. 따라서 성매매 방지 혹은 근절이라고 하는 것을 법적으로 확고히 수립하는 것이 신속하고 정확한 목적이라고 여겨졌다. 그렇기 때문에 성매매를 불법화하는 여러 과정이 의심되거나 질문되지 않았다. 그러나 성매매방지법이 시행된 이후 예상치 못한 결과가 야기되었다. 정작 이 법을 시행한 것이 누구를 위한 것이었는지 다시 질문해야 했다. 따라서 이 법을 시행한 것은 그 목적과 달리 "한국 여성주의 정치를 뒤흔들었다."[27]

가장 직접적인 이유는 법 제정 및 시행 후 3개월이 지난 2004년 9월, 많은 여성이 일자리를 잃게 되었으며 거리로 나와 생존권 투쟁을 해야 했기 때문이다. 좀 직설적으로 말하자면 여성운동 중 주요한 활동이라고 할 수 있는 성매매 근절 운동이 '여성'들을 억압하는 역설적인 결과로 도출된 것이다. 이 법이 효율적으로 제정되었는지 아닌지의 여부를 따지는 것은 이 글의 범위를 초과하는 문제이기 때문에 그 문제는 다루지 않겠다. 다만 여성주의자들의 운동의 방향성과 성판매 여성들

---

27 정희진, 『페미니즘의 도전』 (서울: 교양인, 2013), 203.

의 현실 사이에서 발생한 그 괴리와 틈새를 고민해봐야 한다고 제안한다.

이 사건을 다룰 때 우리가 생각해보아야 할 문제는 성매매라고 하는 용어는 과연 올바른 것인가? 하는 것이다. 성을 사고판다는 것으로 볼 때 여성을 성매매 여성이라고 부르는 것은 논리적 모순이 있다. 이 용어는 성을 사는 사람이 들어가 있지 않고 오로지 여성들만 성매매에 몸담고 있다는 것을 지시한다. 따라서 '성판매' 여성이라고 명칭하는 것이 더 정확하다. 그러나 이 용어를 이렇게 바꾸는 과정에서도 여성주의자들 중에는 그렇게 부르는 당신은 그렇다면 "성매매에 찬성합니까?"라고 질문하는 이들이 적지 않았다. 혹은 더 나아가서 "성매매라는 제도를 합법화하자는 것입니까?"라고 묻기도 했다. 이런 반론이 생기는 이유는 여성주의자들의 반성매매 운동은 적지 않게 성판매 여성들을 구제의 대상, 즉 피해자로 보고자 하는 의도가 다분하고, 성매매 여성을 타락한 여성으로 구분 짓고자 하는 의도가 들어가 있기 때문이다.[28]

여기서 우리가 고민해야 하는 것은 사실 성매매 여성이라고 부를 것인가 성판매 여성이라고 부를 것인가, 혹은 어떤 명칭이 더 적합한가라는 문제가 아니다. 오히려 왜 성판매 여성은 일반 여성(소위 성판매에 종사하지 않는 여성. 이후로는 비성판매 여성이라고 부를 것이다)과 경계 지어져 타자화되어야 하는가의 문제이다.

사실 남성을 주체로 놓고 볼 때, 여성이 타자로 여겨지는 것과 성판매 여성과 비성판매 여성 중에서 성판매 여성이 타자화되는 것은 결이 같은 문제라고 볼 수 있다. 비성판매 여성과 성판매 여성을 경계 짓는

---

28 한국여성연구소 엮음, 『젠더와 사회』(파주: 동녘, 2014), 191.

기준은 오랫동안 사회가 가져온 가부장제적 이분법, 즉 여성을 성녀와 창녀로 구분 짓는 기준에 근거하고 있기 때문이다.

그리고 더 슬프고 안타까운 것은 비성판매 여성은 자신이 '창녀'가 아니라 '성녀'에 속한 여성임을 구분 짓기 위해서 경계를 공고히 한다는 것이다. 즉 성녀로 인정받기 위해 역설적으로 성판매 여성을 자신들과 분리된 존재로 '타자화'하는 데 익숙해져왔고 이것이 왜 문제인지조차 인식하고 있지 못하는 것이 현실이다.

여성 혐오와 여성 숭배가 동전의 양면으로 존재하는 것처럼, 사회는 여성들을 다양한 주체로 인식하기보다는 이분법으로만 분류하려고 한다. 여성은 성녀와 창녀(악녀), 어머니 혹은 아내가 아니면 성적 도구로 분류된다.[29] 후자의 부정적 의미로 낙인찍힌 여성들은 혐오의 대상이 되기 마련이다. 여성과 여성들 사이에서도 이 분류법이 작용하기 때문에 여성들은 서로를 연결된 존재로 인식하기가 어렵다.

따라서 여성운동에서도 성매매의 문제는 성 구매자들에게 책임을 묻고 해결하기 이전에 여성주의자들 사이에서의 갈등으로 드러났다. 현실을 살아가는 당사자가 관객이 되어버리고 이들을 대변하면서 타자화하는 지식인 여성들이 행위자가 되어가는 경우가 많았다.[30]

그 이유는 여성의 해방을 지향하는 여성들 중에서도 여성을 이분법적으로 구분하고 서로 타자화하게 만드는 여성 혐오적 사고에 익숙해져 있는 면들이 있기 때문이다. 그러나 여성들은 이러한 사회의 이분법적 분류에도 불구하고 연대의 책임성이 있어야 한다. 우리는 현실적으

---

29 우에노 지즈코, 『여성 혐오를 혐오한다』, 나일등 옮김(서울: 은행나무, 2012), 52.
30 한국여성연구소 엮음, 『젠더와 사회』, 192.

로 성판매 여성들을 죄인으로 규정하고 단속하기 이전에 성 구매자들을 먼저 처벌하고 단속하는 그래서 성 구매자들을 규제하는 방안을 찾아 나가야 할 것이다. 그러나 그보다 먼저 성판매 여성들에게 우리가 씌워놓고 있는 프레임, 죄인이라는 낙인에 대해서 깊이 생각해보아야 한다. 우리는 그들을 손가락질하고 타자로 내몰 만큼 성매매 현실에 대해서 자유로울까? 우리는 이 현실에 조금도 연루되지 않고 있는가? 성매매 현실에서 판매자들은 대부분 계급적, 인종적 그리고 젠더적으로 취약한 계층의 사람들인 경우가 많다.31 상대적으로 권력을 더 가진 입장에 있다고 해서 그 현실에서 무관하고 영향을 받고 있지 않다고 확언하기는 어렵다.

이를 위해 이분법적 여성 혐오적 시선 또한 비판적으로 바라보아야 한다. 여성을 성녀와 창녀로 분열시키는 사회의 시선을 내부화하기보다는 해체함으로써 우리는 상호유기체적 사회의 연결된 존재임을 깨달아야 한다. 우리는 전통적으로 죄라 불리는 현상에서 순수하게 분리되어 살고 있지 않다. 게다가 사회적이고 구조적인 악과 죄에 대해서는 더더욱 그 집단적 죄로부터 영향을 받지 않고 자유롭게 독립적으로 나만 깨끗한 존재라고 주장할 수 없다.32 인간의 성을 상품화하고 구매하는 폭력적인 영향력은 인간들 사이로 침투하고 있고 나 역시, 여성들 역시 그로부터 감염되고 있다. 이런 상황을 놓고 볼 때, 같은 여성들 사이에서 특정한 여성들을 죄인으로 타자로 낙인찍은 채 그들과의 경계를 확고히 한다는 것은 무엇을 의미할까?

---

31 앞의 책, 192.
32 캐서린 켈러, 『길 위의 신학』, 박일준 옮김(서울: 동연, 2021), 203.

예수의 질문이자 선언 "너희 중에 죄짓지 않은 사람이 있다면 이 여성에게 돌을 던지라"라는 말씀은 오늘 우리에게도 비슷한 무게로 던져지고 있다.

피억압자에게 '죄인'이라는 낙인을 찍고 있었던 사회적 억압, 경제적 불평등의 문제를 드러내는 것이 서남동 선생님 시대 민중신학자들의 임무였다면, 오늘날에는 지식인들이 다루고 있는 언어 자체가 가진 편견과 폭력성을 깨닫는 것이 가장 중요한 임무가 될 수 있을지도 모른다. 지식인들조차도, 같은 여성들조차도 사회적 죄라고 하는 무거운 현상 앞에서 서로 연관되어 있다는 것을 깨달을 필요가 있다.

우리가 사회적으로 폭력과 죄의 현실에 연루되어 있다는 것을 깨닫고 난 뒤에 할 수 있는 행동 중 하나는 자신을 그 사회적 죄에 순응시키지 않고 참여하기를 거부하는 것이다.[33] 사회적 죄에 무의식적으로 순응하게 되는 것은 나 자신은 그 사회적 죄와 연관되지 않았다고 하는 혹은 사회적으로 낙인찍힌 사람과 나를 경계 지으려는 시도에서 결과된 것이다. 이 경우, 진보 지식인이 재현하려고 하는 민중 그 자신이 나와 분리된, 심지어 타자화된 존재로 내 경계밖에 놓이게 되는 것이다.

스피박이 들뢰즈와 푸코가 쉽게 내린 결론, 즉 "민중은 스스로에 대해 너무도 잘 말할 수 있다"라는 것에 대해 경고한 지점을 생각해볼 필요가 있다. 그리고 버틀러가 페미니즘조차도 극복하지 못한 젠더의 이분법적 분류라고 하는 그 한계를 스스로가 보지 못했음을 비판했다는 것을 기억해보자. 여성주의 운동가들이 성판매 여성을 폭력적인 성매매 문화에서 '희생자'로 여기며 구출해주어야 할 대상으로 간주했기 때

---

33 마조리 H. 수하키, 『폭력에로의 타락』, 김희헌 옮김(서울: 동연, 2011), 186.

문에 결과적으로 그들의 생계가 위협당하게 되었다면, 우리가 놓치고 있었던 것은 무엇일까?

해방 지향적 담론을 생산하는 지식인들에 의해서 '서발턴', '소수자'가 다시 대상화되어서 재현되어야 할 존재들이 되어간다면 어쩌면 지식인들이 다시 그들을 죄인으로 여전히 그들을 비정상성으로 환원시키고 있음을 우리는 기억해야 한다. 지식인들이 그들의 인식론적 한계에서 해방되는 것이 민중을 해방시키자는 의도보다 더 선행되어야 할 이유가 여기에 있다.

언어에 이미 내재되어 있는 타자화에 지식인이 순응하지 않기 위해서는 언어가 가진 이분법을 인식하고 그 분류와 경계를 허물어뜨리려고 노력해야 한다. 이에 대한 해답은 상호연관성을 다시 깊이 인식하는 데서 출발할 수 있을 것이다. 나 역시 언어 속에 내재된 타자화의 과정에서 자유롭지 않은 '취약한' 존재임을 깨달아야 한다. 나 역시 무심코 던지는 돌에 맞을 수 있는 그 간음하다 붙잡혀온 여인과 다르지 않은 존재이다.

이는 지금까지 내가 타자화했던 존재와 내가 동일하다는 것을 의미하지는 않는다. 다만 언제든지 내가 그 타자화의 대상이 될 수도 있음을 알고 나와 타자를 가르는 그 언어적 이분법에 휘말리지 않고 우리가 서로 연결되고 얽힌 존재임을 애써 깨달아가는 데 있을 것이다.

참고문헌

한국여성연구소 엮음. 『젠더와 사회』. 파주: 동녘, 2014.

김희헌. 「서남동의 철학」. 서울: 이화여자대학교출판부, 2013.

모튼, 스티븐. 『스피박 넘기』. 이운경 옮김. 서울: 앨피, 2005.

박경미. 『신약 성서, 새로운 삶의 희망을 전하다』. 파주: 사계절, 2014.

버틀러, 주디스. 『젠더 트러블』. 조현준 옮김. 파주: 문학동네, 2006.

_____. 『젠더 허물기』. 조현준 옮김. 서울: 문학과지성사, 2015.

서남동. "민중신학의 성서적 근거." 『민중신학의 탐구』. 서울: 한길사, 1983.

수하키, 마조리 H. 『폭력에로의 타락』. 김희헌 옮김. 서울: 동연, 2011.

스피박, 가야트리 차크라보르티, 차테르지, 파르타, 비를라, 리투, 코넬, 드루실라, 라잔, 라제스와리 순데르, 잔모하메드, 압둘 R., 바렛, 미셸, 치아, 펭 그리고 프랑코, 진. 『서발턴을 말할 수 있는가』. 태혜숙 옮김. 서울: 그린비, 2013.

정희진. 『페미니즘의 도전』. 서울: 교양인, 2013.

조현준. 『젠더는 패러디다』. 서울: 현암사, 2014.

지즈코, 우에노. 『여성 혐오를 혐오한다』. 나일등 옮김. 서울: 은행나무, 2012.

켈러, 캐서린. 『길 위의 신학』. 박일준 옮김. 서울: 동연, 2021.

Foucault, Michel. "Intellectuals and Power: A Conversation Between Michel Foucault and Gilles Deleuze." 217. (이승철 옮김. "지식인과 권력: 푸코와 들뢰즈의 대화." 『푸코의 맑스』. 서울: 갈무리, 2004.)

종전 선언과 반공 기독교 성찰
— 황석영의 『손님』을 중심으로*

구미정 | 숭실대학교 기독교학과 초빙교수

I. 들어가는 말

나는 평화에 관심이 많다. 그 말을 뒤집으면 폭력에 이골이 났다는 뜻이다. 이 땅에서 여성으로 사는 일이 그렇다. 사랑이나 신앙처럼 아무리 사적으로 보이는 영역이어도 그것이 제도화되는 과정에서 남성이 기본값으로 설정된 까닭에 여성으로 존재하기가 만만치 않다. 평화는 타자를 인정하는 데서 시작된다. 이 단순한 깨달음이 에코 페미니즘 (eco-feminism)을 통해 내가 도달한 신학적 항구다. 이 사상적 지평에서 나의 관심은 실존과 우주를 넘나든다. 한반도의 평화를 논하는 이 글 역시 같은 자장 안에 위치한다.

2023년 5월 기시다 후미오 일본 총리가 한국을 다녀갔다.[1] 윤석열

---

* 이 글은 「신학연구」 78(2021)에 실린 논문을 수정, 보완한 것이다.

대통령이 취임 1주기를 맞아 일본을 방문한 데 이은 답방이었다. 언제나처럼 이번에도 그의 입에 온 국민의 눈과 귀가 쏠렸다. 혹시나 사죄하려나…. 하지만 역시나 그런 일은 일어나지 않았다. 한일 정상회담 후 열린 기자회견 자리에서 그는 "당시 혹독한 환경 속에서 수많은 분들이 매우 힘들고 슬픈 경험을 하신 것을 생각하니 마음이 아프다"[2]며 두루뭉수리로 얼버무렸다. 심지어 '마음이 아프다'는 애매한 표현조차 '개인적 소회'일 뿐이라며 확실히 선을 그었다. 1995년 8월 15일 무라야마 도미이치 총리가 일본 패망 50주년을 맞이해 발표한 '무라야마 담화'로부터 한껏 퇴행한 모습이다.

무라야마는 일본이 태평양 전쟁 이전이나 전쟁 중에 행했다고 생각되는 '침략'이나 '식민지 지배'에 대해 공식적으로 사죄하면서, 이는 개인의 사사로운 견해가 아니고 일본 정부의 공식 견해라고 강조했다. 이 기조를 이어받아 1998년 10월 8일 '김대중-오부치 선언'이 나왔다. 일명 〈21세기 새로운 한-일 파트너십 공동선언〉이다. 여기서 오부치 총리는 일본의 식민 통치에 대한 '통절한 반성과 사죄'를 언급했다.

그랬던 분위기가 이상하게 역행하고 있다. 1급 전범의 후예로, 역대 최장수 총리를 지낸 아베 신조가 일본의 평화헌법(헌법 9조)을 개헌해 일본을 '전쟁할 수 있는 나라'로 변신시키는 데 혈안이 되었던 건 널리 알려진 사실이다. 기시다 총리는 아베보다야 나은 행보를 펼치지 않겠는가 기대했던 마음이 산산이 부서졌다. 하기야 작년 5월 3일(헌법기념일) 기시다 총리는 일본 헌법에 대해 '시대에 맞지 않는 부분이 있다'며

---

1 이하 기시다 관련 글은 필자의 최근 연재 글 중 일부에서 따왔다. 「공동선」 171호(2023), 101-102.
2 당시 기자회견을 다룬 여러 신문을 볼 것.

개헌 의지를 드러냈다. 문제의 부분이 헌법 9조, 곧 '전쟁·무력 행사의 영구적 포기, 전력(戰力) 불보유'를 규정한 내용인 것은 두말이 필요 없다. 올해도 같은 시기에 「산케이신문」과 한 인터뷰에서 북한, 러시아, 중국의 위협을 핑계로 '일본이 방위력을 키워야 한다'고 목소리를 높였다. 이쯤 되면 왜 그를 '아베의 아바타'라고 하는지 알 만하다.

미국의 기상도도 밝지만은 않다. 세계인의 관심과 우려 속에서 도널드 트럼프의 재선은 저지되었지만, 조 바이든이 대통령이 되었다고 하여 별 뾰족한 수가 있어 보이지도 않는다. 같은 민주당 출신의 오바마 전 대통령이 아베와 대놓고 '밀월'을 나눈 통에 미국에 대한 환상이 여지없이 깨지지 않았던가? 민주당이든 공화당이든 어느 쪽이 권력을 잡더라도 '대한민국의 우방' 미국은 한반도의 미래에 큰 도움이 되지 않는다는 게 지금까지 밝혀진 '불편한 진실'이다. 아니나 다를까, 바이든 행정부는 집권과 더불어 한미동맹에 따른 방위비 분담금을 과거처럼 물가상승률(4% 이하)이 아니라 국방비 증가율(7~8%)에 연동시키는 협정을 강행해 트럼프 행정부 때와 별반 다르지 않은 행보를 드러냈다.[3]

북한이 미국의 경제제재에 반발해 대륙간탄도미사일(ICBM)을 쏘아대며 미국을 압박하자, 미국이 대한민국 땅 경북 상주에 고고도미사일 방어체계(THADD, 사드)를 배치해 북한과 중국을 동시에 겁박하기로 밀어붙인 것이 2016년의 일이다. 현재 상주에서는 사드 기지에 공사 장비를 반입하려는 주한미군 및 국방부와 이에 반대하는 주민 간의 싸움

---

3 2021년 3월 10일자 여러 신문을 볼 것. 우리나라의 국방비 평균 증가율은 7.5%인데, 이 수준대로라면 우리 정부가 미국에 부담해야 할 방위비 분담금은 2022년 1조 2,720억 원, 2023년 1조 3,674억 원, 2024년 1조 4,700억 원, 2025년 1조 5,802억 원으로 '심리적 마지노선'인 1조 원을 훨씬 웃돌게 된다.

이 계속되고 있다. 상주만이 아니다. 2005년 노무현 정부에 의해 '세계 평화의 섬'으로 지정된 제주에서도 강정마을에 해군기지가 들어섬으로써, 동아시아 평화는 물론 해양생태계의 평화에도 지대한 위협이 가해지고 있다.[4]

한반도의 역사 시간이 거꾸로 도는 느낌이다. 19세기 말~20세기 초의 상황을 되풀이하고 있는 듯한 기시감이 든다. 그때는 어떠했는가? 콜레라와 스페인 독감 같은 전염병이 창궐해 수많은 사람의 목숨을 앗아갔다. 본래 전염병이란 사람의 이동 및 접촉과 관련이 있는데, 당시야말로 서양 제국주의 세력의 아시아 침략이 절정에 달했기 때문이다. 그 흐름에 편승하여, 일찍이 서구화·근대화 대열에 진입한 일본이 새로운 제국으로 용트림하기 시작했다. 아시아의 오랜 맹주로 군림해온 청나라와의 전쟁에서 승리하고(1896년), 기세를 몰아 '백인종' 러시아와의 전쟁에서도 이기더니(1904년), 기어코 한반도를 식민지화한 다음에(1910년), 이를 발판 삼아 아시아 전체를 야금야금 집어삼켰다.

한반도는 지정학적으로 이스라엘과 닮은 까닭에, 이 땅을 둘러싼 주변 강대국들의 침략이나 내정 간섭, 그로 인한 억압과 착취, 수탈의 아픔을 끊임없이 당했다. 그러면서도 반만년 역사를 이어오는 동안 주권

---

4 제주공항에서 버스로 약 1시간 거리에 있는 강정마을은 예로부터 평화롭고 살기 좋은 마을로 유명했다. 귤나무가 자라는 마당 있는 집들을 지나 강정포구 쪽으로 10여 분 걸어가면 구럼비라 불리는 너럭바위가 펼쳐진다. 너비 1.2킬로미터에 달하는 이 거대한 통바위 위로는 깊은 바다 밑에서 솟아 나온 용천수가 물웅덩이를 형성하고 있는데, 여기에 멸종위기 보호 대상 생물종인 붉은발말똥게, 맹꽁이, 제주 새뱅이 등이 살았다. 그러나 2007년 정부가 이곳에 해군기지를 건설하기로 결정함에 따라 이 구럼비 바위에 대한 폭파 작업이 진행되었고, 이에 반대해 투쟁하던 평화 운동가들이 감옥에 갇히는 어처구니없는 일이 일어났다. 이에 대한 자세한 내용은 송강호, 『평화, 그 아득한 희망을 걷다』 (서울: Ivp, 2012)를 볼 것.

을 상실한 적은 한 차례도 없었는데, 일제의 식민 지배를 받게 된 것이다. 이 경험이야말로 역사상 처음 겪은 "통사"(痛史)[5]로서, 우리 민족의 유전자에 심각한 트라우마를 남겼다. 이로 인해 한반도는 일본 본토의 부족한 식량과 자원을 충당하기 위한 공급 기지로 그리고 일제의 제국주의 야욕을 충족하기 위한 인력 시장으로 전락하고 말았다.

그러다 해방을 맞았다. 1945년 8월 15일 일왕 히로히토가 연합군에게 무조건 두 손을 들었다. 그러나 이 해방은, 역사학자 박정신의 지적처럼 '참 해방'이 아니었다.[6] 시인 기자였던 오소백이 "우울한 해방"[7]이라고 이름 붙인 것을 박정신은 "뒤틀린 해방"[8]이라고 고쳐 부른다. 원래 '한 민족·한 나라'였으니 그대로 원상 복구됐어야 마땅하나, 현실은 그렇지 못했음을 강조하기 위해서다. 자주독립 국가를 이루고자 피흘린 독립운동가들의 열망은 산산이 무너지고, '한 민족·두 나라'로 갈라서서 지금까지 분단의 아픔을 겪고 있다.

이 글은 먼저 '뒤틀린 해방' 이후 남과 북에 따로 정부가 세워진 지 70년 만에 성취된 남북 정상회담의 의미와 그 후속 조치로 문재인 대통령이 제안한 '종전선언'의 의미를 짚어본다. 나아가 기독교가 반공주의에 친연성을 보이며 평화통일에 미온적인 이유를 검토하되, 특히 황해도에서 일어난 신천학살사건[9]을 다룬 황석영의 소설『손님』을 중심

---

5 이는 백암 박은식의 명저『한국통사(韓國痛史)』(1915), 최혜주 옮김(서울: 지식을만드는지식, 2010)을 염두에 둔 표현이다.
6 박정신,『뒤틀린 해방체제 그 너머: 통일맞이 역사학』(서울: 동연, 2019), 172 참고.
7 오소백, "아아! 우울한 해방,"「세대」4-1(1966).
8 박정신,『뒤틀린 해방체제 그 너머』, 172.
9 이 사건에 관해서는 신천대학살, 신천군사건, 신천대중학살, 신천양민학살사건, 신천군봉기, 신천군학살사건 등 다양한 용어가 혼재한다. 이 글에서는 가능한 한 이념적 편향을

으로 이야기를 풀어보고자 한다. 문학이야말로 "본래 세상의 모든 약한 것들을 위한 것이고 세상의 가장 위태로운 경계에 대한 증언"[10]이라면, 신학이 문학과 대화함으로써 얻는 유익은 무척 크다 하겠다. 이 과정을 거친 뒤에, 우리 안의 두려움을 극복하기 위한 기독교 윤리적 응답을 모색하며 글을 맺을 것이다.

II. '뒤틀린 해방' 그 너머를 향한 발걸음

소설 『임꺽정』으로 유명한 작가 홍명희는 8·15해방의 기쁨을 이렇게 노래했다. "이것이 꿈인가?/생시라도 꿈만 같다/아이도 뛰며 만세/어른도 뛰며 만세/개 짖는 소리 닭 우는 소리까지/만세 만세!/산천도 빛이 나고/초목도 빛이 나고/해까지도 새 빛이 난 듯/유난히 명랑하다."[11] 이처럼 한쪽에서는 환희의 송가를 부르는데, 다른 쪽에서는 격

자제하기 위해 신천학살사건으로 부르고자 한다.

10 구미정, "세월호와 함께 침몰한 한국사회의 인권: 문학과 신학의 한 대화," 「현상과 인식」 39(2015/5), 17.

11 홍명희, "눈물 섞인 노래"의 일부, 정인보 외, 『해방기념시집』(서울: 중앙문인협회, 1945). 훗날 월북하여 북한 고위직에 오른 사람의 시라고 믿어지지 않을 만큼 해방을 맞이한 심경을 '순수하게' 적고 있다. 해방이라는 사건은 좌·우익을 초월한 기쁨임을 암시한다. 이 대목에서 그의 월북 과정에 대해 한 마디 덧붙여야겠다. 해방 이후 군정이 실시되자 문인들은 좌우로 나뉘어 공존했다. '조선문학건설본부', '조선프롤레타리아문학동맹', '조선문학동맹' 등이 좌파 색깔을 대변했고, '조선문화협회', '조선문필가협회', '조선청년문학가협회' 등이 우파 계열을 형성했다. 그러다가 1948년 8월 대한민국 정부가 수립되면서 반공주의 노선을 확실히 천명함에 따라 좌파 지식인들을 탄압하기 시작하자 좌파 문인들의 월북이 이어졌다. 임화, 이기영, 홍명희 등의 월북은 이 맥락에 위치한다. 김영화, "해방 후(1945. 8〜1950. 6)의 문학," 「백록어문」 9(1992), 247-272 참고.

정이 태산이었다. 중국 충칭(重慶)에서 대한민국 임시정부를 이끌던 김구 선생은 "하늘이 무너지고 땅이 꺼지는 일"12이 일어났다며 한탄했다. 우리 힘으로 '완전한 독립'을 쟁취하기 위해 준비하던 모든 일이 허사로 돌아갈 것을 직감했기 때문이다.13

불길한 예감은 틀린 법이 없는지, 해방과 더불어 군정(軍政)이 실시되었다. 1945년 2월 얄타(Yalta)에서 미국·영국·소련 3개국 수반이 모여 합의한 내용에 따라, 한반도 북위 38도 이북에는 소련군이, 이남에는 미군이 각각 주둔해 다스리기 시작했다. 외세에 의해 강요된 분단의 시작이었다. 앞서 두 차례의 세계대전을 치를 때는 같은 편에 속하다가 막상 전쟁이 끝나고 전리품을 챙길 순간이 다가오자 서로 등을 돌린 미국과 소련의 탐욕이 부른 재앙이었다. 조선 민족은 스스로 자주독립 국가를 건설할 능력이 없으니 '원조'해야 한다는 애먼 핑계를 들이대며 두 강대국이 이남과 이북에 각각 군사정부를 차렸다.

이 땅의 분단 책임을 순전히 외세 탓으로만 돌릴 수는 없다. '해방 공간'은 어쨌든 우리 겨레가 말할 수 있고 행동할 수 있는 '한국 사람들의 시기'(the Korean Period)였던 만큼, 우리끼리 잘해볼 수도 있었다.14

---

12 더 상세한 내용은 김구, 『백범일지』(서울: 동명사, 1947), 350-353 참고.

13 1940년 9월 17일 대한민국 임시정부가 창설한 한국광복군은 중국에 부대를 두었던 관계로 장제스(蔣介石)를 위시한 중국 국민정부의 영향력을 피할 수 없는 열악한 조건 이었음에도, 태평양전쟁 말기인 1945년에 미국 정부 산하기관인 전략첩보국(OSS)과 합작 훈련(일명 '독수리 작전')을 벌이며 연합군의 일원으로서 한반도 진공 작전을 수 행하려고 준비했다. 그러나 일본의 항복이 앞당겨지는 바람에 이 계획은 실패하고 말았 다. 완전한 독립이 이루어지지 못한 직접적인 배경인바, 그 뒤에 강대국의 이해관계가 갈려 있음은 물론이다. 이에 대해서는 한시준, "한국광복군 제2지대의 OSS 훈련 장소 에 대한 검토," 「한국독립운동사연구」 63(2018), 179-201을 볼 것.

14 박정신, 『뒤틀린 해방체제 그 너머』, 173; Bruce Cummings, *Korea's Place in the Sun: A Modern History* (New York: W. W. Norton & Company, 1998), chap. 4도

하지만 분단을 막기 위해 애쓴 이들의 노력은[15] 외세를 등에 업은 '꾼들'의 눈에 단지 걸림돌일 뿐이었다. 잠시 박정신의 글을 따와 보자.

세계 역사를 읽거나 우리 역사를 읽노라면, 이러한 시기에는 항상 시류를 교묘하게 이용하는 '꾼들'이 등장하기 마련이다. 인류보다는 나, 민족보다는 나, 공동체보다는 나를 위하여 시류에 따라 권력의 내용이나 본질과는 상관없이 그것에 빌붙어 '생존'하면서 삶을 꾸려온 이들이, 인류를 내세우고 민족을 거론하며 공동체를 운운하면서 다시금 자신의 가문이나 자신이 속한 집단의 자리를 지키며 이익을 추구하려고 획책하는 것이다.[16]

그 결과 1948년 8월 15일 남한에 이승만 정부가 세워졌다. 곧이어 9월 9일 북한에서도 김일성 정부가 수립됐다. 이는 한반도를 분할 점령한 미국과 소련의 지배가 끝나기는커녕 더욱 공고화된 표시로, 향후 전개될 동서 냉전체제의 시작을 알리는 전조였다. 그러니까 미소를 중심으로 한 자본주의 대 사회주의 진영이 우리 땅, 곧 아시아 대륙 동북단에 위치해 환태평양 진출의 거점이자 유라시아 연결의 요충지인 한반도에서 불안정한 동거를 시작한 셈이다.

볼 것.

15 이를테면, 해방 공간에서 주목받던 지도자들인 김구, 여운형, 조만식, 김규식 같은 이들이 그들이다. 그러나 조선건국준비위원회를 꾸린 여운형은 1947년에 암살당하고, 조만식은 1946년에 소련군 사령부에 끌려갔으며(한국전쟁 중 살해당함), '4김 회담'의 주역인 김구와 김규식마저 역사의 무대에서 사라짐으로써 '한국 사람들의 시기'도 끝났다. 자세한 내용은 앞의 책, 173-175를 볼 것; 김희곤, 『대한민국임시정부의 좌우합작』(서울: 한울, 1995); 강만길, 『항일독립투쟁과 좌우합작』(서울: 한울, 2000) 등도 볼 것.

16 박정신, 『뒤틀린 해방체제 그 너머』, 171-172.

이 동거는 오래가지 못했다. 곧이어 전쟁이 터졌다. 어차피 이 전쟁은 동서 양대 진영의 패권 장악을 위한 대리전의 성격을 띠었으므로, 여기서 "누가 삿대질을 먼저 하고, 누가 총부리를 먼저 들이댔으며, 누가 38선을 먼저 넘었는가를 따지는 것은 계속해서… '전쟁'을 하자는 말"17이나 다름없다. 우리의 질문은 '남침이냐, 북침이냐'의 수준 그 너머로 나아가야 한다.

이를 위하여 1945년 2월 얄타(Yalta)에서 시작된 동서 냉전체제가 1989년 12월 말타(Malta, 혹은 몰타)에서 열린 미소 정상회담을 통해 공식적으로 끝났다는 사실을 유념할 필요가 있다. 동서 냉전의 신호탄과도 같았던 38선이 얄타 회담의 결과물인 한, 말타 회담 이후 마땅히 지워졌어야 옳다. 하지만 불행히도 그런 '기쁜 소식'은 들려오지 않았다. 한반도 안팎에 포진한 '분단 장사꾼들'이 자신들의 이해관계에 따라 이합집산을 거듭하는 사이에, 분단은 정치경제뿐만 아니라 사회문화 그리고 종교 심리 깊숙이까지 현실화·내면화되었다.18

그런 틈바구니에서도 얼어붙은 '겨울왕국'에 봄을 가져오려는 평화의 춤은 면면히 이어졌다. 동서 냉전체제의 종식과 함께 남북이 각각 유엔에 가입함으로써 조성된 화해 분위기 속에서 〈남북 사이의 화해와 불가침 및 교류 협력에 관한 합의서〉(1992년, 줄여서 '남북 기본합의서'라 함)가 체결되었다. 비록 최고위 수준이 아닌 총리급 합의서였지만, 그래

---

17 앞의 책, 185.
18 이 문장을 쓰며 나는 김남주의 시 〈삼팔선은 삼팔선에만 있는 것이 아니다〉를 떠올린다. 분단이 일상 곳곳에 침투해 똬리를 틀고 있는 형상을 이만큼 속속들이 폭로한 시도 드물다고 생각한다. 이 시의 전문은 『김남주 시선집』(파주: 창비, 2014), 354-355에 실려 있다.

도 밀사에 의해 이루어진 군부독재 시절의 〈7·4 남북 공동성명〉(1972년)에 비하면 한층 진일보한 성취였다.

그러다가 마침내 2001년, 남과 북의 두 정상(김대중 대통령과 김정일 위원장)이 분단 이후 처음으로 만나 합의서에 서명하는 쾌거가 이룩되었다. 이때 나온 〈6·15 남북 공동선언〉은 첫머리에서 '우리끼리 서로 힘을 합쳐 자주적으로' 통일 문제를 해결할 것을 천명했다. 그러나 설핏 찾아온 봄기운은 같은 해 미국에서 발생한 9·11테러에 가로막혀 금방 얼어붙고 말았다. 2007년 10월 2~4일 두 번째 남북 정상회담에서 〈남북 관계 발전과 평화번영을 위한 선언〉이 발표되었지만, 이 역시 합의 당사자인 노무현 대통령의 사망과 김정일 위원장의 연이은 사망으로 그 이상 진전되지 못했다.

이후 남한에 보수 정권이 들어서고 북한에 김정은 체제가 수립되면서 남북 관계는 다시 살얼음판을 걷기 시작했다. 금강산 관광객 피격 사건(2008년), 천안함 사건(2010년) 등이 연달아 터지면서 한반도는 급속히 '겨울왕국'으로 퇴행했다. "사상과 제도의 차이를 초월하여 남북 관계를 상호존중과 신뢰 관계로 확고히 전환시켜 나가"(2항)되, "군사적 적대관계를 종식시키고 한반도에서 긴장 완화와 평화를 보장하기 위해 긴밀히 협력하기로"(3항) 한 〈10·4 남북 공동선언〉이 무색할 지경이었다. "현 정전체제를 종식시키고 항구적인 평화체제를 구축해 나가야"(4항) 할 필요가 시급히 제기되었다.[19]

이 시대적 요구 앞에 촛불 시민들이 팔을 걷어붙였다. 국정농단의

---

19 〈10·4 남북 공동선언〉(2007) 전문은 인터넷 포털사이트에서 쉽게 찾아볼 수 있다. "남북 공동선언", *Wikipidia*, https://lrl.kr/fCQg, 2021년 4월 21일 접속.

주역인 박근혜 전 대통령을 탄핵하고 징역 20년의 실형 선고(10년으로 감형)를 관철한 촛불 시민들은 문재인 정부로 하여금 평화의 길을 계속 닦아가도록 촉구했다. 그 염원을 이어받아 세 번째 남북 정상회담이 열렸다. 2018년 4월 27일, 판문점 공동경비구역 남한 쪽에 자리한 '평화의 집'에서 문재인 대통령과 김정은 국무위원장이 서로 손을 맞잡았다. 두 정상은 〈한반도의 평화와 번영, 통일을 위한 판문점 선언〉을 공동 발표하고 '핵 없는 한반도 실현, 연내 종전 선언, 남북공동연락사무소 개성 설치, 이산가족 상봉' 등에 합의했다. 그로부터 한 달 뒤인 5월 26일에는 판문점 북한 쪽에 있는 '통일각'에서 2차 만남을 가져 북미 정상회담의 성공을 다짐했다. 그 결실로 9월 14일 드디어 싱가포르에서 북미 정상회담이 열렸다. 김정일 위원장과 트럼프 대통령의 만남에 온 세계의 눈과 귀가 쏠렸다.

그러나 한반도 분단의 수혜자인 미국이 한반도 이익을 위해 통일의 디딤돌이 될 리는 만무한 노릇이었다.[20] 또다시 북미 간 줄다리기가 지리멸렬하게 이어지면서, 어렵게 조성된 평화의 바람이 잦아들기 시작했다. 엎친 데 덮친 격으로 코로나 팬데믹까지 들이닥쳤다. 미국 대선이라는 변수도 한반도의 운명에 어떤 영향을 미칠지 모르는 상황이었다. 이러한 악재 속에서 2020년 9월 23일 문재인 대통령이 유엔총회 기조연설을 하며 '종전선언' 카드를 꺼냈다. 후보 시절부터 줄기차게 공약해온 '한반도의 영구적 평화 과제'(이른바 '베를린 구상')[21]를 어떻게

20 최봉대, "전후 미국의 대한반도 정책과 분단 체제의 구축," 「사회와 역사」 13(1988), 62-94; 유희석, "동아시아의 '거대분단'과 한반도," 「인문학연구」 56(2018), 511-542 등을 볼 것.
21 이에 관해서는 국립통일교육원, 『2021 한반도 평화 이해』 (서울: 국립통일교육원, 2021),

든 이어가기 위한 몸부림이었다.

이 선언의 의의를 짚어보기 전에, 먼저 용어부터 벼리고 넘어가자. '선언(declaration)', '협정(agreement)', '조약(treaty)'의 차이는 무엇인가? 선언은 글자 그대로 "자기의 방침이나 주장을 외부에 정식으로 공표하는 행위"[22]이다. 양측의 합의 내용을 담을 수도 있고, 일방에 의해서만 이뤄질 수도 있는데, 국제법적 효력은 미약하다. 이와 달리 협정과 조약은 국제법적 수준에서 채택된다. 다만 "국가 간의 조약뿐 아니라 개인 간 또는 비공식적 합의도 포함하기 때문에, 협정이 조약보다더 넓은 개념으로 사용될 때가 많다."[23]

잘 알다시피, 한반도는 지금 '휴전(休戰)' 상태다. 그러나 '휴전'을 뜻하는 영어 단어 'sleeping war'는 그리 자주 사용되는 낱말이 아니다. 19세기 후반 국제법이 체계화되면서 군사작전을 중지하는 합의는 'armistice'로, 교전국이 협상에 들어가는 절차는 'truce'로 표현하는게 상례가 되어,[24] 1953년 7월 27일, 이 땅에서 체결된 협정도 '정전(停戰, truce)'으로 분류되었다.[25] 비록 이 협정의 한글본은 'cease-fire'를

특히 127-129 참고.

22 김재한, "정전협정과 종전선언 그리고 평화협정," 「통일전략」 18(2018), 75.

23 앞의 책, 같은 부분.

24 앞의 책, 77; Sydney Baily, "Cease-Fires, Truces, and Armistices in the Practice of the UN Security Council," *American Journal of International Law*, Vol. 71, No. 3(1977) 참고.

25 1951년 6월 미국의 리지웨이(Matthew Bunker Ridgway) 장군이 한국전쟁을 'armistice'하자고 제안하자, 당시 언론은 그 뜻을 비슷한 용례의 다른 단어와 비교해 다음과 같이 설명했다. "cease-fire는 사격 중지이고, armistice는 cease-fire에 군대의 일정 거리 후퇴 및 전투 금지의 기간 설정 등이 추가된 것이며, truce는 양측 사령관 간 합의에 의한 전투 중단을 의미한다." *Reading Eagle* (June 30, 1951); 김재한, "정전협정과 종전선언 그리고 평화협정," 78에서 재인용.

'정화(停火)'로, armistice를 '정전(停戰)'으로, truce를 '휴전(休戰)'으로 번역하여 혼동을 주고 있지만, 영문 협정문 어디에도 'sleeping war'라는 단어는 등장하지 않는다.

더 곤란한 점은 우리말 어법에서 전쟁을 '멈추는 것'과 '쉬는 것' 사이의 구분이 선명하지 않다는 사실이다. 이는 '종전(終戰)', '강화(講和)', '평화(平和)'의 구분이 간단치 않은 것과 매한가지다. 세 단어는 모두 전쟁이 없는 상태를 가리킨다. 다만 각각의 단어가 '전쟁을 끝냄', '화해함', '평온함'의 결을 지니고 있을 뿐이다. 그러니까 굳이 정리하면, 종전은 정전과, 강화는 휴전과, 평화는 정화와 짝을 이룬다고 하겠다. 다시 말해, 종전은 강화나 평화보다 훨씬 작은 용어다. 성서의 표현에 기대면, 종전은 그리스어 '에이레네'에, 강화나 평화는 히브리어 '샬롬'에 상응한다고 볼 수 있다.[26] 강화협정 또는 평화협정을 맺으려면 전쟁을 끝내는 데서 성큼 나아가야 한다. 일반적으로는 '영토 확장, 채무 및 배상, 전쟁 범죄, 포로 송환, 난민 처리' 등의 요소가 담긴다.[27]

이 대목에서 우리의 관심은 다시 〈4·27 판문점 공동선언〉(2018년)으로 돌아간다. 남북 두 정상은 "**정전협정** 체결 65년이 되는 올해에 **종전**을 **선언**하고 정전협정을 **평화협정**으로 전환하며 항구적이고 공고한 평화 체제 구축을 위한 남·북·미 3자 또는 남·북·미·중 4자회담 개최를 적극 추진해 나가기로"(제3조 3항, 굵은 글씨는 필자의 강조임) 천명했다. 그러니까 문재인 대통령이 유엔총회에서 종전선언에 대한 관심을 촉구

---

26 구미정, "평화의 카이로스: 일상의 폭력 극복을 위한 기독교 윤리학적 성찰,"「신학논단」65(2011/9), 18-21 참고.

27 김재한, "정전협정과 종전선언 그리고 평화협정," 80. 물론 이 경우, '협정' 대신에 '조약'이라는 단어를 붙여도 큰 문제는 없다.

한 건 4·27선언의 후속 조치로 온당한 것이었다. '해방 75년, 한국전쟁 70년'을 맞은 2020년이 지나기 전에 종전선언만이라도 매듭을 짓겠다는 의지의 발로였다.

전쟁은 이기는 데 목적이 있다. 어느 나라도 지려고 싸우지는 않는다. 하지만 승자와 패자가 갈리지 않는 교착 상태가 계속되어 양측의 손실이 너무 크면, 어쩔 수 없이 전쟁을 일단 멈추게 된다. 이것이 정전협정이다. 정전협정이 평화협정으로 대체되지 않으면 전쟁은 언제든지 재발할 수 있다. 국제법적 규정에 따르면, 평화협정이 체결된 이후에는 선전포고가 있어야만 전쟁이 개시될 수 있으나, 정전 상태에서는 합의된 정전 기간이 끝나면 선전포고 없이도 전쟁을 재개할 수 있다.

인류 역사를 볼 때, 평화협정으로 불릴 만한 조약들은 대부분 19세기 이전에 체결된 것으로, 20세기에는 많지 않았다.[28] 두 차례 세계대전 이후 전쟁 방지와 평화 유지를 위해 국제연합(UN) 체제가 들어섬에 따라 각국의 군사력 사용이 유엔 안전보장이사회(안보리)의 제재를 받게 되었다. 그렇다고 유엔 체제 아래 맺어진 정전협정이 곧 평화협정을 의미할 수는 없다. 그래서 〈7·4 남북 공동성명〉(1972년) 이후 평화협정을 위한 노력이 줄기차게 이어진 것이 마침내 〈4·27 판문점 공동선언〉(2018년)에서 종전선언 이행 합의로 꽃을 피운 것이다.

제75차 유엔총회 기조연설에서 문재인 대통령은 "한반도의 평화는 동북아시아의 평화를 보장하고, 나아가 세계질서의 변화에 긍정적으로 작용할 것"이라며 회원국들의 관심을 촉구한 뒤, 한반도 평화의 시

---

28 앞의 글, 81; Tanisha Fazal, "The Demise of Peace Treaties in Interstate War," *International Organization*, Vol. 67 No. 4(2013), 695-724.

작은 '종전선언'임을 재확인했다.[29] 아울러 "'종전선언'이야말로 한반도에서 비핵화와 함께 '항구적 평화 체제'의 길을 여는 문이 될 것"이라는 말과 함께 "'종전선언'을 통해 화해와 번영의 시대로 전진할 수 있도록 유엔과 국제사회도 힘을 모아주길 바란다"고 호소했다.[30]

앞서 지적한 대로 평화협정이 국제법적 효력을 지닌다면, 종전선언은 정치적 의미를 내포할 뿐이다. 그렇더라도 종전선언은 평화협정으로 가는 전 단계이기에 그 가치가 절대 퇴색될 수 없다. 그러나 미국 언론은 고사하고 이 땅의 언론조차 종전선언에 대해 높이 평가하기는커녕 축소하고 깎아내리기에 바빴다.[31] 늘 그랬던 것처럼, 평화협정이 체결되면 당장에 주한미군 공백 사태가 발생하는 게 아니냐며 두려움을 증폭하는 데 앞장섰다.[32] 위협이 감지되면 "동물의 뇌들이 인간의

---

29 청와대, 문 대통령 "한반도 종전선언, 비핵화·항구적 평화 여는 문," 2020. 09. 23, https://www.korea.kr/news/policyNewsView.do?newsId=148878160. 2021년 5월 28일 접속.

30 앞의 사이트.

31 하필이면 이 민감한 시기에 월북을 시도한 남한의 민간인을 북한 측이 총격, 살해하고, 코로나 방역을 이유로 시신을 화장하기까지 한 일이 벌어져 종전선언에 찬물을 끼얹었다. 신문은 일제히 이 보도를 확대재생산하며 종전선언의 의의를 무마시켰다. 이를테면 주희연, "하태경 '文 종전선언 제안에, 北의 화답은 우리 국민 총살'," 「조선일보」, 2020. 9. 24; 최윤나, "하태경 '대통령 종전선언에 北은 우리 국민 총살로 화답," 「동아일보」, 2020. 9. 24; 이미나, "하태경 '北 연평도 공무원 총살 만행 저질렀는데 文 종전선언?'," 「한국경제」, 2020. 9. 24; 박세환, "하태경 '대통령 종전선언에 北, 우리 국민 총살로 화답'," 「국민일보」, 2020. 9. 24; 김명일, "이 와중에 종전선언? 두려움마저 느껴... 野 일제히 반발," 「한국경제」, 2020. 10. 8; 김인엽, "김종인, '종전선언은 反헌법적... 국가안위 저버려'," 「서울경제」, 2020. 10. 12 등의 논조를 볼 것.

32 보기를 들어 〈6·15 남북 공동선언〉(2001년) 당시 남한 내 수구세력들에 의해 자행된 '흠집 내기' 혹은 '죽이기' 행태가 다음의 논문에 잘 소개되어 있다. 김애영, "남북 및 동서의 갈등 현실과 화해의 신학 -오늘의 한반도 상황을 중심으로-," 「신학연구」 42 (2001/12), 특히 197-206을 볼 것.

뇌를 접수"[33]하는 법이다. 합리적인 사고, 타인에 대한 배려, 높은 수준의 문화나 도덕 따위가 들어설 여지가 없다. 하여 우리의 논의는 이제 두려움의 실체와 마주하는 문제로 넘어갈 필요가 있다.

III. 기독교와 반공주의의 밀월관계

두려움은 힘이 세다. 이 점을 잘 알기에 평화의 바람이 불 때마다 '분단 장사꾼들'이 두려움의 정치를 활용하는 것이다. 평화의 길을 지며리 걸어가려면 무엇보다도 우리 안의 두려움을 직면해야 한다. 두려움의 정치학에 앞서 두려움의 해부학이 필요한 이유다. 이를 위해 신천학살 사건을 들여다보고자 한다. 신천학살사건이란 한국전쟁이 한창이던 1950년 10월 중순부터 12월 말까지 52일 동안에 황해도 신천군에 살던 마을 주민들이 대량 살해된 사건을 가리킨다. 부녀자와 어린이를 포함해 신천군 주민 전체의 4분의 1에 해당하는 3만 5천여 명이 일제히 학살당했다.

'누가' 이런 끔찍한 만행을 저질렀던가? 정답이 있을 것 같은 질문이지만, 꼭 그렇지도 않다. 남과 북의 '공적 기억'[34]이 서로 다르기 때문이

---

33 권혜경, 『감정 조절』 (서울: 을유문화사, 2016), 63.
34 기억은 과거를 현재화하는 방법인데, 특히 집단적·역사적 기억의 경우, '있는 그대로' 기억하기란 간단한 일이 아니다. 현실(실재)은 언제나 '환상'(현실을 바라보는 프레임)을 통해 재구성되기 때문이다. 그런 이유로 '공적 기억'에 균열을 내는 것은 실체적 진실에 다가가기 위한 저항의 의미를 지닌다. 사건은 하나이지만 기억은 여럿이기에, 다양한 사적 기억을 복원하는 것은 그 자체가 투쟁이다. 우리 역사의 기억투쟁과 관련된 보기로는 이성우, "국가폭력에 대한 기억투쟁: 5·18과 4·3 비교연구," 「OUGHTOPIA」 26(2011); 박세준, "기억투쟁으로서 제주 4·3과 천도교 3·1재현운동 비교연구," 「동

다. 남한에서는 공산당이 학살 주체라고 말한다.[35] 반면에 북한에서는 미군을 지목한다.[36] 우리가 익히 아는 파블로 피카소의 그림 〈한국에서의 학살〉(1951)은 후자를 따른다. 당시 피카소가 프랑스 공산당에 가입한 상황을 고려할 때 어쩌면 당연한 일인지도 모른다. 이 일로 피카소는 미국 입국을 금지당했다. 〈한국에서의 학살〉은 피카소가 사망하고도 한참 지난 1980년이 되어서야 처음 미국 전시가 허용되었다.[37]

그렇다면 진실은 과연 어디에 있는가? '누가' 진실을 증언할 수 있을까? 황석영의 『손님』[38]이 의미를 지니는 건 이 지점이다. 작가로서 그

학학보」 55(2020) 등을 볼 것.

35 이 관점에서는 '신천학살사건'이 '10·13 의거' 또는 '반공의거'로 규정된다. 이를테면, 조동환은 9·15 인천상륙작전 직후 "공산당간부회의에서는 요시찰인─지주, 지식인, 교인, 우익계의 학생 및 교직원─들을 당원 한 명에 4명씩의 책임제로 살해할 것을 결의"하고 "적이 침공하면 반동으로 도량할 위험이 있거나 그 이상의 우익계열은 검거되지 아니한 자라도 예방적으로 모두 처단"하기로 했다고 밝힌다. 조동환, 『항공의 불꽃』 (서울: 보문각, 1957), 189-190, 474-476; 한편, 자치회 또는 치안대가 개입되었다고 해도, 이는 어디까지나 공산당의 선제 학살에 대한 정당방위의 성격을 지닌다고 변호하기도 한다. 김종문 엮음, 『구월산』 (서울: 국방부 정훈국, 1955), 특히 7-8을 볼 것.

36 1951~52년 사이에 17개국 대표들로 구성된 공산계열 단체 '국제민주여성연맹'의 조사단이 안악과 신천을 방문했다. 이후 '국제민주법률가협회'도 "코리아에서의 미군 범죄에 관한 보고서"(1952. 3. 31.)를 작성해 내놓았다. 이 두 조사는 '해리슨' 미 점령군 사령관이 주민들에게 남한으로 내려가자고 권유하면서 남아 있으면 적으로 규정한다고 포고한 뒤 실제로 남아 있던 주민들을 학살했다고 기록했다. 그러나 이 주장은 해리슨이 일개 중위라는 점, 게다가 당시 미군의 군사작전이 평양 점령에 집중되어 있어 신천군에는 두어 시간밖에 머물지 않았다는 점 등을 근거로 반박되었다. 강정구, 김종회, "종교문화적인 갈등으로 바라본 신천학살사건 ─ 황석영의 장편소설 〈손님〉론," 「외국문학연구」 42(2011), 11, 달음 1 참고.

37 우리나라에서는 미국보다 훨씬 늦게 전시회가 열렸다(2021년 5월 1일부터 8월 29일까지 예술의전당 한가람미술관). 이 그림이 세상에 나온 지 무려 70년 만의 일이다.

38 황석영의 장편소설 『손님』은 작가가 베를린에 체류하던 시절, 냉전체제 해체의 상징인 베를린 장벽 붕괴를 직접 목격하면서 구상했다고 전해진다. 2000년 10월부터 2001년

는 남북이 체제 유지를 위해 강요한 공적 기억에 균열을 낸다. 한국전쟁 중에 일어난 집단 학살은 단순히 세계사적 이데올로기의 충돌로만 설명할 수 없는 특수성이 내재해 있다. 그 특수성이란 이 땅의 근대, 곧 식민제국주의 경험과 맞물린 '손님'의 도래다. 외부에서 온 손님, 그 정체는 기독교(개신교)와 공산주의인데, 이 둘이 가장 열렬히 받아들여지고 또한 충돌한 장소가 바로 황해도 신천이었다. 작가는 그곳 출신의 작중 인물 류요섭을 내세워 '사적 기억'에 권위를 부여한다.

미국 뉴욕에서 이민 목회자로 살던 류요섭은 이산가족 고향방문단에 선정돼 꿈에 그리던 고향을 찾아가 신천박물관을 돌아보던 중, 해설원의 일장 연설을 듣게 된다.

지난 조국해방전쟁 시기 미제침략자들은 조선에서 인류력사상 일찍이 그 류례를 찾아볼 수 없는 전대미문의 대규모적인 인간살륙 만행을 감행함으로써 이십세기 식인종으로서의 야수적 본성을 만천하에 낱낱이 드러내놓았습니다. 흡혈귀 신천지구 주둔 미군사령관 해리슨놈의 명령에 따라 감행된 신천대중학살은 그 야수성과 잔인성에 있어서 제이차세계대전 시기 히틀러 도배들이 감행한 오스벤찜(아우슈비츠를 가리킴―필자 달음)의 류혈적 참화를 훨씬 릉가하였습니다. 미제침략자들은 신천에서 살아 움직이는 모든 것은 잿가루 속에 파묻으라고 지껄이면서 오십이 일 동안에 신천군 주민의 사분지 일에 해당하는 삼만 오천삼백팔십삼 명의 무고한 인민들을 가장 잔인하고 야수적인 방법으로 학살하는 천추에 용납 못 할

3월까지 「한국일보」에 연재되었다가 책으로 묶여 나왔다. 황석영, 『손님』(서울: 창작과비평사, 2001).

귀축 같은 만행을 감행하였습니다.[39]

북한의 공적 기억을 앵무새처럼 되풀이하는 해설원의 말은 류요섭의 사적 기억 앞에서 아무런 힘도 발휘하지 못한다. 체제가 가공한 기억이 '그때 그 자리에' 있으면서 '직접' 살육을 경험한 사람의 기억을 어떻게 능가하겠는가? 해설원은 의심의 싹을 잘라버리겠다는 듯이 '당시의 참극을 목격하고 살아난 동무들'까지 동원해 설득력을 높이고자 하지만, 류요섭은 넘어가지 않는다. 그때 미군은 주둔하지 않고 평양을 향해 내달렸으며, 미군이 들어오기 직전과 그 뒤 45일 동안의 후방 병력은 치안대와 청년단이 담당했음을 잘 알기 때문이다.[40]

『손님』의 이야기는 이제 황해도 신천 지역 '찬샘골'에 살았던 류요섭의 사적 기억을 중심으로 펼쳐진다. 그 전에 먼저 '황해도'라는 지역에 대해, 이른바 '서북지방'으로 불리는 이 지역과 기독교의 관계에 관해 생각해보아야 한다. 이 지역으로 말하면, 한반도 내 최초의 교회로 꼽히는 소래교회[41]가 세워진 곳이다. 그만큼 기독교 교세가 강하다.[42] 그

---

39 앞의 책, 99.

40 앞의 책, 108: 조동환의 책에도 그렇게 나온다. "그들—유엔군—은 원대로 오래 머물러 주지 않았다. 잠시 쉰 뒤에는 다시 대열을 정돈하여 패주하는 적을 추격하여 안악 쪽으로 떠났다." 조동환, 『항공의 불꽃』, 459-460. 조동환이 월남자 출신의 반공주의자였음을 고려하면, 이 기록 혹은 기억은 더 검증될 필요가 있다. 어쨌든 황석영의 『손님』은 이러한 기록에 의지했을 터이다.

41 황해도 장연군 대구면 송천리(松川里)에 세워졌다. '송천'의 순우리말이 '솔내' 또는 '소래'여서 '솔래교회' 또는 '소래교회'라고 불린다. 한국교회사에 큰 족적을 남긴 서상륜·서경조 형제가 맥켄지(William John Meckenzie) 선교사의 지도를 받아 설립했다고 알려져 있다. 그러나 설립연도에 대해서는 의견이 분분하다. 2009년 총신대학교 신학대학원 양지 캠퍼스(경기도 용인 소재) 안에 복원된 소래교회 비문에는 1883년으로 적혀 있지만, 교회사학자 민경배는 1884년 설을 제시한다. 그런가 하면 1885년 설을

의 할아버지 류삼성은 본래 마름43 출신으로서, 소래교회 설립에 도움을 준 매켄지 선교사에게 세례를 받고 나중에 목사가 되었다. 이 이력에 주목해야 하는 까닭은 한반도 서북지방에서 발원한 기독교의 성격과 기독교 지도자들의 특징을 이해하는 주요 실마리가 되기 때문이다.

『손님』의 주 무대인 찬샘골에는 대지주(상층)가 서너 명, 자작농(중간층)이 100여 명, 머슴이나 드난살이를 포함해 소작농(하층)이 90여 명 정도 어울려 살았다.44 이 가운데 '기독교 집단'의 구성원은 주로 중간층이다.45 "기러구 보니께 우리 집주인덜 가족이 다니던 광명교회에 나 겉은 사람언 한 번두 얼씬얼 못해서."46 "기독교 지도자라는 사람치구 지주 집안 아닌 사람이 있나"47라는 순남의 말은 기독교 집단의 계

지지할 만한 증거도 있다. 한편, 한국교회사의 권위자인 김양선은 소래교회가 이 땅에 세워진 최초의 교회가 아니라 '4번째 교회'라고 말한다. 이에 관한 상세한 논의는 김양선, "Ross Version과 韓國 Protestantism," 「백산학보」 3(1967), 442; 한규무, "한국 개신교 기년(紀年) 설정의 현황과 쟁점," 「한국기독교역사연구소소식」 109(2015), 34; 구미정, "김양선의 눈으로 본 이 땅 최초의 교회," 2016년 10월 8일 숭실대학교에서 열린 한국기독교역사문화학회 학술대회 자료집 참고.

42 이 땅의 기독교 수용 과정은 여타 종교의 경우와 결이 다르다. 고려의 불교나 조선의 유교처럼 처음부터 사회 지배층에서 시작되어 민간신앙으로 자리 잡은 '국교'이기는커녕 지배 질서에서 낙오한 사람들에게 소망을 주는 대안 질서로 환영받았다. 위에서 아래로, 국가 시책에 의해 하달된 종교가 아니라, 변방에 있던 민중의 요구로 수용되었다는 말이다. '서북지방'으로 일컬어지는 평안도-황해도가 기독교 수용 과정에서 적극적이었던 이유가 거기에 있을 터이다. 이에 관해서는 Chung-shin Park, *Protestantism and Politics in Korea* (Seattle and London: University of Washington Press, 2003), 26-29; 박정신, 『맞섬과 초월의 눈으로 본 한국기독교역사』 (서울: 말, 2017), 제2강; 구미정, 『십자가의 역사학』 (서울: 한가람역사문화연구소, 2021), 69 등을 볼 것.

43 지주를 대리해 소작인을 관리하던 중간층을 말한다.

44 황석영, 『손님』, 43, 125, 133 참고.

45 『손님』에서는 찬샘골에 광명교회를 세우는 주축 세력이 중간층으로 나온다.

46 앞의 책, 79.

급성과 지향성을 고스란히 노출한다. 마을 잡부로 온갖 궂은일을 도맡아 하던 순남의 눈에 기독교인들은 상층 계급에 빌붙어 하층 집단을 짓밟으며 재물과 권력과 명예를 축적하는 데 혈안이 된 속물에 지나지 않았다. 그런 순남이 인민당에 들어가 공산당원 신분을 획득하자, '지주 타파'를 외치며 기독교인들을 잡아들이는 일에 가담한 건 어찌 보면 자연스러운 흐름이겠다.

기독교 집단은 계급적 속성에서 배타성을 드러냈을 뿐 아니라 토속 신앙에도 배타적이었다. 류삼성의 개종에 얽힌 고백을 들어보자.

> 내가 조반석이 언니랑 피양 나가서 부흥회 예배 보구선 방언한 얘긴 들었지? 그길루 집에 돌아와 대할머니가 뫼시던 성줏 단지를 부세버렸다. 난 피양서 성경학교를 나와 목사 안수럴 받았다. 너이 오마니두 나허구 성경학교 함께 나온 목사 집안 딸이여. 너인 친가 외가 모두 하나님에게서 택함 받언 백성덜이다.[48]

토속신앙의 관점에서 기독교는 근대라는 시간을 타고 들어온 '손님'이지만, 이 손님은 자기 자리에 만족하지 않고 이내 주인의 자리를 탐했다. '부세버'리는 폭력이 신앙의 이름으로 정당화되는 광기 속에서 기독교 집단은 배제와 차별의 정치 공학을 밑절미로 하여 자신의 정체성을 구축했는데, 이를 가능케 한 배경에 강대국 '미국'이 있었음은 자명하다.[49]

---

47 앞의 책, 125.
48 앞의 책, 58.
49 구미정, 『십자가의 역사학』, 233-237; 한편, 최형묵은 이를 '양대인(洋大人) 의식'이라

해방기에 미국은 남한에서 이승만을 지원하며 소련과 대립했다. 그런 한편, 소련은 북한에서 김일성을 지원하며 미국과 경쟁했다. 소련을 등에 업은 김일성은 또 다른 손님인 '사회주의'를 기독교의 대항마로 삼아 자신의 권력 입지를 다져나갔다. 그가 가장 견제한 집단은 당연히 기독교 세력이었다. 김일성은 소련군과 함께 귀국하자마자 즉각적으로 "종교는 인민의 아편"[50]이라는 마르크스의 명제를 내세워 북한 지역의 핵심 지도자인 조만식 장로를 축출하고,[51] 프롤레타리아 혁명을 이룬다며 토지개혁에 착수했다. 기독교 집단의 물질적 토대를 완전히 장악해 정치세력화 조짐을 아예 막자는 계산이었다.[52]

이처럼 격변하는 조류 속에서 기독교와 사회주의라는 두 손님이 찬샘골에서 어떻게 격돌했는지가 『손님』의 주요 주제다. 앞서 순남의 말에 폭로되어 있듯이, 찬샘골에서는 전쟁 이전부터 갈등이 증폭되고 있었다. "야소교나 사회주의를 신학문으로 받아 배운 지 한 세대도 못 되

고 이름 붙인다. 양대인은 서양 선교사들의 별칭이다. 양대인을 붙좇아 자신의 힘을 확인하고 또 과시하려는 욕망은 사대주의의 변형이다. 최형묵, "한국 기독교의 보수화, 힘을 향한 부적절한 동경," 최형묵, 백찬홍, 김진호, 『무례한 자들의 크리스마스』(고양: 평사리, 2007), 72-73 참고.

50 칼 마르크스, 『헤겔 법철학 비판』, 홍영두 옮김(서울: 아침, 1988), 187. 특히 닮음 1 참고.

51 1946년에 나온 『조선중앙연감』을 보면, 그 무렵 북한에는 기독교(개신교) 교회 수가 1,400여 개요, 신도 수가 12만 명이고, 천주교 성당 수는 50여 개이며 신도 수는 5만 명으로 집계되고 있다. 반면에 불교의 경우에는 400여 개 막사에 3만 5천여 명의 신도 수를 가지고 있어, 기독교 세력의 막강한 위세를 짐작할 수 있다. 통일원, 『북한개요』 91(서울: 통일원조사연구실, 1990), 333; 박정신, 『뒤틀린 해방체제 그 너머』, 177에서 재인용. 한편, '조선의 간디'로 불린 조만식 장로가 북한에서 '이북오도인민정치위원회'를 이끈 경위 및 이 단체가 소련군과 함께 귀국해 주둔군의 지원을 받은 김일성 세력에게 밀려난 경위는 앞의 책, 178-180을 볼 것.

52 김흥수, 류대영, 『북한종교의 새로운 이해』(서울: 다산글방, 2002), 56-87 참고.

어 서로가 열심당만 되어 있었지 예전부터 살아오던 사람살이의 일은 잊어버리고" 말았다.[53]

류요섭의 형 요한을 중심으로 뭉친 기독교 집단은 김일성 세력에게 부역하는 '좌파 빨갱이'들을 악마시했다. "우리는 십자군이요 저쪽은 사탄의 무리"[54]라는 요한의 말은 이분법적 사고의 전형을 보여준다. 김일성 정권은 전쟁 직전인 1949년에 일체의 종교의식을 제한하고 반체제 목사와 신자들을 연행했다.[55] 기독교 구성원들 가운데는 자작농인 중간층이 많았던 까닭에 강제로 토지를 몰수당하는 경우가 비일비재했다. 이러한 박해를 피해 수많은 기독교인이 월남하거나 구월산[56]으로 몸을 피하거나 집에 숨어 있었다.

전쟁이 일어나니, 한동안 '빨갱이들 세상'이다가 9·15 인천상륙작전 이후 전세가 역전되었다. 미군이 북진하고 인민군이 퇴각한다는 소식이 들려오자, 요한을 위시한 기독 청년들은 미군이 황해도에 들어오기 전에 먼저 치안대·유격대 등을 만들어 봉기하기로 결의한다. 이때 인민군이 후퇴하려다 되돌아와 봉기를 진압하게 되고, 여기에 맞서 다시 기독 청년 자위대가 보복 학살을 저지른 것이 신천학살사건의 전모다.

어느 놈이 손에 철사 끄틀얼 쥐구서난 달레들두만. 철사릴 낀타불겉이 내

---

53 황석영, 『손님』, 176.

54 앞의 책, 123.

55 앞의 책, 584.

56 구월산은 구월산맥의 일부로, 황해도 은율군, 산천군, 안악군, 은천군에 걸쳐 있으며, 높이가 954미터나 된다.

코에다 꿰이넌데 아무리 정신이 없다구 해도 코빼럴 뚫어선 나르 잡아끄넝개 눈콰 얼굴이 당꺼번에 트더져나가는 거 같애서. 철사를 쥐구 톡톡 잡아댕길 적마다 얼굴이 아조 찢어지는 것 같두만.[57]

순남의 입을 통해 우리는 자위대가 '빨갱이'에게 자행한 고문의 일부를 전해 듣는다. 다른 장면에서 기독 청년 자위대는 사람들을 방공호에 몰아넣은 채 불태워 죽이고, 인민군 문화선전대 소속의 두 소녀를 괭이로 찍어 죽이며, 조선민주녀성동맹원(여맹원) 활동을 한 윤 선생을 집단강간하고 살해하는 등 야만적인 살육을 일삼았다. 이 폭력의 성격은 순남의 이어지는 증언에서 잘 나타난다. "요한이가 말했다. 이거이다 우리 하나님이 내리넌 천벌이다."[58] 찬샘골의 전쟁은 단순한 좌·우 대립에 의한 이념 전쟁이라기보다는 근본적으로 종교문화적 갈등이 빚은 비극이었음을 알 수 있다.

기독 청년 자위대 활동에 앞장선 요한의 변화는 한층 극적이다. "나와 내 동무들은 눈빛을 잃어버린 나날이 되어갔다. 눈에 빛이 없다니 그게 무슨 소리냐고. 사는 게 귀찮고 짜증이 나서 그랬다. 조금만 짜증이 나면 에이 쌍, 하고 짧게 씹어뱉고 나서 상대를 죽여버렸다."[59] 이쯤 되면 신앙은 한낱 '액세서리'로 전락하고, 하나님은 '기계적으로 소환되는 신(deus ex machina)'[60]에 지나지 않게 된다. 이렇게 『손님』은 한

---

57 앞의 책, 214.

58 앞의 책, 같은 부분.

59 앞의 책, 246.

60 '데우스 엑스 마키나'는 글자 그대로 풀이하면 '기계 장치로 내려온 신'이라는 뜻의 라틴어로, 연극 공연이나 문학 작품에서 갈등을 풀거나 결말을 짓기 위해 뜬금없이 신이 소환되는 진부한 경우를 가리킨다. 아리스토텔레스는 『시학』에서 두 사건이 연이어 발생

치 앞도 내다볼 수 없는 두려움의 극한에서 인간 내면의 광기 어린 폭력성이 어떻게 분출하는지를 밀도 있게 그려낸다.

IV. 두려움을 넘어 타자를 끌어안기

감정은 "이유 없는 에너지 분출이 아니라 주변의 대상과 사건을 관찰하면서 발생"[61]한다. 그중 두려움은, 아리스토텔레스에 따르면, 곧 닥칠지 모를 부정적인 일에 대한 괴로움과 이를 물리칠 힘이 없다는 무력감이 결합하여 발생하는 감정이다.[62] 일단 두려움에 사로잡히면 대뇌변연계 안쪽 깊숙이 자리한 아몬드 모양의 편도체가 활성화되기 때문에[63] "공격하거나 도망가는 것밖에"[64]는 다른 길이 없다. 두려움과 정치의 결합이 대부분 비극으로 끝나는 이유가 여기에 있다. 두려움의 정치는 새로운 세상을 향한 역사의 운동을 가로막는 역할을 할 때가

할 때는 후자가 전자의 필연적 혹은 개연적 결과여야 하고, 사건의 해결도 플롯 그 자체에 의해 이루어져야지, '기계 장치'에 의존해서는 안 된다고 못을 박았다. 아리스토텔레스, 『시학』, 천병희 옮김(서울: 문예출판사, 1999), 15장.

61 마사 누스바움, 『타인에 대한 연민』, 임현경 옮김(서울: 알에이치코리아, 2020), 54.

62 Aristotle, *Rhethoric*, II. 5, 1381a21-5.l; 앞의 책, 55에서 재인용.

63 편도체에 저장되는 기억은 극도의 두려움이나 공포, 분노가 자극된 것으로, 해마에 저장되는 기억과 달리 줄거리가 없고 시간과 공간 개념도 없는 게 특징이다. "전체 경험 중에서 한 부분만 맥락 없이 떨어져 나온 데다 시간적 연속성이나 공간 개념이 서로 연결되지 않고 파편화되어 저장되기 때문에, 편도체에 저장된 기억이 자극되면 그 일이 지금 당장 이 자리에서 일어나는 것처럼 경험되고 줄거리나 맥락이 사라지기 때문에 그 끔찍한 경험 속에 영원히 갇혀버린다. 이는 과거의 경험을 '기억'하는 것이 아니라, 과거의 끔찍했던 상황을 지금 이 순간에 똑같이 '재경험'하는 것이다." 권혜경, 『감정 조절』, 58.

64 앞의 책, 60.

많다. 그리하여 두려움을 극복하는 일은 단순히 심리학의 과제라기보다는 윤리학의 과제이기도 하다.

마사 누스바움(Martha Nussbaum)[65]은 2016년 미국 대선에서 트럼프가 당선되는 '기이한' 일이 발생한 맥락을 분석하며 새삼 두려움에 집중한다. 트럼프 대통령이 자신의 통제력을 확보하기 위해 기댄 수단이 다름 아닌 '두려움의 정치화'에 있었음을 통감하며 『두려움이라는 이름의 군주제: 한 철학자가 바라본 우리 시대의 정치 위기』[66]를 지었다.

이 책에서 누스바움은 두려움이야말로 생명 있는 모든 것에게 "시간순으로도 인과적으로도… 가장 기본적인 감정"[67]이라고 지적한다. 쉽게 말해, 모든 인간은 날 때부터 누구나 가장 먼저 이 감정과 맞닥뜨린다. "축축한 어둠 속에 누워… 추위와 허기, 갈증"에 시달리면서 "간신히 소리를 질러보지만 소용없"고 "이 고통에서 빠져나가려 해봐도 팔다리가 말을 듣지 않는", "완전히 무력"한 상태![68] 모든 인간의 아기는 두려움이 일상이다.

이 질곡에서 살아남으려면 자기에게 필요한 욕구를 타인이 제공하도록 만들어야 한다. 정치가 시작되는 건 바로 이 단계다. 고도의 '아기

---

65 미국 카네기 국제평화재단에서 1970년부터 격월간으로 발행하는 외교전문지 *Foreign Policy*가 선정하는 '세계 100대 지성'에 두 차례(2005, 2008년)나 선정된 학자로, 하버드대 철학과와 고전학과 교수직을 거쳐 현재는 시카고대 철학과와 로스쿨, 신학교에서 법학, 윤리학 석좌교수로 강의한다.

66 Martha C. Nussbaum, *The Monarchy of Fear: A Philosopher Looks at Our Political Crisis* (NY: Simon & Schuster, 2018). 이 책의 우리말 번역은 원제와 다르다. 위의 달음 59 참고.

67 마사 누스바움, 『타인에 대한 연민』, 42.

68 앞의 책, 47.

정치'가 펼쳐진다. 루소는 이 정치를 군주제로 파악했다. 인간의 삶은 민주주의가 아니라 군주제로부터 시작한다고 보았다.[69] 도움을 주고 받을 능력이 없는 아기로서는 자기에게 맹목적인 사랑을 퍼붓는 양육 자를 노예처럼 부림으로써 살아남는 기술을 연마할 수밖에 없다는 것이다.

누스바움은 루소의 통찰을 진지하게 받아들이면서도 거기에 머물 지 않는다. 두려움이 사실은 지독한 '자기애적 감정'이라는 데 주목한다. 아기뿐만 아니라 적과의 전투를 앞둔 군인이나 의사 앞에서 진단을 받는 환자도 마찬가지다. 관심이 온통 자기의 내부로만 쏠린다. "자신의 신체가 그들의 세상 전부가 된다."[70]

이 유치한 나르시시즘에서 어떻게 벗어날 수 있을까? 여기에 사랑이 들어선다. 사랑에 희망을 겹으로써 누스바움은 루소에게 드리워진 절망의 그림자를 걷어낸다. 사랑은 자기중심적인 자아가 두려움을 넘어 타자를 향해 나아가도록 이끄는 신비한 주술과도 같다. 기독교적 표현으로 치환하면, 사랑이야말로 인간이 뿌리 깊은 원죄, 곧 이기심과 교만에서 벗어나 구원에 이르게 하는 열쇠다.

누스바움에 따르면, 사랑을 통해 아이들은 자연스럽게 "절대 왕정에서 민주주의적 관계로의 이동"[71]을 경험한다. 이때의 사랑은 "자기중심적인 요구 이상으로 타인을 독립된 개체로 인식하는 능력, 상대가 무엇을 느끼고 원할지 상상하는 능력, 그리고 자신의 노예가 아닌 분리된 삶을 허락하는 능력… 타인의 삶을 상상하는 능력, 돌보는 사람의

---

69 장 자크 루소, 『에밀』, 이환 옮김(서울: 돋을새김, 2015) 참고.
70 마사 누스바움, 『타인에 대한 연민』, 60.
71 앞의 책, 62.

세계로 들어가는 능력"[72]과 다르지 않다.

그렇다면 아이가 타자/부모를 전인적 인간으로 인식하기 위해서는, 달리 말해 '동일자적 욕망'[73]에 삼켜지지 않고 '민주적 자아'로 다시 태어나기 위해서는 어떤 환경이 조성되어야 할까? 누스바움은 정신분석학자이자 소아과 의사인 도널드 위니컷의 연구에 기대어 '촉진적 환경'[74]의 중요성을 언급한다. 자신에게 애정 어린 돌봄이 안정적으로 제공되는 환경 속에서, 양육자가 '계속 자기 자신인 채로' 타자에게 감정 이입을 하며 타자의 요구에 민감하게 반응하는 것을 보면서 아이 역시 타인을 걱정할 줄 아는 마음을 키우게 된다는 것이다.

이러한 제안은 자칫 가정과 가족, 특히 어머니의 역할을 과도하게 강조하는 것으로 들릴 수 있다. 그러나 위니컷 자신이 두 차례의 세계대전을 겪은 장본인인 만큼, 그는 사회 전체가 촉진적 환경을 이루어야 한다는 점을 놓치지 않았다. 전쟁의 공포가 항시 일상의 안전을 위협하는 사회 분위기에서 어떻게 가정이라고 '안심 공간'이 될 수 있겠는가?

---

72 앞의 책, 62-63.
73 '동일자'란 레비나스 철학에서 "타자성을 제거하고 타자에게 '의미'를 부여하며, 그를 자신의 체계 안으로 통합하는" 존재를 가리킨다. 자기 외부에 존재하는 사람이나 사물을 자기중심으로 인식, 재편하거나 자기 사유체계로 환원시키는 주체로서, 근본적으로 타자에 대한 지배 욕망을 지닌 존재라 할 수 있다. Emmanuel Levinas, *Totality and Infinity*, trans. by Alphonso Lingis(Dordrecht·Boston·London: Kluwer Academic Publishers, 1991), 107; 권수경, "열림과 공존: 엠마뉴엘 레비나스에게서의 타자성 연구,"「프랑스학 연구」33(2005), 71-76에서 재인용.
74 이 용어는 본래 정신분석학자이자 소아과 의사인 위니컷의 책에서 나왔다. Donald W. Winnicott, *The Maturational Processes and the Facilitating Environment: Studies in the Theory of Emotional Development* (London: Karnac Books, 1965); 우리말 번역본은 도널드 위니캇, 『성숙과정과 촉진적 환경』, 이재훈 옮김(서울: 한국심리치료연구소, 2000) 참고.

개인과 정치는 분리되지 않는다. 개인의 정신 건강과 정치적 민주주의는 불가분의 관계에 있다.

『손님』이 포괄하는 주제 역시 이 명제로 수렴될 것이다. 해방 공간은 결코 '촉진적 환경'일 수 없었다. 격변하는 세계사적 흐름 속에서 갈바 모르던 인민은 아이처럼 두렵고 막막하고 무력했다. 남과 북에서 각각 자신의 입지를 구축해 나가던 지도자/아버지들은 인민을 돌볼 생각은 하지 않고 권력만 탐했다. 장기 독재를 획책하려면 두려움의 정치를 활용하는 게 빨랐다. 이런 이기적인 셈법이 한국전쟁을 낳았다. 큰 전쟁은 작은 전쟁으로 분화돼, 한 마을에서 이웃해 살던 주민끼리 서로를 증오하며 적대하고 살육하는 모양새로 나타났다. 신천학살사건은 그저 하나의 보기에 지나지 않는다. 남한에서만도 여순사건이나 제주 4·3사건 등이 줄지어 일어났다.[75] 성격은 조금씩 달라도 큰 전쟁에서 파생된 작은 전쟁이라는 데는 이견이 있을 수 없다.

정전(停戰) 상황 역시 큰 전쟁의 연장이기에 '촉진적 환경'과는 거리가 멀었다. 북한의 3대 독재는 말할 거리조차 되지 않으니 넘어간다 치자. 남한은 표면상 민주주의를 표방했음에도 속내는 전체주의로 치달았다. 이승만 정부는 국민을 '반공(反共) 기계'로 훈육하기에 바빴고,

---

75 이 사건들을 말하려면 서북청년회(혹은 서북청년단)를 언급하지 않을 수 없다. 서북청년회는 1946년 11월 30일에 결성되어, 1948년 12월 19일 대한청년단의 결성으로 해체된 대표적인 우익 청년 단체다. 이름에 나타나 있듯이 이 단체의 주요 구성 성분은 오산학교, 신성학교, 숭실학교 등에서 기독교 문화를 계승하고 월남한 '서북지역 출신' 기독교인들이었고, 같은 서북지역 출신의 월남자 목사 한경직이 세운 영락교회 학생회와 청년회가 서북청년회의 중심 세력이었다. 이 서북청년회는 남한에 단독 정부가 수립될 때까지 이승만과 정치적 협력관계를 맺고 있었으나, 여순사건 이후 점차 배제되었다가 박정희 정권이 들어서면서 정치적으로 부활했다. 이에 관한 자세한 내용은 윤정란, 『한국전쟁과 기독교』(파주: 한울, 2015), 제5장을 볼 것.

박정희 정부는 국민을 '노동 기계'로 연단하기에 분주했다.[76] 오랜 군부독재 끝에 비로소 민주화 시대가 열렸다고는 하나, 광화문 거리 집회가 말해주듯이 여전히 애국주의와 반공주의에 착종된 기독교 집단이 사회 갈등을 부추긴다.[77] 명시적인 살육만 없을 뿐, 암묵적인 적대는 여전히 현재 진행형이다.

'독재하는 아버지'를 극복한 자녀만이 새로운 세상을 열어갈 수 있는 법이다. 구약성서의 이집트 탈출기가 가르치는 게 이 진리다. 한데 광야를 건너는 이스라엘 자손들이 그러했듯이, 인간은 모순된 존재인지라 자유를 갈망하면서도 자유의 무게를 감당하기가 어려워 노예화의 유혹에 본능적으로 이끌리기 마련이다. 자신의 주체적인 욕구를 따르기보다는 독재하는 아버지의 욕망을 추종하기가 훨씬 쉽다. 이것은 '살아 있음'을 영적 차원, 곧 영원한 생명의 차원에서 규정하는 기독교 생명관에 비추면, 차라리 죽음이다.

슬라보예 지젝에 따르면, 죽음에는 두 가지 양상이 있다.[78] 하나는 '자연적인 죽음'이다. 탄생과 성장, 죽음과 부패 그리고 생태계의 순환법칙에 의한 지속적인 변형을 거치는 육체적·생물학적 죽음을 가리킨다. 다른 하나는 '절대적인 죽음'이다. 생성과 소멸, 변화라는 자연법칙을 무화(無化)시켜, 완전한 무(無)로서의 죽음에서 벗어나 새로운 생명의 형태를 획득하는 것으로, 기독교가 말하는 '영원한 생명'이 여기에

76 박영신,『어떤 국민인가?: 우리가 걸어온 산업화와 민주화의 길목에서』(서울: 여울목, 2017).

77 이상철, "한국개신교는 진정 극우적인가?: '2019년 사회 현안에 대한 개신교인 인식조사'에 대한 기독교 윤리적 비평과 성찰,"「신학연구」76집(2020), 7-38.

78 슬라보예 지젝,『이데올로기라는 숭고한 대상』, 이수련 옮김(서울: 인간사랑, 2002), 232.

해당한다. 그러니까 "밀알 하나가 땅에 떨어져서 죽지 않으면 한 알 그대로 있고, 죽으면 열매를 많이 맺는다"(요 12:24)는 말씀이 절대적 죽음의 역설을 담아낼 테다.

『손님』은 '헛것', 곧 망자(亡者)들이 완전한 죽음에 이르도록 하는 해원(解冤) 제의에 큰 비중을 할애한다. 헛것들은 대개 억울하게 죽은 원혼들로서, 이 세상(이승)의 문제를 해결하지 못해 자연적 죽음과 절대적 죽음 사이에 끼어 있다. 헛것들에게는 저 세상(저승)으로 가는 것이 구원이다. 소설에서 저승은 "니 편 내 편 없"으며 "죽고 사는 것두 없"고 "용서하고 회개하구두 없"는 곳으로 묘사된다.79 말하자면, 절대적 죽음을 통한 영원한 생명의 세계다.

헛것들을 그런 세계로 인도하는 영매 역할을 하는 이가 류요섭 목사라는 점도 눈길을 끈다. 그는 고향 방문 직전에 미국에서 숨을 거둔 형 류요한 장로의 뼛조각을 품고 신천에 왔다. 요한은 죽음을 앞두고, 오래전에 자기 손으로 죽인 순남의 헛것을 보았다. 요섭은 요한이 자신의 과거와 화해하지 않고서는 절대적 죽음에 들어갈 수 없다는 것을 직감한다. "우리가 요한이럴 데레가기 전에 갸가 죽인 사람덜이랑 풀어줄라구 기래. 죽으문 자잘못이 다 사라지디만 짚어넌 보구 가야디"80라는 순남의 말에서 해원의 첫 단계가 '짚어보기'임을 알 수 있다.

짚어본다는 것은 잘잘못을 따지자는 뜻이 아니다. 그저 서로의 이야기를 주고받자는 의미다. 살아서는 말할 수 없었던 망자의 이야기가 '공수' 의식을 통해 비로소 말해진다.81 이 과정에서 내가 아픈 만큼 너

---

79 황석영, 『손님』, 27.
80 앞의 책, 194.
81 혼령들이 산 자들을 향해 넋두리를 할 수 있게끔 샤먼이 자신의 몸을 기꺼이 내어주는

도 아팠겠다는 공감대가 형성되고, 적대의 빗장이 시나브로 풀린다. "가해자 아닌 것덜이 어딨어!"[82] 소메 삼촌의 말은 '회개'의 알짬이다. 기독교 윤리적 의미에서 회개란 자기동일적·자기확대적 폭력을 일삼던 주체가 타자를 환대함으로써 타자와 더불어 평화를 누리는 사람으로 다시 태어나는 사건을 일컫는다. 이러한 전향은 필연적으로 옛 존재, 옛 삶의 방식의 죽음을 동반한다. 이 땅에 몸 붙이고 사는 우리가 좁게는 종전선언에, 넓게는 한반도와 지구의 평화에 관심을 기울여야 하는 이유가 여기에 있다.

Ⅴ. 나가는 말

모든 일에는 다 때가 있다. 세상에서 일어나는 일마다 알맞은 때가 있다. … 사랑할 때가 있고, 미워할 때가 있다. 전쟁을 치를 때가 있고, 평화를 누릴 때가 있다(전 3:1, 8).

지금은 바야흐로 사랑할 때이다. 평화를 추구할 때이다. 완전한 통일이 어렵다면, 불안한 정전 상황이라도 당장에 끝내야 한다. '뒤틀린 분단'이 낳은 대립과 갈등, 적대와 증오로 인해 남과 북의 인민이 치러야 하는 대가가 너무 크기 때문이다.

행위는 자기를 비우고 타자를 환대하는 윤리적 태도의 절정이라 풀이할 수 있다. 김개영, "황석영의〈손님〉에 나타난 절대적 환대 윤리로서의 샤머니즘,"「이화어문논집」52 (2020), 77-100, 특히 87-88 참고.
82 황석영,『손님』, 157.

이 글은 이런 당위에서 출발해 '뒤틀린 분단 체제'를 넘어서기 위한 평화의 발걸음을 되짚었다. 특히 2018년 남북 정상회담이 이루어진 맥락과 그 후속 조치로 문재인 대통령이 제안한 종전선언의 의미를 되새겼다. 그러나 이 뜻깊은 제안은 한반도 안팎에서 큰 반향을 불러일으키지 못했는데, 이는 비단 코로나 팬데믹이 불러온 지구적 재난 때문만이 아니라 분단의 고착화로 인한 남북 간 반목과 적대의 기억이 누적된 때문이라고 보았다.

종전선언 및 평화협정이 뒷심을 받으려면 먼저 우리 안의 두려움을 극복해야 하는 것은 당연한 과제다. 이를 위하여 이 글은 두려움의 정치 공학이 빚은 비극의 현장으로 들어갔다. 황해도 신천에서 일어난 양민학살사건을 들여다보되, 남과 북의 공적 기억 그 너머에 자리한 실체적 진실에 다가가기 위하여 황석영의 『손님』을 펼쳤다. 그리하여 신천학살사건은 단순한 좌·우 이념대립이 아니라 광신적인 기독교와 전투적인 반공주의가 착종된 야만적인 폭력이었다는 것을 확인했다.

그런 연후에 두려움이라는 감정이 자기애에서 비롯된 동일자적 욕망의 표현이라는 점에 착안하여 타자를 환대하는 사랑의 윤리를 어떻게 실천할 수 있을지 모색했다. 『손님』에서 이 윤리는 무속의 도움을 받는다. 무고하게 희생된 망자들이 이승에서의 원한을 풀고 '절대적 죽음'을 맞이하기 위해서는 자기 이야기를 풀어놓는 과정이 절실히 요구되는데, 다른 합리적·이성적인 경로를 통해서는 도무지 말할 수 없기 때문이다.

무속의 손님굿을 보면, 심지어 전염병인 '천연두'마저도 '마마'라는 극존칭으로 부르며 무조건 환대하는 '미덕'이 있다. 아무리 해롭고 무서운 대상이라도 저항하거나 쫓아내려 하지 않고 정성껏 위함으로써 스스로 물러나도록 '치성(致誠)'을 쏟는다.[83] 이러한 태도를 단순히 무지몽매한 전근대적 미신으로 치부할 수 있을까? 여기에 근대의 산물인 기독교와 사회주의의 고민이 배태된다. 두 손님은 이 땅에서 곡진한 환대를 받았으나, 도리어 주인 행세를 하며 역사의 불행과 비극을 연출했다. 서구의 근대 자체가 자연에 대한 인간의, 약자에 대한 강자의, 유색인종에 대한 백인종의, 여성에 대한 남성의 폭력에 기초해 있는 한, 근대의 자장 안에서는 그러한 위계적 이분법의 폐해를 치유할 묘책이 없는 것 아닐까? 황석영의 『손님』이 무속에 기댄 데는 그러한 문제의식이 작용했을 테다.

그래서 나는 '촉진적 환경'의 고려 범위가 더 넓어져야 한다고 제안한다. 전 지구적 위기인 기후 변화와 코로나 팬데믹을 고려하면, '촉진적 환경'에 대한 우리의 염원은 민주주의(民主主義, democracy) 그 너머로 나아가야 마땅하다. 다시 말해, 지구에 몸 붙이고 사는 온 생명에게 지구라는 공유재를 누릴 권리가 골고루 부여되어야 한다. 지구의 지질학적 시간이 '인류세'[84]로 접어든 지금, 피조물 전체를 위한 촉진적 환경은 이른바 '생주주의(生主主義, biocracy)'[85]를 필요로 한다.

---

83 임재해, "굿문화의 정치 기능과 무당의 정치적 위상," 「비교민속학」 26(2004), 288.
84 인류세(人類世, Antropocene)란 인간이 지구의 지배 종(種)이 되면서 문명의 쓰레기 더미가 지층에 쌓이고 쌓여 지구의 운명에 커다란 영향을 미치는 새로운 지질학적 시대를 이룬 것을 말한다. 핵실험으로 인한 방사성물질, 플라스틱, 화석연료, 살충제, 콘크리트, 심지어 닭 뼈 등이 인류세의 퇴적층을 이룬다. 이에 관해서는 구미정, "코로나 시대에 다시 생각하는 '하나님의 형상'," 「신학연구」 76(2020/6), 84.
85 이 용어는 여러 분야의 학자에 의해 심심찮게 제안되고 있다. 한 보기로, Lynton Keith Caldwell, "Biocracy and Democracy: Science, Ethics, and the Law," *Politics and the Life Sciences*, Volume 3, Issue 2(1985/2), 137-149; K. Maly, "Biocracy in the City: A Comtemporary Buddhist Practice", *The Natural City: Re-Envisioning the Built Environment*(2011/1), 136-146 등을 볼 것. 우리말로는 '생명주권주

생주주의는 호모 사피엔스의 고질적인 자기중심주의에 도전하는 표현이다. 사피엔스는 지구라는 집에 어울려 사는 무수한 생물·무생물 종의 하나일 뿐, 결코 전부이거나 전체일 수 없다. 게다가 사피엔스는 지구에 가장 늦게 도착한 '손님'이다. 이 손님을, 지구에 먼저 와 둥지를 튼 생물·무생물들이 무조건 환대해주었다.[86] 한데 사피엔스는 농업혁명을 거치고, 과학혁명·산업혁명을 지나오는 과정에서 환대를 적대로 갚았다. 같은 '호모' 속에 속한 사촌 형제자매들을 멸종시키고, 단숨에 지구 먹이사슬의 최정상에 올라섰다. "지구에서 온갖 생명이 만개하며 축제를 벌이던 신생대의 이야기가 그 주인공 자리를 함부로 꿰찬 인간으로 인해 '슬픈 마지막'을 맞이하려 한다."[87]

이제야말로 인간이 독재하던 주체에서 민주스러운 존재로, 나아가 생명권 전체의 안녕을 추구하는 존재로 전향해야 할 때이다. 평화에 기반한 새로운 존재론은 생태적 실천을 담보하는데, 이때 필요한 것이 '상상력'이다. 미국 뉴욕에 근거지를 둔 지구윤리센터의 카렌나 고어 (Karenna Gore)[88]는 국제 정책이 만들어지는 어느 공간에서든 '세 개의

의', '생명공화주의', '생명민주주의', 혹은 '생명정치' 등 여러 번역이 혼재하나, 이 글에서는 '민주주의'와 운율을 맞추기 위해 '생주주의'로 옮겼다.

86 데리다는 '조건적 환대'(초대)와 '무조건적 환대'(방문)를 구분한다. 전자에서는 초대자인 주인이, 후자에서는 방문자인 손님이 우위를 점한다. 두려움의 정치는 후자를 경계하도록 추동하지만, 데리다에 따르면, 환대가 참으로 인간적·윤리적이기 위해서는 전자를 지양해야 한다고 경고한다. 인간과 다른 동물 종의 차이는 "동물은 단지 자기와 같은 종류에 대해서만" 환대를 베푸는 반면, 인간은 동류를 넘어서 '타자'까지 '무조건' 환대할 수 있는 존재라고 강변한다. 자끄 데리다, 『환대에 대하여』, 남수인 옮김(서울: 동문선, 2004), 49; 구미정, "내 친구의 집은 어디인가: 탈북자-이웃을 환대하기," 「현상과 인식」 41(2017/1), 46-47.

87 구미정, "코로나 시대에 다시 생각하는 '하나님의 형상'," 94.

88 미국 부통령 출신의 환경운동가로 노벨평화상 수상자인 엘 고어의 딸이다.

의자'가 있는 것처럼 상상해야 한다고 주장한다.[89] 첫 번째 의자에는 가난하고 취약한 사람들이 앉아 있다. 이들은 탄소 배출을 가장 적게 한 계층이지만, 기후 변화의 불이익은 이들에게 가장 먼저, 가장 크게 돌아간다. 두 번째 의자는 미래 세대의 몫이다. 환경오염이나 유전자 조작 등이 실질적 영향력을 나타내기까지는 시차가 존재한다. 현재 안전하다고 하여 미래에도 그러리라는 보장이 없다. 다른 말로, 현재가 미래에 대해 독재를 행사해서는 안 된다. 세 번째 의자는 인간 이외의 다른 생명체를 위한 자리다. 인간보다 먼저 창조된 피조물들도 지구에서 공동번영을 누릴 권리가 있다.

"꽃 한 송이 피어야 봄인가요, 다 함께 피어야 봄이지요." 평화 노래 부르기 운동에 앞장서고 있는 가수 홍순관의 동요다. 무간지옥과도 같은 '각자도생(各自圖生)' 사회에서 이 노래는 전복적이다. 동일자의 폭력을 극복하고 타자에게 자기를 개방하는 환대와 연대의 윤리로 우리를 초대한다.[90] 이 초대는 일차적으로 두려움을 촉발한다. 그러나 두려움에 포획되어 있다는 건 아직 사랑을 모른다는 뜻이다.

"사랑에는 두려움이 없습니다. 완전한 사랑은 두려움을 내쫓습니다"(요1 4:18). 사랑은 사건을 일으킨다. 사랑이라는 사건의 자기장 안에서 "내가 그 만남에 실질적으로 충실하고자 한다면, 나의 상황에 '거

---

89 카렌나 고어, "지구 윤리를 위한 세 개의 의자," 2020년 11월 19일 환경재단 레이첼카슨홀에서 열린 한국생태문명회의 자료집, 38-41.

90 나는 다른 글에서 이 땅에 온 탈북자에 대한 타자화의 폭력을 극복하는 방안으로 '이웃 됨'의 윤리를 제안하며 환대를 논의한 바 있다. 위의 닮음 85를 볼 것; 다문화 시대를 맞아 교회가 어떻게 이주민에 대한 환대를 실천할 것인가를 성서적으로 접근한 논문으로는 이영미, "공정한 환대를 위한 열린 마당(레호브)으로서의 교회: 구약성서신학적 고찰", 「신학연구」 73(2018/12)을 볼 것.

주하는' 나 자신의 방식을 머리끝에서 발끝까지 바꾸어야 한다."91 기독교적 의미로는 이것이 회개이며 구원이다. 구원받은 자아, 곧 하나님과 화해한 존재는 타자를 향해 두려움 없이 나아간다. 타자의 안녕과 복지를 염려하며 모든 존재가 풍성한 생명을 누리는 공동체, 곧 촉진적 환경을 조성하는 일에 헌신한다. 희망은 여기에 있다. 교회가 이러한 평화의 씨앗이 되어야 한다. 이 땅의 교회가 사랑을 통해 자기 혁명을 이루지 못한다면, 끝내 평화는 없다.

---

91 알랭 바디유, 『윤리학: 악에 대한 의식에 관한 에세이』, 이종영 옮김(서울: 동문선, 2001), 55.

참고문헌

"남북 공동선언", *Wikipidia*, https://lrl.kr/fCQg, 2021년 4월 21일 접속.

강만길.『항일독립투쟁과 좌우합작』. 서울: 한울, 2000.

강정구, 김종회. "종교문화적인 갈등으로 바라본 신천학살사건 – 황석영의 장편소설 〈손님〉론."「외국문화연구」 42호(2011), 11, 닮음 1.

고어, 카렌나. "지구 윤리를 위한 세 개의 의자." 한국생태문명회의 자료집(2020), 38-41.

구미정. "평화의 카이로스: 일상의 폭력 극복을 위한 기독교 윤리학적 성찰."「신학논단」 65(2011), 18-21.

_____. "세월호와 함께 침몰한 한국사회의 인권: 문학과 신학의 한 대화."「현상과 인식」 39(2015/5), 17.

_____. "김양선의 눈으로 본 이 땅 최초의 교회." 한국기독교역사문화학회 학술대회 자료집, 2016. 10. 08.

_____. "코로나 시대에 다시 생각하는 '하나님의 형상'."「신학연구」 76(2020/6), 84.

_____.『십자가의 역사학』. 서울: 한가람역사문화연구소, 2021.

_____.「공동선」 171호(2023), 101-102.

국립통일교육원.『2021 한반도 평화 이해』. 서울: 국립통일교육원, 2021.

권수경. "열림과 공존: 엠마뉴엘 레비나스에게서의 타자성 연구."「프랑스학 연구」 33 (2005), 71-76.

권혜경.『감정 조절』. 서울: 을유문화사, 2016.

김개영. "황석영의 〈손님〉에 나타난 절대적 환대 윤리로서의 샤머니즘."「이화어문논집」 52(2020), 77-100.

김구.『백범일지』. 서울: 동명사, 1947.

김남주.『김남주 시선집』. 파주: 창비, 2014.

김명일. "이 와중에 종전선언? 두려움마저 느껴… 野 일제히 반발."「한국경제」. 2020. 10. 8.

김양선. "Ross Version과 韓國 Protestantism."「백산학보」 3(1967), 442.

김애영. "남북 및 동서의 갈등 현실과 화해의 신학 –오늘의 한반도 상황을 중심으로-." 「신학연구」 42(2001).

김영화. "해방 후(1945. 8~1950. 6)의 문학."「백록어문」 9(1992), 247-272.

김인엽. "김종인, '종전선언은 反헌법적... 국가안위 저버려'."「서울경제」. 2020. 10. 12.

김재한. "정전협정과 종전선언 그리고 평화협정."「통일전략」18(2018), 75-81.

김종문 엮음.『구월산』. 서울: 국방부 정훈국, 1955.

김흥수, 류대영.『북한종교의 새로운 이해』. 서울: 다산글방, 2002.

김희곤.『대한민국임시정부의 좌우합작』. 서울: 한울, 1995.

누스바움, 마사.『타인에 대한 연민』. 임현경 옮김. 서울: 알에이치코리아, 2020.

데리다, 자끄.『환대에 대하여』. 남수인 옮김. 서울: 동문선, 2004.

루소, 장 자크.『에밀』. 이환 옮김. 서울: 돋을새김, 2015.

마르크스, 칼.『헤겔 법철학 비판』. 홍영두 옮김. 서울: 아침, 1988, 187.

바디유, 알랭.『윤리학: 악에 대한 의식에 관한 에세이』. 이종영 옮김. 서울: 동문선, 2001.

박세준. "기억투쟁으로서 제주 4·3과 천도교 3·1재현운동 비교연구."「동학학보」55 (2020).

박세환. "하태경 '대통령 종전선언에 北, 우리 국민 총살로 화답'."「국민일보」. 2020. 9. 24.

박영신.『어떤 국민인가?: 우리가 걸어온 산업화와 민주화의 길목에서』. 서울: 여울목, 2017.

박은식.『한국통사(韓國痛史)』. 최혜주 옮김. 서울: 지식을만드는지식, 2010.

박정신.『맞섬과 초월의 눈으로 본 한국기독교역사』. 서울: 말, 2017.

_____.『뒤틀린 해방체제 그 너머: 통일맞이 역사학』. 서울: 동연, 2019.

송강호.『평화, 그 아득한 희망을 걷다』. 서울: Ivp, 2012.

아리스토텔레스.『시학』. 천병희 옮김. 서울: 문예출판사, 1999.

오소백. "아아! 우울한 해방."「세대」4-1(1966).

위니캇, 도널드.『성숙과정과 촉진적 환경』. 이재훈 옮김. 서울: 한국심리치료연구소, 2000.

윤정란.『한국전쟁과 기독교』. 파주: 한울, 2015.

이미나. "하태경 '北 연평도 공무원 총살 만행 저질렀는데 文 종전선언?'."「한국경제」. 2020. 9. 24.

이상철. "한국개신교는 진정 극우적인가?: '2019년 사회 현안에 대한 개신교인 인식조사' 에 대한 기독교 윤리적 비평과 성찰."「신학연구」76(2020), 7-38.

이성우. "국가폭력에 대한 기억투쟁: 5·18과 4·3 비교연구."「OUGHTOPIA」26 (2011).

이영미. "공정한 환대를 위한 열린 마당(레호브)으로서의 교회: 구약성서신학적 고찰." 「신학연구」73(2018/12).

임재해. "굿문화의 정치 기능과 무당의 정치적 위상." 「비교민속학」 26(2004), 288.

정인보 외. 『해방기념시집』. 서울: 중앙문인협회, 1945.

조동환. 『항공의 불꽃』. 서울: 보문각, 1957.

주희연. "하태경 '文 종전선언 제안에, 北의 화답은 우리 국민 총살'." 「조선일보」. 2020. 9. 24.

지젝, 슬라보예. 『이데올로기라는 숭고한 대상』. 이수련 옮김. 서울: 인간사랑, 2002.

청와대. 문 대통령 "한반도 종전선언, 비핵화·항구적 평화 여는 문." 2020. 09. 23. https://www.korea.kr/news/policyNewsView.do?newsId=148878160. 2021년 5월 28일 접속.

최봉대. "전후 미국의 대한반도 정책과 분단 체제의 구축." 「사회와 역사」 13(1988), 62-94.

최윤나. "하태경 '대통령 종전선언에 北은 우리 국민 총살로 화답'." 「동아일보」. 2020. 9. 24.

최형묵. "한국 기독교의 보수화, 힘을 향한 부적절한 동경."

_____, 백찬홍, 김진호. 『무례한 자들의 크리스마스』. 고양: 평사리, 2007.

통일원. 『북한개요』 91. 서울: 통일원조사연구실, 1990.

한시준. "한국광복군 제2지대의 OSS 훈련 장소에 대한 검토." 「한국독립운동사연구」 63(2018), 179-201.

황석영. 『손님』. 서울: 창작과비평사, 2001.

Aristotle. *Rhethoric* II.

Baily, Sydney. "Cease-Fires, Truces, and Armistices in the Practice of the UN Security Council." *American Journal of International Law* Vol. 71, No. 3, 1977.

Caldwell, Lynton Keith. "Biocracy and Democracy: Science, Ethics, and the Law." *Politics and the Life Sciences* Volume 3, Issue 2(1985/2), 137-149.

Cummings, Bruce. *Korea's Place in the Sun: A Modern History.* New York: W. W. Norton & Company, 1998.

Levinas, Emmanuel. *Totality and Infinity.* trans. by Alphonso Lingis. Dordrecht · Boston · London: Kluwer Academic Publishers, 1991.

Maly, K. "Biocracy in the City: A Comtemporary Buddhist Practice." *The Natural City: Re-Envisioning the Built Environment* (2011/1), 136-146.

Nussbaum, Martha C. *The Monarchy of Fear: A Phiosopher Looks at Our Political Crisis.* NY: Simon & Schuster, 2018.

Park, Chung-shin. *Protestantism and Politics in Korea.* Seattle and London:

University of Washington Press, 2003.

Reading Eagle. June 30, 1951.

Winnicott, Donald W. *The Maturational Processes and the Facilitating Environ-ment: Studies in the Theory of Emotional Development.* London: Karnac Books, 1965.

| 3부 |

젠 더

. . . .

치유와 돌봄 모성

소외와 딜레마 속에서 피어난

강호숙 | 보수 기독교 내 젠더 문제를 푸는 코드, 성경적 페미니즘
— 젠더 정체성, 성폭력, 이혼을 중심으로
김혜령 | 여성주의 기독교윤리학의 재생산권 변증 — 인공임신중절의 전면적 허용을 중심으로
이주아 | 질문하기: 기독교의 정상 가족 이데올로기와 생물학적 모성 담론은
유일한 하나님의 질서이자 인간의 소명인가?

보수 기독교 내 젠더 문제를 푸는 코드, 성경적 페미니즘
― 젠더 정체성, 성폭력, 이혼을 중심으로*

강호숙 │ 비블로스성경인문학연구소

I. 들어가는 말

내가 총신대학교 신학대학원에 들어갔을 때, 학교는 페미니즘을 자유주의에 따라 성경의 권위에 도전하는 위험한 이념으로 간주하였다. 하지만 석·박사학위 과정을 하는 가운데, 합동 교단과 총신대가 페미니즘을 배척하는 이유는 성경의 권위를 지키려는 게 아니라 가부장적 신학과 사상을 견고히 하기 위한 것임을 깨달았다. 나는 합동 총신이 가부장적 성경 해석을 '성경적'이라고 우길 때 무척 힘들고 위태로웠다. 숱한 번뇌를 하고 갈등을 겪은 뒤에, 교회의 불공정한 처우나 성차별에 대해 문제의식을 품는 건 하나님의 형상을 입은 주체자로서 마땅

---

* 이 글은 "보수기독교 내 젠더 인식과 젠더 문제에 관한 연구: 성경적 페미니즘의 필요성을 중심으로," 「신학과 사회」 34/2(2020), 109-148에 실린 논문을 일부 수정한 것이다.

하다는 결단에 이르렀다. 그래서 총신대의 차가운 시선 속에서도 보수 교단에선 처음으로 '교회 여성 리더십'이라는 주제로 실천신학 박사학위 논문을 쓰게 되었다. 나는 보수 교단에서 페미니즘을 홀로 공부하여 페미니즘에 관해 조금 알 뿐이다. 하지만 내가 '현대사회와 여성'이라는 강의를 하면서, 성경적 페미니즘은 여성을 신앙의 주체로 세우며, 남녀 모두를 위한 균형 잡힌 성경 해석으로 나아가게 하는 인식론적 지평이요, 신학 연구의 의미를 되찾게 해준 새로운 도전이었다. 그러던 중 2016년 총신대는 7년간 강의해온 '현대사회와 여성' 과목을 '여성 안수'와 관련해 절차까지 무시하면서 폐강하며 나의 강사 자격을 박탈하였다. 이에 나는 「뉴스앤조이」를 비롯한 기독 언론과 여성 단체에 알렸고, 총신대 총장에게 성차별 관행에서 비롯된 '부당 해고'라는 내용 증명을 보냈다. 그리고 지방노동위원회와 중앙노동위원회와의 오랜 다툼 끝에 마침내 '총신대 여강사 부당 해고'를 인정받았다.[1]

그런데 내가 강의를 박탈당했던 해에 강남역 여대생 살인사건이 터졌고, 우리 사회에 페미니즘이라는 화두를 던지면서 여성의 인권과 젠더 인식에 대한 변화를 가져오는 계기가 되었다. 또한 2018년 서지현 검사의 성추행 폭로로 촉발된 '미투 운동(Me Too Movement)'은 한국교회 안에서 잠자고 있던 여성 혐오와 성차별 문제를 들여다보게 해주었다. 특히, '믿는 페미', '갓페미'와 같은 기독교 여성 모임을 중심으로 페미니즘은 가장 주목받는 이슈로 자리 잡았고, 진보 여성신학자들을 중심으로 기독교 페미니즘과 젠더에 관한 포럼과 저술이 활발하게 이루

---

1 이용필, "총신대 강호숙 박사 '부당해고' 재심도 인정," 「뉴스앤조이」, 2016. 12. 1, https://www.newsnjoy.or.kr/news/articleView.html?idxno=207599. 2018년 5월 30일 접속.

어지기도 하였다.[2] 젠더 이론은 페미니즘 사상을 통해, 여성사나 여성 비평, 여성 심리 등 1970년대의 여성 중심적 연구가 점차로 여성과 남성 모두를 포함하는 젠더 관계 연구로 이동하면서, 1980년대에 역사학, 인류학, 철학, 심리학, 자연과학 분야에서 시작되었다.[3] 『젠더연구』를 쓴 크리스티나 폰 브라운(Christina von Braun)과 잉에 슈테판(Inge Stephan)은 새로운 변화의 물결과 더불어 자유와 정의, 해방의 이념을 살리고자 노력하는 모든 사람에게 젠더는 "문제를 푸는 하나의 열쇠"라고 말했다.[4] 한국여성정책연구원에 따르면, 2017년에서 2019년 사이 20만 명 이상의 동의를 얻은 청와대 국민 청원의 40%가 젠더 이슈였으며, 그 가운데 여성 폭력 이슈가 63%로 가장 많았다.[5] 게다가 텔레그램 'N번방'이라는 디지털을 통한 미성년자 성 착취 범죄가 발생하면서, N번방 사건 재발 금지 3법이 대표 발의되기도 하였다.[6] 그런데

---

2 기독교 페미니즘과 관련한 국내 연구로는 강남순, 『페미니즘과 기독교』(파주: 동녘, 2017); "근대성, 기독교, 그리고 페미니즘의 관계에 대한 비판적 고찰," 「신학과 세계」(2002), 44, 470-494; 백소영, 『페미니즘과 기독교의 맥락들』(서울: 뉴스앤조이, 2018), 기독교와 젠더연구로는 최혜영, "초기 기독교에서의 여성의 지위와 젠더 변환," 「여성과 역사」 23(2015), 245-269; 하희정, "식민시대 기독교 젠더 담론 구성과 한국교회의 대응: 1920-30년대를 중심으로," 「한국교회 사회학지」 39(2014), 93-138 등이 있다.

3 크리스티나 폰 브라운 외, 『젠더연구』, 탁선미 외 옮김(서울: 나남, 2002), 96-97.

4 앞의 책, 5-7.

5 한국여성정책연구원, "지난 2년, 20만 명 이상 동의 얻은 국민 청원 40%가 젠더이슈, 그중 여성폭력 이슈 63%로 가장 많아," KDIW (52), 2019. 9. 3, https://www.kwdi.re.kr/publications/kwdiBriefView.do?idx=124629. 2020년 3월 20일 접속.

6 임병도, "'n번방 사건' 서지현 검사의 호소 "함께 분노해주십시오"," 「아이엠피터 뉴스」, 2020. 3. 24, http://www.impeternews.com/news/articleView.html?idxno=48926; 최덕규, "백혜련 의원, 'N번방 사건 재발 금지 3법' 발의," 「뉴스앤조이」, 2020. 3. 24, 2020년 3월 24일 접속.

2017년 한국기독교목회자협의회(한목협)의 신앙 인식 변화에 대한 발표에 따르면, 여성 안수 의견에 관한 답변은 5년 새 10% 이상 증가(52.9% → 69%)하였고, 젠더 문제인 이혼, 낙태, 혼전 성관계, 간음, 동성애 등에 관한 질문에 대해선 60.1%가 상황에 따라 가능하다는 긍정적인 응답 결과가 나왔다.7 요는 페미니즘을 배운 젊은 여성들의 젠더 인식이 높아졌다는 의미로서 젠더 문제에 대한 변화가 일어나고 있음을 알려주는 것이다. 현대 사회는 페미니즘의 영향으로 여성의 주체성과 젠더 평등 실현을 염원하는 가운데, 젠더 문제에 대해 실정법을 발의하며 적극적인 목소리를 내고 있다. 이처럼 페미니즘의 렌즈 없이는 자유와 정의 및 해방 이념에 기반한 젠더 인식과 젠더 문제 풀기는 사실상 불가능하다.

그런데 문제는 한국기독교총연합회(이하 '한기총')를 비롯한 보수 기독교8의 페미니즘에 대한 거부 속에서 젠더 문제를 푸는 편협한 접근 방식이다. 작금의 보수 기독교는 페미니즘을 '거짓 인권', '거짓 평등', '거짓 사상'으로 배척하고 있다. 또한, 사회와 인간을 형성하는 요소인 젠더와 이로 인해 발생한 젠더 문제를 무시하고,9 오로지 '반동성애'로만 쏠려 '정죄와 혐오의 진원지'가 되고 있다. 실례로, '한기총'은 여성가족부의 양성평등 기본계획이 성 소수자(LGBTQ)를 옹호하는 정책이

7 이승규, "한목협, 신앙 의식조사 결과," [온라인자료] v.media.daum.net. 2017년 12월 29일 접속.
8 본 연구에서는 보수 기독교를 한기총(76개 교단과 16개 단체)을 비롯한 한동협(한국교회동성애대책협의회), 한국교회연합(한교연), 한국장로교총연합회(한장총)에 속한 일명 보수신학(개혁주의, 근본주의, 일부 복음주의)을 지키는 교단으로 지칭하고자 한다.
9 백상현, "교회 해체 노리는 젠더 이데올로기 엄습... 연합해 대처해야,"「국민일보」, 2018. 3. 2, https://news.kmib.co.kr/article/view.asp?arcid=0923909924. 2018년 5월 30일 접속.

라 하여 '차별금지법'을 반대하는 성명서를 내었고, '성평등' 대신에 '양성평등'이라는 용어를 사용하라고 압박하였다.10 그러나 보수 기독교가 '젠더 감수성'은 전혀 없이 페미니즘을 부정하면서 '양성평등'을 주장하는 건 어불성설이다. 그렇기에 이 글은 보수 기독교 내 여성신학자의 견해와 신학적 물음의 바탕 위에, 여성의 경험과 관점이 반영된 '성경적 페미니즘' 없이는 여성의 인권과 성평등을 이룰 수 없으며, 성차별과 성폭력 등과 같은 젠더 문제를 풀 수 없다는 문제의식에서 출발한다. 보수 교단에 속한 여성신학자에 의해 성경적 페미니즘이 제시된다면, 남녀가 서로의 견해와 관점을 나누면서 젠더 이슈와 젠더 문제에 대해 실제적인 적용을 모색할 수 있을 것이다. 그러므로 이 글은 다음 네 가지 물음을 가지고 개진하려 한다. 첫째, 페미니즘을 거부하는 보수 기독교 내 젠더 인식 수준과 젠더 문제는 무엇일까? 둘째, 성경적 페미니즘의 정의(definition)와 성경적 페미니즘 해석의 기준과 방식은 무엇이며, 성경에서 젠더는 어떻게 나타나는가? 셋째, 슬로브핫의 딸들(수 27:1-11), 레위인의 첩 사건(삿 19-21장), 사마리아 여자(요 4:3-30) 본문에 대한 성경적 페미니즘의 성경 해석과 가부장적 성경 해석의 젠더 인식은 어떻게 다르며, 평가와 적용은 무엇일까? 넷째, 성경적 페미니즘의 필요성과 과제는 무엇인가이다. 이 글을 통해 보수적인 성경관을 가지고도 얼마든지 페미니즘 해석을 할 수 있다는 인식적 전환이

---

10 크리스천월드, "동성애 반대 1000만인 전 국민 서명운동 전개할 것," 2014. 12. 5, 「크리스천월드」, http://www.christianworld.or.kr/news/articleView.html?idxno= 163; 이현주, "한기총 동성애 반대 1천만 서명운동 전개," 「아이굿뉴스 기독교연합신문」, 2014. 12. 9, http://www.igoodnews.net/news/articleView.html?idxno= 44139; 오원석, "기독교계(한기총)는 여가부에 '성평등'반대… '동성애' 포함이라서," 「기독인뉴스」, 2018. 1. 10. http://www.kidokin.kr. 2018년 5월 25일 접속.

일어나길 바라며, 보수신학 내 소외 분야였던 페미니즘 성경 신학과 젠더 신학 연구의 초석이 마련되고, 아울러 젠더 문제 해결 및 여성의 인권과 젠더 정의(gender justice), 인간성 회복이라는 기독 신앙의 목표를 재확인할 수 있길 기대해본다.

II. 가부장적인 보수 기독교 내 젠더 인식의 수준과 젠더 문제

1. 여성의 인권과 페미니즘 그리고 젠더 연구의 관계

근대 페미니즘 사상을 체계화한 영국의 계몽사상가 메리 울스턴크 래프트(Mary Wollstonecraft)는 1792년에 출간한『여권의 옹호』라는 책에서 여성도 남성과 동등하게 교육받아야 한다는 주장을 펼쳤다. 여권 운동의 이슈 중 가장 넓은 연대로 주목받은 것은 무엇보다도 참정권 요구였다.[11] 1981년 UN에서 발효된 '여성 차별에 관한 협약(CEDAW)' 은 여성 차별을 인권 침해의 대표적 행위로 규정한 여성의 권리장전이며, 여성 지위 보호를 위해 체결된 가장 중요한 협약이다. 이 협약은 앞서 채택한 '여성차별철폐선언'[12]과는 달리, 가입국의 의무 조항과 법

---

11 이남희, "여성주의 역사와 젠더 개념의 등장,"『젠더와 사회』(파주: 동녘, 2019), 23-30.
12 '여성차별철폐선언'은 1967년 여성 차별 문제만을 별도로 다룬 최초의 문서로서 유엔 총회에서 만장일치로 채택되었다. 윤상민, "형사법의 여성 차별 극복,"「중앙법학」13/1(2011), 87-119.

적 구속력이 부여되어 본격적인 여성 차별 철폐 입법이 이루어지는 계기가 되었다.[13] 국내의 페미니스트 운동은 1987년 이후의 민주화 과정, 특히 6월 민주항쟁을 거치며 법과 제도를 통해 국가 정책으로 추진될 수 있는 성평등 의제를 제시하였다. 2000년대 이후에 대중적 페미니즘 담론은 개인의 일상적 삶에서 체감하는 차별과 억압을 정치적인 문제의식으로 상승시키고, 젠더 정의(gender justice)의 실현을 요구하는 정체성 정치의 흐름을 보여주었다.[14] 후기구조주의(post-structuralism)[15]는 이성에 의해 고정된 젠더 정체성 담론을 비판하면서, 개인의 정체성이 고정적 범주인 젠더, 인종과 종족, 성적 지향성에 의해 동질적 정체성의 범주로 귀결되는 데에 회의를 불러왔다.[16] 1990년대 이후, 젠더와 다른 사회적 기제들을 연결하여 사유하는 문화주의, 교차이론, 퀴어 이론 등이 젠더 분석의 주류가 되었다.[17] 제3의 물결 페미니즘의 이론적 근거를 마련한 학자로 손꼽히는 주디스 버틀러(Judith Butler)는 정신분석과 언어철학 등 다양한 이론적 자원을 동원해 섹스/젠더 이분법과 궁극적으론 정체성 정치를 해체하고, 개인으로 존재할 수 있는 사회를 모색하였다.[18] 지난 20년간 미국 젠더 연구의 핵심 문

---

13 앞의 논문, 89.

14 황정미, "젠더 관점에서 본 민주화 이후의 민주주의 - 공공 페미니즘과 정체성 정치,"「경제와 사회」114/6(2017), 17-51.

15 후기구조주의란 구체적 실재나 추상적 관념과도 다른, 양자를 중재하는 제3의 질서인 언어를 본떠 만들어진 구조를 통해 인간의 문화를 이해할 수 있다고 주장하는 20세기 초반부터 중반까지 유럽에서 발달한 지적 운동을 일컫는다. 대표 학자로는 자크 데리다, 미셸 푸코, 질 들뢰즈, 주디스 버틀러, 자크 라캉, 장 보드리야르, 쥘리아 크리스테바 등이 있다. "탈구조주의," Wikipedia, https://lrl.kr/fCLY. 2019년 11월 25일 접속.

16 크리스티나 폰브라운 외, 『젠더연구』, 94-95.

17 앞의 책, 80-85.

18 "주디스 버틀러 읽기," [온라인자료] m.search.daum.net. 2019년 11월 24일 접속.

제는 젠더의 사회적 구성, 젠더와 억압, 젠더 정체성, 가족과 계급, 인종과 문화, 과학과 철학, 민주주의 정치와 법의 차이였다.[19] 여기서 젠더 인식과 젠더 문제를 푸는 데에 젠더와 권력, 젠더와 언어의 관계를 살펴볼 필요가 있다. 이는 종교와 철학, 믿음과 사유, 감정과 이성을 구분하기 시작한 것은 셈어 알파벳과는 달리, 그리스 알파벳이 모음을 사용했다는 사실과 연관이 있기 때문이다. 예를 들어, 중세 학자들은 문자로 표기된 언어를 '부어(Vatersprache)'로 불렀으나, 구술 언어는 '모어(Muttersprache)'라고 불렀는데, 이로써 논리적인 부어(父語)가 학문적 담론을 지배하고 남성의 사유가 신체적 결정을 주도하면서, 남성의 몸은 '정신'이고 여성의 몸은 '육체'로 상징되는 젠더 질서가 자리 잡게 되었다.[20]

2. 보수 기독교가 페미니즘을 거부하는 이유와 부정적 영향

보수 기독교가 페미니즘을 거부하는 표면적인 이유는 포스트모더니즘의 영향으로 등장한 여성신학이 성경의 권위에 도전했다고 간주하면서 비롯되었다. 특히 합동 교단이 페미니즘을 "신학계와 교회를 무너뜨리는 불온하고 위험한 이념"이라고 보는 데에는 총신대학교 총장이었던 고(故) 김의환 박사가 만든 '여성 안수=동성애'라는 프레임 때문이었다. 그는 페미니즘 신학으로 촉발된 여성 안수를 동성애와 엮

---

19 크리스티나 폰브라운 외,『젠더연구』, 28, 94-95.
20 Jan Assmann, *Das kulturelle Gedächtnis, Schrift, Erinnerung und politische Iden-
tität in Frühen Hochkulturen* (München: Verlag C. H. Beck, 1999), 267을 앞의
책, 29-35에서 재인용.

음으로써, '여성 안수 반대'가 곧 보수 신학의 최후 보루인 양 신학적 분위기를 조장하였다.[21] 아울러 보수 교단에서 주장하는 '남성 머리론'은 여성의 존재나 역할에 관한 성경 본문을 해석하는 데에 '창조 질서'나 '남녀 질서'의 원리로 자리매김되어왔다. 특히 디모데전서 2장 9-15절에 근거하여, '머리(케팔레)'를 '대표', '권위', '다스림'이라는 의미로 해석하여 남녀의 주종관계를 확정하여 여성의 주체성과 리더십을 인정하지 않게 되었다. 하지만 보수 기독교가 기독교 페미니즘을 거부하는 속사정은 '성경의 권위'라는 명분에 감춰진 '가부장주의'다. 보수 기독교는 교회의 과반수를 차지하는 여성들이 당하는 성차별, 성희롱, 성폭력과 같은 젠더 문제엔 전혀 관심 없이 남성에게 유리하도록 성경을 선택적으로 사용하고 있다.

실례를 들자면, 2015년에 헌법재판소가 내린 '간통죄 위헌'이라는 판결에 대해서 십계명에 명시되어 있음에도 침묵했으나, 2019년 헌법재판소의 '낙태죄 위헌' 판결에 대해서는 성경에 명시되지 않았음에도 십계명을 들어 여성에게 낙태죄를 물어야 한다고 주장했다. 또한 2019년 총신대 교수들의 성희롱 발언이 터져 언론들이 보도한 바 있었는데, ○○ 교수를 옹호하는 한국교회언론회는 "성희롱에 대한 뚜렷한 기준이 없이, 과학적 근거를 들어 성 이야기한 것을 희롱으로 몰아선 안 되며… 급진적 페미니즘 대신 성경적 가르침이 필요하다"라는 어처구니없는 논평을 낸 데에서도 알 수 있다.[22] 교회의 젠더 권력 구조 안에서

---

21 김의환 박사는 총신대 총장 재임시, 「신학지남」 1996년 가을호(통권 제248호), 1997년 봄호(통권 제250호)를 통해 연수를 불허한다는 글을 펴낸 바 있다. 김의환, 『도전받는 보수신학』(서울: 서광문화사, 1970)을 참조하라.
22 최승현, "총신대생들, 교수 5명 '수업 중 성희롱' 발언 공개," 「뉴스앤조이」, 2019. 11.

발생하는 성차별과 성추행에 대해 이의를 제기하면, '페미니즘', '젠더 이데올로기'라는 가상의 적을 상정하여 '악(惡)'으로 규정하고 배척하고 있다. 이는 페미니즘을 통해 여성의 인권과 남녀평등의 정신을 깨우친 여성의 주체적인 인식과 저항을 사전에 차단하여 '가부장주의'를 오히려 강화하려는 것이다. 이쯤 되면 페미니즘이 교회를 파괴하는 게 아니라, 페미니즘을 거부하는 가부장주의가 오히려 여성들과 젊은 사람들을 교회 밖으로 내몰고 있다고 보는 게 맞다. 한국교회의 주류라고 자처하는 보수 기독교가 페미니즘과 젠더를 어떻게 인식하며 젠더 문제를 어떤 방향으로 풀어나갈 것인가는 교회의 존립과 복음의 실현을 위해서 매우 중요한 과제다.

III. 성경적 페미니즘(biblical feminism)과 성경 속 젠더

1. 성경적 페미니즘의 정의(definition)와 성경적 페미니즘 해석의 관점과 방식

'성경적 페미니즘'은 복음주의 학자 고(故) 존 스토트(John Stott)가 일레인 스토키의 『페미니즘의 옳은 점』이라는 책을 소개하면서 사용한 용어다. 그는 "페미니즘은 유행을 좇는 교회들이 세속적 시류로 무시해 버릴 수 없다. 페미니즘은 창조와 구속, 사랑과 정의, 인류애와 사역에 대한 것

18, https://www.newsnjoy.or.kr/news/articleView.html?idxno=225763; "총신 성희롱 교수들 두둔한 교회언론회,"「뉴스앤조이」, 2019. 11. 25, https://www.newsnjoy.or.kr/news/articleView.html?idxno=225840. 2019년 11월 25일 접속.

이다"라고 규정하였다. 나는 스토트가 엘레인 스토키의 말을 빌려, "성경적 페미니즘의 기원을 종교개혁으로 보며 그 신학적 토대를 규정한다"[23]라고 한 말에 주목하게 된다. 이는 복음주의 학자인 스토트가 성경적 페미니즘의 기원을 종교개혁에 두고 있기 때문이다. 종교개혁은 성직자 중심주의에서 벗어나 하나님의 형상을 입은 모든 사람은 평등한 제사장이 될 수 있다는 인간 본연의 존엄과 가치를 되살린 '인간성 회복 운동'이었다. 특히 종교개혁 운동 가운데서 의미 있는 일은 모든 사람이 인식의 주체자로서 성경을 읽을 수 있도록 자국어로 번역하는 일에 총력을 기울였다는 점이다. 그러니 보수 기독교 안에서 여성의 성경 읽기는 21세기 종교개혁 정신을 실현하는 매우 의미 있는 일이라 하겠다. 이 글에서는 성경적 페미니즘을 "페미니즘에 담겨 있는 '여성됨이 곧 인간 됨'이라는 인식을 바탕으로, 여성이 주체성과 대표성을 갖고서 '성경과 여성', '여성과 교회', '남녀관계'를 읽어내려는 여성주의 관점"이라고 정의를 내리려 한다.[24] 단, '성경적 페미니즘'은 보수 신학자 웨인 그루뎀(Wayne A. Grudem)이 평등주의와 페미니스트를 비판하면서 사용한 '복음주의 페미니즘(Evangelical Feminism)'과는 구별됨을 밝힌다.[25]

성경적 페미니즘 해석은 '여성주의 인식론(feminism epistemology)'이라는 관점을 사용하려 한다. 여성주의 인식론은 여성의 경험과 입장

23 존 스토트, 『현대사회 문제와 그리스도인의 책임』, 정옥배 옮김(서울: IVP, 2005), 375-376.
24 강호숙, 『성경적 페미니즘과 여성 리더십』 (서울: 새물결플러스, 2020), 12-21.
25 Wayne A. Grudem, *Evangelical Feminism and Biblical Truth: An Analysis of More Than 100 Disputed Questions* (Washington D.C.: Crossway, 2012)를 참조하라.

을 탐구하려는 여성주의 관점으로서, **첫째**, '누가 아는가?(who)'라는 인식 주체의 문제, **둘째**, '무엇을 아는가?(what)'라는 인식 대상의 문제, **셋째**, '인식 주체가 인식 대상을 어떻게 아는가?(how)'를 묻는 여성주의적 관점이다.26 이에 성경적 페미니즘에 접목하는 여성주의 인식론적 물음은 **첫째**, 성경을 읽는 주체가 '여성'이라는 것, **둘째**, 여성의 입장과 경험에 기초하여 하나님과 여성, 그리스도 복음과 여성, 교회와 여성을 읽어내는 인식론적 물음이며, **셋째**, 인식의 원천과 권위가 여성에게 주어진다는 대표 해석권자로서의 물음이다. 이 외에도 성경적 페미니즘 해석에는 여성학과 사회학, 윤리학과 인류학, 심리학과 철학 등 모든 분야와 연계한 다원적인 성경 해석 방법이 포함되며, 1980년대 초반 페미니즘 성경해석의 '제2의 물결'의 실제적 창시자로 알려진 여성신학자 엘리자베스 쉬슬러 피오렌자(Elisabeth Schüssler Fiorenza)의 가부장적 성경 해석에 대한 의심의 해석학도 참조할 것이다.27 그렇다면 성경적 페미니즘 해석과 기독교 페미니즘 성서 해석의 다른 점은 무엇일까? 굳이 언급하자면, '보수적 성경관'에 있다고 하겠다. 『성경해석학 개론』을 저술한 안토니 티슬턴(Anthony C. Thiselton)은 피오렌자를 페미니즘 해석에서 가장 영향력 있는 목소리를 낸 인물로 소개하면서도, 그녀가 언급한 의심의 해석학이 '성경이 계시 자체'라든지 혹

---

26 이상화, "여성주의 인식론에 대한 비판적 성찰," 『한국여성철학』 (파주: 동녘, 2019), 41-78.

27 피오렌자는 "기독교 페미니스트 신학과 성서 해석은 기독교 복음이 여성 제자들과 그들이 행한 것이 회상되지 않는다면 선포될 수 없다는 것을 재발굴하는 과정에 있다"라고 하면서, 성서 해석 논의의 핵심을 기존의 가부장적 성경 해석에 대한 의심의 해석학에 두었다. Elisabeth Schüssler Fiorenza, *In Memory of Her: A Feminist Theological Reconstruction of Christian Origins* (New York: Crossroad Publishing Company, 1994), 26-36을 참조하라.

은 '가치중립적 실증주의'라는 관점을 거절했다고 평가하였다.[28] 송인규 교수도 페미니스트들의 해석학적 책략은 성경의 권위를 인정하지 않는 방향으로 고착되었다고 말한다.[29] 이처럼 보수 기독교와 복음주의는 진보 여성신학자들에 의한 기독교 페미니즘이 성경의 권위를 인정하지 않는다고 오해한다.[30] 따라서 이 글에서 사용하는 성경적 페미니즘 해석의 관점과 기준은 비록 남성들이 성경을 기록하였으며 기록 당시 가부장 문화의 옷을 입었다는 것은 부인하지 않으나, '보수적 성경관'에 기반하여 성경 속 페미니즘 가치와 젠더 변혁적 요소들을 찾아 오늘날 젠더 문제와 연결하여 해석해볼 것이다.

2. 성경 속 젠더: 하나님의 형상과 젠더 정체성

1) 성경에 나타난 젠더

이 글에서는 성경 속 남녀 모두에게 해당하는 젠더의 특징을 세 가지로 살펴보겠다. **첫째**, 남녀 모두는 하나님의 형상을 입은 존재로서의 특징을 갖는다. 하나님의 형상에 대한 해석으로는 남녀가 '통치권'을 갖고 있다고 보는 경향이 많다. '파트너(partner)'라는 단어는 앵글로-불어 'parcenter'의 '동반 헤드십(co-headship)'을 가리키는 말에서 파생된 것처럼,[31] 남성과 여성은 인간 됨의 요소로서 서로 연결된 왕적

---

28 안토니 C. 티슬턴,『성경해석학 개론』, 김동규 옮김(서울: 새물결플러스, 2009), 423-447.

29 송인규, "여성의 위상: 영미 복음주의 내의 지형도,"『페미니즘 시대의 그리스도인』(서울: IVP, 2018) 64-65를 참조하라.

30 John P. Hoffmann, et al., "Gender, religious Tradition and Biblical Literalism," *Social Social Forces* 86(2008), 1245-1272.

통치자요 파트너들이다. **둘째**, 남녀 모두 예수 그리스도의 제자요, 그리스도의 몸이다. 17세기 교육학의 아버지로 불리는 코메니우스(J. A. Comenius)는 하나님의 형상을 '범유기체론(panorgania)'과 '범지혜(pan-sophia)' 그리고 '범조화'와 연결하였다. 그러면서 교회란 하나님과 관련된 모든 인간 지혜의 조화로운 연합 공동체로 보았다.[32] 여기서 유기체 교회란 사도신경에서 '성도가 서로 교통하는 것'을 신앙고백하듯, 남녀 모두 주체성과 대표성을 갖는 제자와 증인으로서, 각자의 은사에 따라 사랑과 '하나 됨'을 실현하는 지체로서 이해된다. **셋째**, 성경은 여성에 대해 열려 있으며, 예수는 유대 가부장 사회에서도 여성을 무시하거나 차별하지 않은 페미니스트였다는 점이다. 구약성경은 불임은 하나님께 달려 있다고 알려주며, 여성을 가부장 시대의 한계를 넘어서 인간 상호 화평의 나라를 실현해야 할 하나님 나라를 위한 일원으로 소개한다. 그 정점에 바로 예수 그리스도가 계신다. 레너드 스위들러(Leonard Swidler)는 "예수는 남녀평등을 지지하며 향상하기 위해 노력할 뿐 아니라, 사회적 통념과 관습에 저항했다는 의미로 본다면, 페미니스트"라고 칭할 수 있다고 하였다.[33] 또한 예수의 몸에 향유를 부은 마리아의 행위를 '기념하라'라고 선언한 것(마 26:6-13) 역시 여성에게 부여된 '대체 불가한 복음'임을 말해준다.

31 Christopher J. H Wright, *Old Testament Ethics for the People of God* (Downer Grove: IVP, 2004), 121.

32 요한 아모스 코메니우스, 『빛의 길』, 이숙종 옮김(서울: 여수룬, 1999), 162.

33 레너드 스위들러, 『예수는 페미니스트였다』, 이성청 옮김(서울: 신앙과지성사, 2017), 35.

2) 하나님의 형상과 젠더 정체성

하나님의 형상과 젠더 정체성의 관계를 가장 잘 나타내는 성경은 창세기 1장 27절 "하나님이 자기 형상 곧 하나님의 형상대로 사람을 창조하시되 남자와 여자를 창조하시고"이다. 독일 성서공회 개역 성경은 "하나님이 하나님의 형상으로 남자와 여자에게 말씀하셨음이 강조된 점이 중요하다. 이렇게 둘이 하나인 가운데서만 사람은 하나님의 형상 전체이다. 또, 그런 상태로만 사람은 창조 세계 안에 있는 하나님의 청지기로서 그 책임을 다할 수 있다"라고 해설한다.[34] 미로슬라브 볼프(Miroslav Volf)는 인격적인 하나님을 설명하려면 젠더 외엔 방법이 없다고 하면서, 삼위일체와 젠더 정체성의 관계를 논하였다.[35] 그에 따르면, 삼위일체와 십자가 교리에서 젠더 정체성에 관한 사유가 가능한 이유는 **첫째,** 인간은 평등한 존엄성을 지닌 환원할 수 없는 젠더의 이원성 속에서 존재하기 때문이고 **둘째,** 성으로 구별되는 몸에 기초한 젠더 정체성의 구성은 양방향으로, 즉 남성에서 여성으로, 여성에서 남성으로 이루어지기 때문이며 **셋째,** 각각의 젠더 정체성은 그 자체로 '타자의 정체성' 없이는 존재할 수 없기 때문이라는 것이다.[36] 여성해방을 지향하는 후기구조주의 페미니즘의 시각으로 보는 정체성 이론은 기독교 전통의 하나님 형상에 대한 인간 이해가 여성을 '타자화'하고 배제해왔음을 비판한다. 후기구조주의 페미니즘 시각은 보편적·총체적 인간 개념으로서 "하나님의 형상"의 가치를 무시하진 않지만, 인간 실존의 억압과 개별성, 우연성과 다양성의 문제를 포괄함으로써 하

---

34 독일성서공회해설 개역한글판(1997), 대한성서공회, 9.

35 미로슬라브 볼프, 『배제와 포용』, 박세혁 옮김(서울: IVP, 2018), 267-271.

36 앞의 책, 299-301.

나님 형상으로서 신학적 인간학의 지평을 넓히려 노력하였다.[37] 그러므로 보수 기독교에서도 하나님의 형상과 젠더 정체성에 관한 열린 논의가 필요하다.

IV. 성경적 페미니즘 성경 해석과 가부장적 성경 해석과 비교 및 평가: '슬로브핫의 딸들'(수 27:1-11), '레위인의 첩 사건'(삿 19장-21장), '사마리아 여자'(요 4:3-30)

이 글에서는 성경(text) 속 페미니즘 가치와 젠더 요소를 찾아 기존의 가부장적 성경 해석과 성경적 페미니즘 성경 해석을 오늘날 젠더 정체성, 성폭력, 결혼과 이혼이라는 젠더 문제(context)의 관점에서 비교와 평가 및 적용을 해볼 것이다.[38]

1. 슬로브핫의 딸들(민 27:1-11): 젠더 정체성과 젠더 역할을 중심으로

1) 가부장적 젠더 인식과의 비교

데니스 올슨(Dennis T. Loson)은 슬로브핫 다섯 딸 사건을 동등성과

---

37 김정숙, "후기구조주의 페미니즘 시각에서 본 주체성 문제와 신학적 인간학에서 말하는 하나님 형상의 의미,"「한국조직신학논총」16(2018), 157-187.

38 이 글에서 가부장적 성경 해석이라 함은 젠더 정체성과 젠더 역할, 땅의 권리, 결혼과 이혼, 가족 체계, 여성의 성(sexuality)까지도 남성이 통제하고 판단하는 해석이라고 규정한다. 가부장적 성경 읽기 주석으로는 칼빈 주석, 매튜 헨리 주석을 참고하였다. 그 이유는 보수 기독교 안에서 이들의 성경 주석은 오늘날에도 지대한 영향력을 행사하고 있다고 보기 때문이다.

젠더를 현안 주제로 부각한 것이라고 말한다. 그는 "본문에서 슬로브핫의 딸들을 옹호하는 결정은 성경적 내러티브 세계에서 여성의 지위를 높이 올렸고, 이 여성들은 과감성의 모범이며, 이들이 속한 전통과 하나님과 역동적인 관계의 연료 공급을 받는 신실의 모범"이라고 해석하고 있다.[39] 반면 칼빈은 "남자 상속인이 없을 때, 하나님께서 딸들에게 우선권을 주었으나 이것은 예외이며, 일차적으로 가족의 대를 잇는 데는 남자들만 인정하셨으며, 그리하여 일반적인 [가부장] 질서를 유지하였다"[40]라고 해석함으로써, 여전히 남자의 상속권을 강조하였다. 또한 칼빈은 "원래의 상속인(남성)이 성(性) 때문에 배격된다면 이는 극히 부당하다"라면서, 남자의 상속권이 젠더(gender) 우위에 있어야 함을 강조한다. 매튜 헨리 역시 "은혜의 언약을 통해 기업의 몫 분배에 있어 남녀 차별은 없지만, 슬로브핫의 딸들이 청원한 것은 아버지를 진정으로 존경했기 때문이며, 자녀들은 부모의 은혜를 기억하고 갚아야 할 빚이 있다"[41]라고 해석함으로써, 슬로브핫 딸들의 생존권과 하나님과의 관계성을 간과하고 있다. 이처럼 칼빈과 매튜 헨리는 하나님 약속의 확실성이 슬로브핫 딸들의 요청으로 이루어졌다는 것을 무시하며, 슬로브핫 딸들의 청원을 '사사로운 유익'에 의한 행동이거나 '부모에 대한 공경' 정도로 평가절하하여, 여성이 권리를 요구하여 남성과 동등하게 상속권을 취하는 것을 용납하지 않는 해석을 하였다.

---

39 데니스 올슨, 『현대성서주석 민수기』, 차종순 옮김(서울: 한국장로교출판사, 2000), 256-257.

40 존 칼빈, 로버트 K. 루돌프 엮음, 『칼빈 원서: 구약성경주석 6』, 박문재 옮김(고양: 크리스찬다이제스트, 2012), 205-207.

41 매튜 헨리, 『매튜헨리주석 전집』, 원광연 옮김(고양: 크리스찬다이제스트, 2008), 330.

하지만 WBC 성경 주석은 이 단락을 신학적으로 재산법이라는 분야에서 여성의 법적 지위가 인정된 것으로 해석한다.[42] 구약학자 왕대일도 "오랫동안 가부장 사회와 관행에 상속권 인정에 쐐기를 박는 이야기다. 가부장 문화권의 엄격한 관습 속에서도 딸들의 지위와 권리를 보장하는 새로운 소리가 미세하나, 확실히 울려 퍼지고 있다"[43]라면서 젠더 인식적 해석을 하였다. 본문은 구약의 규정이 고대 서아시아의 여러 법전에 비해서 딸의 권리에 대해 비교적 보수적이었던 시대적 상황에서 볼 때, 딸들도 아버지 유산 상속을 받을 수 있다는 가르침은 구약에선 찾아보기 매우 드문 사건이다.[44] 이는 하나님의 명령으로 이스라엘 자손에게 공적으로 엄중히 선언된 '판결의 율례'가 이뤄졌기 때문이다(11절). 슬로브핫 딸들의 사연을 들은 하나님은 "슬로브핫 딸들의 말이 옳다"라고 말씀하고 있다. 그런데 여기서 "옳다"(כֵּן/캔)라는 의미는 단순히 '맞다' 정도가 아니라 하나님이 슬로브핫 딸들의 주장을 '정당하다' 또는 '의롭다'고 여기셨다는 것이며, 이로써 가부장 사회 이스라엘 내, 여성 입장의 '공평'과 '젠더 정의'가 드러난 의미로 해석할 수 있다.

2) 젠더 정체성과 젠더 역할 관점에서의 평가

가부장적 성경 해석은 남자만 가문을 잇거나 지도자가 되어야 한다는 선입견에 치우쳐 여성의 권리와 역할을 배제하고 축소하고 있지만, 하나님이 여성을 지으신 분이라고 한다면 여성도 하나님과의 관계 속에서 주어지는 복을 누릴 권리가 있다는 것은 당연하다. 가부장 질서가

---

42 필립 J. 버드, 『WBC 성경주석 민수기 5』, 박신배 옮김(서울: 솔로몬, 2004), 497-498.
43 왕대일, 『100주년 성서주석』 (서울: 대한기독교서회, 2007), 579-591.
44 앞의 책, 581-591.

곧 '신적 질서'로 자리매김하고, 여성은 아버지, 남편, 아들에 의해 정체성과 역할을 규정 받음에도, 모세와 같은 지도자와 제사장과 족장들 그리고 회중 앞에 나아가 요청함으로써, 딸에게 상속하라는 '판결의 율례'가 규정되기까지 슬로브핫 딸들의 용기 있고 대담한 도전은 가히 젠더 혁명적인 사건이라 할 수 있다. 이에 본문을 젠더 정체성과 젠더 역할 관점에서 평가하자면 **첫째**, 슬로브핫 딸들의 청원이 여성의 주체성과 대표성을 갖는다는 의미로 볼 때, 젠더 정체성과 젠더 역할에 큰 전환점을 보여준 것이라고 평가하게 된다. 여기서 슬로브핫 딸들은 어디서 그런 용기가 났을까 질문해볼 수 있다. 그 당시 결혼과 상속은 현재와 미래 후손을 먹여 살리기 위한 필수 요소였으므로, 아마도 아버지인 슬로브핫의 영향이 컸을 것으로 추정된다.[45] 슬로브핫의 딸들이 모세 앞에서 아버지의 삶을 변증하는 모습을 보면(27:3-4), 슬로브핫의 딸들에게 지파의 존속도 중요했지만 결혼과 상속과 관련하여 여성의 권리를 주장하도록 아버지에게 가정교육을 받았을 가능성이 컸을 것으로 유추할 수 있다. **둘째**, 슬로브핫의 딸들의 문제 제기가 가부장적 규례와 질서를 깰 수 있었던 것은 모세가 보여준 열린 신관과 겸손의 리더십이 큰 역할 했음을 평가해볼 수 있다. 만일 모세가 하나님께 사연을 품지 않았더라면(27:5), 슬로브핫 딸들은 가부장적인 사회문화적 체제 안에서, 남성 두령들과 아버지 형제들의 진노와 반대에 부딪혀 더 극한 상황에 내몰렸을 가능성이 크다. 하지만 지도자 모세가 남성적 신관과 가부장적 여성관에 갇히지 않고 열린 마음과 겸손한 리더십을

---

45 Catherine Clark Kroeger et al., *The IVP Women's Bible Commentary* (Downers, Grove, Illionois: InterVarsity Press, 2002), 77.

보여줬을 때, 가부장적인 젠더 선입견에서 벗어나 젠더 평등한 인식을 할 수 있다는 통찰을 보여준다. **셋째**, 여성으로서 젠더 정체성과 젠더 역할에 도전하는 일은 남성의 하나님을 넘어 여성의 하나님을 보여주는 것이며, 공의롭고 더 크신 하나님을 경험하게 된다는 점이다. 슬로브핫 딸들의 사연을 들은 하나님께서 "그들의 말이 옳으니 너는 반드시… 그들에게 돌릴찌니라"(7절)라고 하신 말씀에서, 성 편견과 사회문화적 한계를 뛰어넘는 공의의 하나님을 보게 된다. 아울러 슬로브핫 딸들의 청원으로 제정된 새로운 율례의 판결은 이스라엘 내 자식이 없거나 형제가 없는 사람에게까지 혜택의 범위가 확대되는 것을 보여준다(27:9-11).

2. 레위인의 첩(삿 19-21장): 성폭력을 중심으로

1) 가부장적 젠더 인식과 비교

필리스 트리블(Phyllis Trible)은 본문을 "또 하나의 테러의 본문(texts of terror)"이라고 하면서, "레위인 첩이 성폭행당하고 살해당한 사건이 발단되어 피비린내의 내전과 궐이 난 베냐민 지파를 위해 600명 여성을 또다시 성폭행하는 그야말로 더는 악화할 수 없을 만큼 최악의 상황으로 막을 내리고 있다"라고 해석한다.[46] 이와는 반대로 매튜 헨리는 "레위인의 첩이 행음하고 남편으로부터 도망침"이라는 표제를 달면서, "그녀가 남편에게 거만히 행하거나 경멸하여 그로부터 떠났다. 아버지가 이런 딸을 받아들이고 환대한 것은 옳지 못한 일이다"라고 해석한

---

46 트렌트 C. 버클러, 『WBC 성경 주석 사사기 8』, 조호진 옮김(서울: 솔로몬, 2011), 931.

다.47 또한 "만일 왕이나 사사가 있었다면 그녀는 음행한 여자로서 기소되고 죽음에 처했을 것이다. 하지만 그는 첩과 화해하기 위해 긴 여행의 수고를 기꺼이 감당한다. 레위인은 온유함과 관대함을 지녔다. 레위인의 이런 모습은 하나님이 음행한 이스라엘에 행하셨던 일이다"(호 2:14)라면서 레위인을 의인으로 해석하고 있다.48 또한 "이 여자의 비극적 종말을 통해 우리는 음란죄를 징벌하시는 하나님의 의로운 손길을 볼 수 있다"라고 하였다. 이어서 "레위인이 아내의 시체 조각을 보냈는데, 이는 사건의 신실성을 확실하게 입증하고 자신의 원통한 심정을 더욱 강렬히 호소하고자 하였다. … 실로의 장로들이 아버지들을 설득하여 신부감을 얻은 일은… 이미 벌어졌으므로 어쩔 수 없이 유효한 일이었다. 왕이신 하나님을 찬양할지어다"라고 하면서 해석을 마무리하였다.49 매튜 헨리의 해석을 보면, 사사기 19-21장에 나오는 모든 성폭력과 토막 살인의 원인을 모두 "레위인의 첩이 음행한 탓"으로 돌려 레위인을 의롭고 온유한 사람으로 보면서 성폭력엔 전혀 관심조차 없다는 것을 알 수 있다. 이처럼 사사기 19-21장에 대한 기존의 가부장주의 성경 해석의 특징은 "이스라엘에 왕이 없었기 때문에 사람이 각각 그 소견에 옳은 대로 행하였다"(21:25)에만 초점을 맞추어, 성폭력의 잔인성과 가부장적인 악과 관습을 인지하지 못하는 해석이 대부분이다.50

---

47 칼빈이 사사기 주석을 하지 않았기에 매튜 헨리의 주석만 참조하였다. 매튜 헨리, 『매튜 헨리주석: 사사기』, 정충하 옮김(고양: 크리스찬다이제스트, 2009), 603.

48 앞의 책.

49 앞의 책, 615-642.

50 유연희 박사는 사사기 21장에 대한 전통적인 해석이나 강해 자료나 설교를 보면, '하나님의 자비로운 구속 경륜', '베냐민을 위한 배려', '인간의 기분대로 행한 징벌'이라는 영

그렇지만 클린턴 맥켄은 사사기 19장 1절과 21장 25절의 "그때에 이스라엘에 왕이 없었더라"라는 상용구를 단순히 왕정이나 다윗 왕조를 지지하기 위한 구절로 보기엔 무리가 따른다고 말한다. 그는 "사사기의 '점진적인 쇠퇴 양상은 여성에 대해 폭증하는 폭력, 즉 최악의 상황'을 보여준다면서, 예나 지금이나 사회를 병들게 하는 죄악은 '여성학대'에서 시작되는 법"이라고 결론 내린다.[51] 매튜 헨리가 모든 문제의 원인을 첩의 '행음'으로 본 대신에, NRSV는 이 구절을 70인역의 '화가 나서'라는 번역을 따랐고, 최근에 대다수 학자도 '짜나(זנה)'라는 히브리어를 '행음하다'로 보기보다는, 레위인 첩이 남편에게 '화가 나서' (feel a dislike for) 집을 나간 것으로 보는 해석을 지지한다.[52] 또한 트리블은 매튜 헨리가 레위인을 온유하다고 본 것과는 전혀 다르게, 문 앞에 쓰러져 아침을 맞이하는 첩의 모습을 통해 레위인의 무자비함과 무정함이 강조되는 것으로 해석하였다(19:27-30).[53] 이 사건은 개인의 성범죄와는 달리 공동체의 환대 문제와 연결되어 있는데, 그 당시 여성들은 레위인의 첩처럼 언제든지 희생당할 수 있었다. 성폭행 사건은 단독 사건으로 끝나지 않고 집단적 학살이나 지파 간 전쟁으로 확산하면서 공동체의 갈등을 증폭시키고 있다.[54] 기브아 노인이 레위인을 환대하

적인 해석을 함으로써, 본문 속에서 여성 비하적이고 남성을 포함한 희생자에게 주의를 기울이지 않는 경향이 있다는 것을 지적하였다. 유연희, "사사기 21장 모로 읽기: 야베스와 실로의 딸을 기억하며,"『성폭력, 성경, 한국교회』(서울: 기독교문서선교회, 2019), 90-114를 참조하라.

51 제이 클린턴 맥캔,『현대성서주석: 사사기』, 오택현 옮김(서울: 한국장로교출판사, 2010), 215-236.

52 박유미,『네러티브로 읽는 사사기』(서울: 새물결플러스, 2018), 332-334.

53 P. Trible, *Texts of Terror: Literary-Feminist Readings of Biblical Narratives* (Philadelphia: Fortress, 1984), 80-81.

기 위해 불량배들에게 딸과 첩을 증여하려 했던 사례는 당대의 가부장 체제에서 어떻게 딸들이 증여의 대상으로 외부인에게 공급되었는지에 대한 가부장권의 절대성을 보여주는 실례이다.[55] 사사기 19-21장은 젠더 권력과 성폭력, 강제 혼인, 남성의 환대를 위해 성적 수단이 돼버린 여성들, 윤간, 토막 살인, 여성 납치와 강제 혼인 등 어느 것 하나 그냥 쉽게 넘어갈 수 있는 부분이 없다. 왜 사사기 저자가 이런 잔인한 일련의 모습들을 자세하게 기술하였는지 여성의 관점에서 해석해보면, 본문은 '가부장제에 의한 성폭력'에서 벗어나 하나님의 세상을 향한 목적과 인간 특히 여성을 존중하는 것이 '공평과 정의'를 이루는 것임을 알려주려는 의도로 읽힌다.

2) 성차별, 성폭력 관점에서의 평가

낸시 보웬(Nancy R. Bowen)은 남녀노소, 전쟁과 강간의 문제, 현대의 성폭력과 강제 결혼, 데이트 폭력, 결혼 내 강간과 폭력 등을 성경 연구와 설교의 주제로 삼지 않고 침묵하는 건 억압적인 가부장제 전통과의 공모요, 조용한 폭력이라고 말한다.[56] 이에 성차별과 성폭력의 관점으로 평가하자면, **첫째**, 사사시대에 남성들이 '각자 옳은 대로' 여성을 희생양 삼아 불의를 행한 것처럼, 성차별과 성폭력 의제를 무시하는

---

54 박유미, "성폭력 개인의 문제인가 사회적 문제인가?: 구약의 여성 성폭력-전쟁의 패턴에 대한 연구,"「구약논단」24/4(2018), 125-155.

55 차정식,『성서의 에로티시즘』(서울: 꽃자리, 2013), 41.

56 Nancy R. Bowen, "Women, Violence and the Bible", in Engaging the Bible in a Gendered World, *An Introduction to Feminist Biblical Interpretation*, ed., Linda Day and Carolyn Pressler(Louisville/London: Westminster John Knox Press, 2006), 192.

기존의 가부장적 성경 해석은 젠더 이슈와 젠더 문제를 더욱 어렵게 만든다는 점이다. 게다가 성차별과 성폭력은 결국 남성 자신에게도 쓰라린 결말을 맞게 한다는 교훈을 알려준다. **둘째**, 레위인의 무자비한 성격과 젠더 성향은 맞물려 나타나며, 성차별적 담론이 강화된 가부장 사회일수록 성폭력에 쉽게 노출되어 인간성을 잃어버리게 된다는 점이다. 앨리스 P. 매튜스(Alice P. Mathews)는 젠더에 쏟는 관심은 신분, 인종, 계급, 문화 등 사회적인 요인들과 연결되어 있어서, 젠더의 차이가 과장되면 인간성을 이루지 못한다고 피력하였다.[57] 교회 지도자의 성격과 자라온 환경, 젠더 성향과 젠더 인식은 신앙과 도덕적인 결정에 왜곡과 편견을 불러오며, 성희롱과 성폭력으로 이어지면서 결과적으론 공동체에도 해악을 끼치게 된다. **셋째**, 성폭력 피해자 여성의 소리를 외면하면서 '왕'의 출현이나 하나님에 대한 신앙으로만 접근한다면, 남성들의 불의와 성폭력을 덮으면서 공의로운 하나님을 놓치게 된다는 점이다. 자기 소견에 옳은 대로 행했던 사사시대가 영적으로 어두웠던 이유는 이스라엘의 남성 지도자들이 여성을 성적 수단화하여 짓밟았고, 피해 여성의 울부짖는 외침을 '음소거'한 채, 남자끼리 논의하고 전쟁하면서 이스라엘 하나님의 거룩하신 이름을 더럽혔기 때문이다. 오늘날에도 여전히 보수 기독교는 성경이 말하는 악의 논의에서 여성의 관점과 피해 여성의 소리를 배제한 채 더 큰 악의 결과를 자초하고 있다.

---

57 앨리스 P. 매튜스, 『여성을 위한 설교』, 장혜영 옮김(서울: 새물결플러스, 2016), 42-45.

3. 사마리아 여자(요 4:3-30): 이혼을 중심으로

1) 가부장적 젠더 인식과 비교

가부장적이며 전통적인 해석은 사마리아 여자의 도덕성에 문제를 제기하며, 예수를 진지한 대화로 끌어들이는 사마리아 여자의 능력에 대해서 의구심을 표한다.[58] 칼빈은 예수가 사마리아 지역으로 가서 복음을 전한 것은 아주 '우발적인 일'이고 사마리아 여자를 만난 것은 실제로 목이 마르셨기 때문이라고 해석하면서,[59] 사마리아 여자가 전한 그리스도의 복음을 별로 대수롭지 않게 여기고 있다. 매튜 헨리는 사마리아 여자가 예수의 은혜로운 말씀을 트집 잡고 존경하지 않으며, 농담 거리로 삼는 건 정당하지 못하다고 비판한다. 그는 "사마리아 여자의 행실이 불결하고 정절을 지키지 못해 이혼당했을 수도 있다"라고 하였다.[60] 칼빈은 "'네 남편을 불러오라'는 말씀은 여자가 조롱과 비아냥거리는 걸 보고, 그녀의 죄를 지적하여 깨닫게 함으로써 양심에 충격을 가하신 것이며… 이 여자는 여러 번 이혼으로 음탕한 여자로 낙인찍히자, 결국 창기로 전락하고 말았다"라고 해석한다.[61] 그는 제자들이 예수가 사마리아 여자와 대화하는 걸 "이상하게 여겼다"(4:27)라는 부분에 대해서도, "제자들은 여자의 초라한 행색을 보고 당혹스러웠을 것

---

58 게일 R. 오데이, 『여성들을 위한 성서주석』, 이화여성신학연구소 옮김(서울: 대한기독교서회, 2012), 157-161.

59 존 칼빈, 『칼빈주석: 요한복음』, 박문재 옮김(고양: 크리스챤다이제스트, 2012), 140-141.

60 매튜 헨리, 『매튜헨리주석: 요한복음』, 박문재 옮김(고양: 크리스챤다이제스트, 2006), 139-149.

61 앞의 책, 143-152.

이다"라는 식으로 해석해버린다.[62] 이처럼 매튜 헨리나 칼빈의 가부장적 해석은 유대 사회의 이혼에 대한 권리가 전적으로 남편에게 있었기에 여성의 결혼과 이혼은 불리할 수밖에 없는 상황임에도,[63] 사마리아 여자에 대해 '결혼에 실패한 사람'이라거나 '음탕한 여자'라고 보면서, 여자의 결혼사가 복잡한 이유를 사마리아 여자 탓으로만 돌리는 가부장적 해석을 하였다.

하지만 이는 칼빈과 매튜 헨리의 가부장적 편견이 반영된 것일 뿐, 예수는 결혼사나 결혼의 유무로 여자를 판단하지 않았던 것으로 보인다.[64] 아울러 본문은 제자들이 부재한 상태에서 사마리아 여자의 증언으로 전달된 본문임을 살필 수 있어야 한다. 즉, 사마리아 여자와 예수의 대화는 제자들이 부재한 상황에서 사마리아 여자밖에 모르는 '대화 사건'이었다. 해서 이런 본문을 해석할 때는, 피오렌자가 "매체가 곧 메시지"[65]라고 말한 것처럼, 예수와의 만남을 최초로 전달한 사마리아 여자의 처지와 관점에서 해석할 수 있어야 한다. 특히 먹을 것을 사고 돌아온 제자들이 예수가 사마리아 여자와 대화하는 모습을 "이상히 여겼으나"라는 부분에서, '따우마조(θαυμάζω)'라는 동사는 '기이히 여기다', '깜짝 놀라다'는 의미의 단어로, 주로 예수께서 초자연적인 기적을 베푸실 때나 하나님의 '현현(theophany)'을 나타낼 때 쓰인 단어임에 주목할 필요가 있다.[66] 사마리아 여자가 전한 복음은 그 당시 종교인들이

---

62 앞의 책, 165-166.

63 메리 에반스, 『성경적 여성관』, 정옥배 옮김(서울: IVP, 1992), 48-49.

64 게일 R. 오데이, 『여성들을 위한 성서주석』, 159.

65 Elisabeth Schüssler Fiorenza, *In Memory of Her: A Feminist Theological Reconstruction of Christian Origins*, introduction, XIV.

66 복음서에서 'θαυμάζω'가 나오는 본문은 다음과 같다. 마 8:10, 27; 9:8, 33; 21:20;

여성에게 가차 없는 정죄와 심판의 율법을 들이댄 것과는 반대로, 동정과 연민을 통해 인간의 부르짖음과 고통에 응답하는 현실적 구원을 보여주었다. 이것은 예수가 이 땅에 오신 목적이었다. 예수께서 유대 사회 당시에 이름 없고 소외당한 사마리아 여자를 만나주심으로, 여성이 받아들인 그리스도의 복음을 전달하게 하신 것은 가부장적 고정관념과 통념을 초월한 하나님의 현현 사건이요, 여성을 인격적 주체로 환대해준 혁신적인 복음이라고 해석할 수 있다.

2) 결혼과 이혼의 관점에서 평가

윌리엄 바클레이(William Barclay)는 "유대 랍비가 공적으로 여자와 말하는 게 금지되어 있음에도, 결혼생활에 하자가 있던 여자와 대화했다는 것은 예수가 국적과 유대 관습의 교리 장벽까지 깬 놀라운 이야기다. 본문은 복음적 보편성의 시작을 보여준다"라고 평한다.[67] 따라서 결혼과 이혼의 관점으로 평가하자면 **첫째**, 본문은 결혼생활에 하자가 있는 사마리아 여자를 만나주심으로 유대 사회의 성별에 의한 종교적·사회적·도덕적 차별의 옛 질서를 타파하고, 하나님의 형상을 입은 존재로서 회복되는 하나님 나라 구원의 새 질서를 드러냈다는 점이다. 신약학자 차정식 교수에 따르면, 그리스-로마 사회에서 이혼은 대부분 경제력을 주도한 가부장이 여성을 버리는 방편으로 오용되었고, 그 과정에서 희생당하는 대상은 연약한 아내들이었다.[68] 이것으로 미루어

27:14/ 막 1:27; 5:20; 6:51; 10:32; 14:33; 15:5; 16:6, 14/ 눅 1:21, 63; 7:9; 8:25; 11:14; 20:26; 24:12, 41/ 요 5:20, 28; 7:15 등을 참조하라.

67 William Barclary, *The Gospel of John Volume 1* (Philadelphia: The Westminster Press, 1975), 1146-1151.

볼 때 사마리아 여자가 결혼과 이혼을 반복한 것은 '생존권' 때문이라는 걸 유추할 수 있다. 이처럼 예수 그리스도의 '아비투스(habitus)'는 결혼과 이혼을 반복할 수밖에 없었던 여자의 억울한 처지를 공감하고 감싸며 보듬어주신 것이며, 세상의 불의와 불평등을 허물기 위함이었다.[69] 둘째, 예수와의 대화는 사마리아 여자의 신앙 성숙은 물론, 결혼과 이혼의 트라우마로부터 치유를 경험하는 하나님 은총의 선물이 될 것이라는 점이다. 사마리아 여자의 개인 일탈로만 보았던 가부장적 해석은 예수가 남편에게 일방적으로 연이어 버림받은 여자의 절망적 삶과 고통의 현실을 구원하기 위해 만나러 오신 '성육신적 복음'을 놓쳤다. 예수는 사마리아 여자의 불행한 결혼 현실에 찾아오셔서 동정과 연민을 통해 인간의 부르짖음과 고통에 응답하며 구원의 선물을 베푸셨다. 따라서 주님을 만난 사마리아 여자의 결혼생활은 더는 '트라우마'나 '악순환 고리'가 아니라, 하나님의 은총 안에서 치유와 회복의 삶으로 이어지게 하는 현실 구원의 생수요, 선물이라고 평가할 수 있다.

---

68 차정식, 『성서의 에로티시즘』, 27.

69 '아비투스'는 부르디외가 사용한 개념으로 아리스토텔레스가 사용한 'havitude'(습관) 과 'ethos'(실천적 가치) 그리고 'hexis'(육체적 성향)를 결합한 의미로 사용된다. 김호경, "불평지명(不平之鳴) – 차별이 불의한 이유,"「기독교사상」1월호(2015/통권 제 673호), 16-22.

V. 젠더 문제에 대한 현실적 적용: 젠더 정체성, 성폭력, 결혼과 이혼

1. 젠더 정체성의 현실적 적용

작금의 보수 기독교 안에서는 '여성 안수 기도'를 했다는 이유만으로도 강의가 박탈되는 일이 벌어지고 있기에, 슬로브핫 딸들이 상속권을 요청한 사건은 그 당시나 오늘날에서도 여전히 압권이다. 슬로브핫 딸들의 본문은 여성으로서 젠더 정체성과 젠더 역할에 도전하는 일은 남성의 하나님을 넘어 여성의 하나님을 보여주는 것이며, 공의롭고 크신 하나님을 경험하는 일이라는 통찰을 준다. 칼빈이 중세의 주장과 달리 여성도 하나님의 형상 회복을 입었다고 주장하면서, 성령의 은사, 예배, 성찬의 참여 모두에서 남녀에게 주어졌다고 강조한 것은 성과 젠더에 닫힌 시대였던 16세기 시대보다 진보한 여성관을 보여주었다고 평가할 수 있다.[70] 하물며 오늘날 21세기는 페미니즘과 젠더 이슈의 부상으로 하나님의 형상과 젠더 그리고 기독 신앙과 젠더 윤리, 성경과 젠더에 관한 관심이 높아졌기에, 16세기 칼빈의 가부장적 성경 해석은 시대에 맞게 재평가될 필요가 있다. 기독교 심리학자 메리 스튜어트 밴 르우윈(Mary Stewart van Leeuwen)은 젠더 정체성에 대한 인식과 자유는 하나님의 형상을 반영하는 중요한 측면이라고 하면서, "남녀는 생식이라는 최소한의 젠더 역할을 제외하고는, '상보성' 가운데

---

70 심창섭, "성숙한 시대의 감각으로 재조명되어야 할 칼빈의 여성관," 「기독교교육연구」 2월호(1991), 96-97.

창조, 다스림, 사회성, 성령의 열매, 정의와 평화, 자유를 실천해나갈 수 있다"라고 하였다.[71] 젠더 정체성이 중요한 이유는 성적 자기 결정권을 기본으로 하여, 인간 개인의 정체감 발달과 하나님에 대한 신앙과 인간관계의 형성 그리고 젠더 역할에 대한 인식과 관념의 기초가 되어, 궁극적으론 하나님의 형상을 반영하기 때문이다. 모세 당시에 남자들만이 취한 상속권을 슬로브핫 딸들이 연대하여 당당하게 요구하여 얻어냈다고 한다면, 남녀평등과 인권을 중요하게 여기는 21세기 현대 교회에서도 여성들이 연대하여 여성의 정체성과 역할에 대해 주체적으로 당당히 주장해야 할 것이다. 또한 슬로브핫 딸들로 인해 새로운 '판결의 율례'인 상속법이 제정되었으므로, 여성의 대표성을 인정하는 교회 직제와 교회법도 마련되어야 한다.

2. 성폭력에서의 현대적 적용

몇 년 전 안희정 전 충남도지사가 유죄 선고를 받은 뒤, 류영재 판사의 "성폭행 피해자의 진술 신빙성 판단과 사실 인정론"이라는 판결문의 등장으로 피해자에 대한 성 인지 감수성에 관한 관심이 높아졌다. 성 인지 감수성은 1990년대 중반 주로 서구 사회에서 성적 불평등을 해소하기 위한 각종 정책의 주요 근거와 기준으로 제시된 개념이다. 성 인지 감수성 안에는 헌법 원리의 충돌, 권력 이동의 역사가 응축되어 있다.[72] 최순양 교수는 포스트 페미니즘 이론가인 가야트리 스피박

---

71 메리 스튜어트 밴 르우윈, 『신앙의 눈으로 본 남성과 여성』, 김수지 옮김(서울: IVP, 1999), 72.
72 [온라인자료 백과사전] m.search.daum.net. 2019년 4월 6일 접속.

(Gayatry Spivak)의 '없는 존재처럼 간주된 여성들의 소리', 즉 "서발턴은 말할 수 있는가?"라는 견해를 소개하면서, 교회가 사회보다 성폭력 피해자에게 2차, 3차 가해를 하는 장소가 될 수 있음을 우려하였다.[73] 교회 내 성폭력은 목회자가 종교적인 특수성이나 자신의 권위를 남용하여 강제적, 유혹적, 종교 체험을 빙자하거나 교육이나 상담에 의한 그루밍 성폭력 등으로 나타난다. 나는 보수 기독교에서 성폭력이 빈번히 일어나는 원인이 가부장적인 교회 직제와 의사결정 구조체계에 따른 성차별적 관행과 성문화, 남성 중심의 성경 해석과 젠더 인식의 결핍 때문이라고 생각한다. 그러므로 보수 기독교는 페미니즘과 성 인지 감수성을 비롯하여, '기독 신앙과 젠더', '젠더 윤리학' 등 젠더 평등하고 창의적인 젠더 신학 연구와 함께 남성 목회자들과 교인들에게 체계적인 성희롱, 성폭력에 관한 교육을 해야 한다. 또한 교단 차원에서 성폭력 대응 매뉴얼을 만들고, 성범죄 목사에 대한 권징 규례와 권징 후 목사직 처리에 관한 교회 헌법 조항을 신속히 마련해야 한다. 아울러 여성 윤리위원장을 세워 성범죄에 대한 공정한 심의가 이루어지도록 해야 하며, '핫라인' 설치, 여성 쉼터 마련을 통해 신고 및 인권 보호, 치유와 평등한 젠더 담론이 이뤄지도록 노력해야 한다.[74]

---

73 최순양, "서발턴 여성 '레위인의 첩 이야기'와 한국교회 성폭력의 문제들," 『성폭력, 성경, 한국교회』 (서울: 기독교문서선교회, 2019), 80-81.
74 강호숙, "교회리더의 성(聖)과 성(性)에 관한 연구: 성의 사각지대를 형성하는 교회 메커니즘 문제에 대한 실천신학적 분석," 「복음과 실천신학」 47(2018), 9-43.

3. 결혼과 이혼에서의 현대적 적용

예수는 가부장 사회에서 남자들로부터 계속 버려졌던 상처와 트라우마를 겪은 사마리아 여자를 동정하며 연민과 치유의 선물을 베푸셨다. 그로 인해 사마리아 여자의 결혼생활은 더는 '악순환'이 아니라 하나님의 은총 앞에서 새로운 삶을 선물 받은 복음이 되었다. 게다가 예수는 이혼권이 남자에게 있었던 유대 사회에서, "누구든지 음행한 연고 외에 아내를 내어버리고 다른 데 장가드는 자는 간음함이니라"(마 19:9)라고 말씀하면서, 오히려 이혼에 대한 책임을 '남자'에게 묻는다. 요즘은 7포, 8포, 심지어 9포 시대에 돌입하였고, 결혼 비용 부담뿐 아니라 결혼 후 경력 단절, 임신, 출산, 육아, 가사 부담과 고부간 갈등으로 젊은 여성들이 결혼을 포기하는 추세에 있다. 또한 2009년 통계자료에 따르면, 우리나라 이혼율은 OECD 국가 중 1위이며, 우리 사회의 가족 문화를 지배해온 전통적 가부장 제도는 도시화와 산업화를 거치면서, 여성의 교육 기회 확대 및 능력 역량 개발과 핵가족화 그리고 사회윤리의 과도기적 성격에 머물고 있다.[75] 현대 사회에서 결혼과 이혼은 단순히 남녀 간의 성격 문제만이 아니라 자본과 노동의 사회적 문제, 자녀 교육의 문제, 출산과 낙태, 간통과 성폭력, 고부간 갈등의 문제, 종교적 신념과 젠더 인식 그리고 자아실현과 평등한 젠더 역할 등 복잡한 문제들과 연결되어 있다. 안타깝게도 보수 기독교에서는 이러한 추세와 다층적인 문제를 파악하지 못한 채 젊은 여성들에게 '남녀

---

75 "50대 남자 고독사 증가", KBS1 뉴스9 '심층리포트' 파트에서 방영, 2017. 7. 8, https://news.kbs.co.kr/news/pc/view/view.do?ncd=3512448. 2019년 12월 29일 접속.

질서', '혼전 순결', '가정주부 이데올로기'와 같은 가부장적 결혼관을 주입하며, 심지어 부부의 성관계나 자녀 출산까지 간섭하고 있다. 또한 성경에서 이혼을 금하고 있다는 시대착오적인 율법의 논리로 가정폭력과 이혼 위기에 놓인 여성을 함부로 정죄하여, 가뜩이나 힘든 결혼생활을 하는 여성들에게 죄책감을 주며 절망에 빠뜨리는 경우가 많다. 예수가 사마리아 여자의 불행한 결혼생활에 찾아오셔서 공감과 치유, 회복을 선물하셨듯이, 교회는 부득이하게 이혼한 여성들의 처지와 상황을 보살펴주고 결혼한 여성들이 처한 한계와 불평등한 가부장적 관습과 사회 구조에 대해 함께 고민하며, 그리스도 복음의 치유와 회복의 실질적인 도움을 주어야 하겠다.

VI. 나가는 말: 성경적 페미니즘의 필요성과 과제

낸시 퍼치스 크라이머(Nancy Fuchs-Kreimer)는 인간의 모든 삶이 전체에 속하며 거룩함을 요구하고 있기에 성경이 당대에 통용되는 페미니즘과 젠더의 현실성을 간과한다면, 삶 자체로부터 괴리현상이 일어날 거라고 일침을 가했다.[76] 성경은 남성과 여성은 성적 존재이자 인격적 주체들로서, 성적 활동과 사회활동 그리고 일상의 모든 삶에서 거룩하고 정의로우며 책임 있는 기독교인으로 서로 협력하며 살아갈 것을 요구하고 있다. 지금까지 보수 기독교는 페미니즘과 젠더의 현실성을

---

76 Nancy Fuchs Kreimer, "Feminism and Scriptural Interpretation: A Contemporary Jewish Critique," *Journal of Ecumenical Studies* 20/4(1983), 534-548.

무시한 채 지나치게 '남성성'을 특권화하면서, 여성 존재의 의미 박탈과 여성 정체성 부정 등으로 젠더 인식의 부재와 성 인지 감수성의 결핍을 드러내고 있다. 따라서 여성의 인권과 남녀평등을 중요하게 여기는 현대 사회에서 페미니즘과 젠더는 성경을 읽어내는 '필수 코드'이며, 젠더 정체성, 성폭력, 결혼과 이혼과 같은 젠더 문제는 더는 여성 개인의 문제가 아니라 인권과 정의의 문제요, 기독 신앙과 인간성 회복의 문제이다. 성경적 페미니즘은 성경 무오를 인정하는 성경관, 하나님의 형상을 입은 남녀의 동등성과 상호의존성 그리고 남녀 모두 그리스도의 복음을 믿는 인격적 주체라는 전제 아래, 보수 기독교 내 페미니즘에 대한 오해를 불식시키고 성경과 젠더의 교차점을 찾아 하나님과 인간을 보게 하는 '또 다른 관점'이 될 수 있다. 이러한 연유로 나는 보수 기독교 내에서 성경적 페미니즘의 필요성을 찾는다. 성경적 페미니즘의 성경 읽기를 통해, '여성이 주체가 되어 읽는 성경', '여성의 믿음', '여성이 하나님으로부터 받은 은혜'가 무엇인지 귀 기울임으로써, 진리와 문화를 구분하고, 기독 신앙과 젠더의 상관성을 통해 건전하고 창의적인 기독교 성 윤리를 꾀하며, 창조와 구속, 사랑과 정의, 궁극적으로는 하나님의 형상 회복을 이뤄갈 수 있는 인식론적 혁명이라고 생각한다.

끝으로 성경적 페미니즘의 과제를 제안하자면 **첫째**, 여성이 주체가 되어 성경을 읽고 해석하면서 페미니즘 성경 신학의 정체성을 확립해야 할 과제가 있다. 페미니즘을 통한 여성의 자기 이해와 더불어 성평등과 인권의 중요성을 학습 받은 젊은 세대들에게 성경에 나오는 여성 리더십 모델을 제시하고, '성경과 여성', '여성주의적 성경 해석', '여성 안수와 여성 리더십 역량 강화'를 위한 페미니즘 성경 신학 연구를 해야 한다. **둘째**, 보수 기독교 내 소외 분야인 젠더 신학을 위한 실천신학적 연구가 이뤄져야 할 과제가 있다. 젠더 정의에 관한 미래 지향적이고 포용력 있는 실천적인 모델 구축을 위해 여성신학자들의 전문지식과 경험을 공유하고 활용해야 한다. **셋째**, '젠더 정의와 여성 리더십', '여성과 교회 정치', '젠더와 민주주의' 등과 같은 과목을 개설하여 그리스도 복음의 실현을 비롯한 기후 위기와 환경 문제, 저출생과 고령화 문제, 사회 정의와 사회적 돌봄, 성평등 실현과 세계평화 등 사회적 책임을 위한 남녀 파트너십 모색을 위해 지혜를 모으고 협력해야 할 과제가 있다. 모쪼록 이 글이 보수 기독교 안에서 젠더 인식의 전환과 '성경적 페미니즘'의 필요성을 인지할 수 있는 '디딤돌'이 될 수 있기를 희망한다.

참고문헌

"50대 남자 고독사 증가." KBS1 뉴스9 '심층리포트' 파트에서 방영. 2017. 7. 8.
      https://news.kbs.co.kr/news/pc/view/view.do?ncd=3512448. 2019
      년 12월 29일 접속.

"주디스 버틀러 읽기." m.search.daum.net. 2019년 11월 24일 접속.

"탈구조주의." Wikipedia. https://lrl.kr/fCLY. 2019년 11월 25일 접속.

[온라인 자료 백과사전] m.search.daum.net, 2019년 4월 6일 접속.

강남순.『페미니즘과 기독교』. 서울: 동녘, 2017.

_____."근대성, 기독교, 그리고 페미니즘의 관계에 대한 비판적 고찰."「신학과 세계」
      44(2002), 470-494.

강호숙. "교회리더의 성(聖)과 성(性)에 관한 연구: 성의 사각지대를 형성하는 교회
      메커니즘 문제에 대한 실천신학적 분석."「복음과 실천신학」47(2018), 9-43.

_____.『성경적 페미니즘과 여성 리더십』. 서울: 새물결플러스, 2020.

김의환.『도전받는 보수신학』. 서울: 서광문화사, 1970.

김정숙. "후기구조주의 페미니즘 시각에서 본 주체성 문제와 신학적 인간학에서 말하는
      하나님 형상의 의미."「한국조직신학논총」16(2018), 157-187.

김호경. "불평지명(不平之鳴) - 차별이 불의한 이유."「기독교사상」1월호(2015),
      16-22.

독일성서공회해설 개역한글판(1997), 대한성서공회.

르우윈, 메리 스튜어트 밴.『신앙의 눈으로 본 남성과 여성』. 김수지 옮김. 서울: IVP,
      1999.

매튜스, 앨리스 P.『여성을 위한 설교』. 장혜영 옮김. 서울: 새물결플러스, 2016.

맥캔, 제이 클린턴.『현대성서주석 사사기』. 오택현 옮김. 서울: 한국장로교출판사,
      2010.

박유미.『네러티브로 읽는 사사기』. 서울: 새물결플러스, 2018.

_____. "성폭력 개인의 문제인가 사회적 문제인가?: 구약의 여성 성폭력-전쟁의
      패턴에 대한 연구."「구약논단」24/4(2018), 125-155.

백상현, "교회 해체 노리는 젠더 이데올로기 엄습... 연합해 대처해야,"「국민일보」,
      2018. 3. 2, https://news.kmib.co.kr/article/view.asp?arcid=0923909924.
      2018년 5월 30일 접속.

백소영.『페미니즘과 기독교의 맥락들』. 서울: 뉴스앤조이, 2018.

버드, 필립 J.『WBC 성경주석 민수기 5』. 박신배 옮김. 서울: 솔로몬, 2004.

버틀러, 트렌트 C.『WBC 성경주석 사사기 8』. 조호진 옮김. 서울: 솔로몬, 2011.

볼프, 미로슬라브.『배제와 포용』. 박세혁 옮김. 서울: IVP, 2018.

송인규. "여성의 위상: 영미 복음주의 내의 지형도."『페미니즘 시대의 그리스도인』.
　　서울: IVP, 2018, 64-65.

스위들러, 레너드.『예수는 페미니스트였다』. 이성청 옮김. 서울: 신앙과지성사, 2017.

스토트, 존.『현대사회 문제와 그리스도인의 책임』. 정옥배 옮김. 서울: IVP, 2005.

심창섭. "성숙한 시대의 감각으로 재조명되어야 할 칼빈의 여성관."「기독교교육연구」
　　2월호(1991), 96-97.

에반스, 메리.『성경적 여성관』. 정옥배 옮김. 서울: IVP, 1992.

오데이, 게일 R.『여성들을 위한 성서주석』. 이화여성신학연구소 옮김. 서울: 대한기독교
　　서회, 2012.

오원석. "기독교계(한기총)는 여가부에 '성평등' 반대... '동성애' 포함이라서."「기독인
　　뉴스」. 2018. 1. 10. http://www.kidokin.kr. 2018년 5월 25일 접속.

올슨, 데니스.『현대성서주석 민수기』. 차종순 옮김. 서울: 한국장로교출판사, 2000.

왕대일.『100주년 성서주석』. 서울: 대한기독교서회, 2007.

유연희. "사사기 21장 모로 읽기: 야베스와 실로의 딸을 기억하며."『성폭력, 성경, 한국교
　　회』. 서울: 기독교문서선교회, 2019.

윤상민. "형사법의 여성차별 극복."「중앙법학」13/1(2011), 87-119.

이남희. "여성주의 역사와 젠더 개념의 등장."『젠더와 사회』. 파주: 동녘, 2019.

이상화. "여성주의 인식론에 대한 비판적 성찰."『한국여성철학』. 서울: 한울아카데미,
　　1995.

이승규. "한목협, 신앙 의식조사 결과." v.media.daum.net. 2017년 12월 29일 접속.

이용필. "총신대 강호숙 박사 '부당해고' 재심도 인정."「뉴스앤조이」. 2016. 12. 1.
　　https://www.newsnjoy.or.kr/news/articleView.html?idxno=207599.
　　2018년 5월 30일 접속.

이현주. "한기총 동성애 반대 1천만 서명운동 전개."「아이굿뉴스 기독교연합신문」.
　　2014. 12. 9. http://www.igoodnews.net/news/articleView.html?idxno
　　=44139. 2018년 5월 25일 접속.

임병도. "'n번방 사건' 서지현 검사의 호소 '함께 분노해주십시오'."「아이엠피터 뉴스」.
　　2020. 3. 24. http://www.impeternews.com/news/articleView.html?
　　idxno=48926.

차정식.『성서의 에로티시즘』. 서울: 꽃자리, 2013.

최덕규. "백혜련 의원, 'N번방 사건 재발 금지 3법' 발의."「뉴스앤조이」. 2020. 3. 24,

2020년 3월 24일 접속.

최순양. "서발턴 여성 '레위인의 첩 이야기'와 한국교회 성폭력의 문제들." 『성폭력, 성경, 한국교회』. 서울: 기독교문서선교회, 2019.

최승현. "총신대생들, 교수 5명 '수업 중 성희롱' 발언 공개." 「뉴스앤조이」. 2019. 11. 18. https://www.newsnjoy.or.kr/news/articleView.html?idxno=225763. 2019년 11월 25일 접속.

_____. "총신 성희롱 교수들 두둔한 교회언론회." 「뉴스앤조이」. 2019. 11. 25. https://www.newsnjoy.or.kr/news/articleView.html?idxno=225840. 2019년 11월 25일 접속.

최혜영. "초기 기독교에서의 여성의 지위와 젠더 변환." 「여성과 역사」 23(2015), 245-269.

칼빈, 존. 『칼빈주석 요한복음』. 박문재 옮김. 고양: 크리스챤다이제스트, 2012.

_____. 루돌프, 로버트 K. 『칼빈원서: 구약성경주석 6』. 박문재 옮김. 고양: 크리스챤다이제스트, 2012, 205-207.

코메니우스, 요한 아모스. 이숙종 옮김. 『빛의 길』. 서울: 여수룬, 1999.

크리스천 월드. "동성애 반대 1000만인 전 국민 서명운동 전개할 것." 2014. 12. 5. 「크리스천월드」. http://www.christianworld.or.kr/news/articleView.html?idxno=163. 2018년 5월 25일 접속.

티슬턴, 안토니 C. 『성경해석학 개론』. 김동규 옮김. 서울: 새물결플러스, 2009.

폰 브라운, 크리스티나, 잉에 슈테판. 『젠더연구』. 탁선미, 김륜옥, 장춘익, 장미영 옮김. 서울: 나남출판, 2002.

하희정. "식민시대 기독교 젠더담론 구성과 한국교회의 대응: 1920-30년대를 중심으로." 「한국교회사학회지」 39(2014), 93-138.

한국여성정책연구원. "지난 2년, 20만 명 이상 동의 얻은 국민 청원 40%가 젠더이슈, 그중 여성폭력 이슈 63%로 가장 많아." KDIW (52), 2019. 9. 3, https://www.kwdi.re.kr/publications/kwdiBriefView.do?idx=124629. 2020년 3월 20일 접속.

헨리, 매튜. 『매튜헨리주석: 사사기』. 정충하 옮김. 고양: 크리스챤다이제스트, 2009.

_____. 『매튜헨리주석 전집』. 원광연 옮김. 고양: 크리스챤다이제스트, 2008.

_____. 『매튜헨리주석: 요한복음』. 박문재 옮김. 고양: 크리스챤다이제스트, 2006.

황정미. "젠더 관점에서 본 민주화 이후의 민주주의 - 공공 페미니즘과 정체성 정치." 「경제와 사회」 114/6(2017), 17-51.

Assmann, Jan. *Das Kulturelle Gedächtnis. Schrift, Erinnerung und Politische Identität in Frühen Hochkulturen*. München: 1999.

Barclay, William. *The Gospel of John* Volume 1. Philadelphia: The Westminster Press, 1975.

Bowen, Nancy R. "Women, Violence and the Bible." in *Engaging the Bible in a Gendered World: An Introduction to Feminist Biblical Interpretation*. Ed. Day, Linda and Pressler, Carolyn. Louisville/London: Westminster John Knox Press, 2006.

Fiorenza, Elisabeth Schüssler. *In Memory of Her: A Feminist Theological Reconstruction of Christian Origins*. New York: Crossroad Publishing Company, 1994.

Grudem, Wayne A. *Evangelical Feminism and Biblical Truth: An Analysis of More Than 100 Disputed Questions*. Washington DC: Crossway, 2012.

Hoffmann, John P. and Barthowski, John P. "Gender, religious Tradition and Biblical Literalism." *Social Forces* 86(2008), 1245-1272.

Kreimer, Nancy Fuchs. "Feminism and Scriptural Interpretation: A Contemporary Jewish Critique." *Journal of Ecumenical Studies* 20/4(1983), 534-548.

Kroeger, Catherine Clark and Evans, Mary J. *The IVP Women's Bible Commentary*. Downers, Grove, Illinois: InterVarsity Press, 2002.

Trible, Phillips. *Texts of Terror: Literary-Feminist Readings of Biblical Narratives*. Philadelphia: Fortress, 1984.

Wright, Christopher J. H. *Old Testament Ethics for the People of God*. Downers, Grove: IVP, 2004, 121.

여성주의 기독교윤리학의 재생산권 변증
― 인공임신중절의 전면적 허용을 중심으로*

김혜령 | 이화여자대학교

I. 들어가는 말

대학을 다니던 시절의 기억이 있다. 교회에서 오랫동안 알고 지낸 권사님 한 분이 어떤 대화 끝에 자신이 너무 가난해서 아이를 두 번이나 지웠다고 고백하며, 자기는 살인을 저지른 죄인이라고 내 앞에서 가슴에 사무쳐 울던 일을 지금도 잊을 수 없다. 그 이후로 나는 그 권사님의 무거운 마음을 오랫동안 동정하였지만, 임신 중지에 대한 신학적 답을 제대로 찾지 못했다. 학부 시절, 진보적인 성향의 기독교윤리학 교수님에서 배웠던 논리는 기껏해야 임신 초기 배아의 생태는 아직 인간이라 부를 수 없으니 임신 중지가 가능하다는 정도였다. 여전히 무언

* 이 글은 한국기독교사회윤리학회의「기독교사회윤리」제53집(2022), 237-274에 실린 동명의 연구논문을 약간 수정한 것이다.

가 꺼림칙한 논리에 불과했다. 그러나 나는 이 주제를 연구해야겠다는 생각을 오랫동안 품지 못했다. 그러다가 2020년 12월 국회 법사위원회가 낙태죄 개정안 공청회를 개최하며 낙태죄 폐지를 반대하는 측의 전문인들이 대부분 기독교 측의 인사들이라는 사실에, 법사위 측에서 균형을 맞추기 위해서라도 낙태죄 폐지를 찬성하는 기독교 신학자를 수소문하였는데 결국 이 뜨거운 감자가 내게 왔다. 나는 그날 주어진 짧은 시간에 최선을 다해 준비해 갔지만, 연구의 부재가 결국 감정의 호소에 머물 수밖에 없음을 뼈저리게 느끼고 말았다. 그리고 감정에 호소하는 것으로는 시민사회의 구성원으로 당당히 논쟁의 장에 참여할 수 없음을 부끄럽게 깨닫고 말았다.

이 연구는 그때 내가 기독교 여성 윤리신학자로서 느꼈던 부끄러움에 대한 사죄의 결과다. 이 연구를 통해 나는 여성의 임신 중지와 피임 그리고 임신과 출산, 양육 등 전반의 의사 결정과 사회적 보호와 배려를 '재생산권(Reproductive Rights)'이라는 개념 아래 보편적 권리 차원에서 '변증'하고자 한다. 하지만 여기서 사용하는 '변증'이란 말은 오늘날 기피 대상이 된 중세 교리신학이나 현대 근본주의 조직신학의 낡은 하위 분야와 상관없다. 콘스탄티누스 황제의 기독교 개종으로 기독교가 제국의 종교가 되기 전까지, 초대 기독교 교회와 교인들의 신앙은 "그 발생부터 '변증적'인 성격을 가지고 있었다."[1] 분명히 유대교와의 연속선에서 발생한 기독교 교회이자 신앙이었지만, 초대 기독인들은 유대 공동체로부터 박해와 차별 속에 자신들의 신앙을 변증해야 할 요구에 언제나 직면하였다. 그러나 유대 공동체를 대상으로 한 초대 기독

---

1 김연희, "변증학으로서의 그리스도교 신학: 어제와 오늘," 「철학과현실」 107(2015), 243.

인들의 신학적 변증이 결국 실패하자, 기독교는 유대 공동체로부터 분리를 피할 수 없게 되었다. 물론 유대 공동체 설득에 실패하였다고 해서 변증 자체가 무의미했던 것은 아니다. 김연희에 따르면, 이스라엘의 이야기에 대한 해석의 권리를 독점한 유대 공동체의 권위에서 벗어나, 초대 교회는 "이스라엘의 이야기를 예수의 이야기로 직조한 독자적인 신앙의 기호체계"를 결국 갖추기 때문이다.[2] 한마디로, 초대 기독교의 변증론은 당시 유대교 종교 지도자들이 독점한 낡은 해석과의 갈등 속에 근본적으로 새로운 해석의 길을 열며, 낡은 해석 속에 배제되고 억압받던 이들을 새로운 공동체의 주체로 해방하고 환대하는 길을 열었다.

같은 의미에서 여성주의적 기독교윤리학의 재생산권 변증은 가부장적 교권이 독점한 교회와 그러한 교회를 수호하는 보수적 한국 신학 풍토에서 함부로 살인죄로 규정 받는 '임신 중지'뿐만 아니라 신학 연구의 대상조차 되지 못했던 '재생산권'까지 적극적으로 변호함으로써, 생명 창조와 인간 사랑에 대한 교회의 낡은 해석 속에 배제되고 억압받는 여성을 해방하고 환대하는 새로운 길을 모색하고자 한다.

이미 2019년 헌법재판소가 형법상의 낙태죄를 헌법불합치로 결정하고 이에 따라 2021년 해당 형법 조항이 자동 폐지된 상황이기 때문에, 혹자는 이러한 변증이 여전히 필요한 작업인지 의아해할 수 있다. 그러나 임신중지술의 비범죄화와 관련된 정치적 성과는 현재 역행의 위기에 심각히 처해 있다. 특히 도널드 트럼프 전(前) 미국 대통령의 집권 이후 보수 성향의 대법관들이 절대 우위를 차지하게 된 미국의 경

---

2 앞의 글, 247.

우, 임신 24주 이내의 낙태 권리를 임부에게 전면 보장한 '로 대 웨이드 판결(Roe v. Wade, 1973)'이 최근 폐지되면서 미국 사회를 정치적으로 심각하게 분열시키는 핵심 요인으로 급부상하고 있다. 낙태 금지와 관련하여 미국의 담론을 그대로 수용하고 있는 한국의 상황도 별반 다르지 않다. 보수적 한국 기독교 세력에 의해 반낙태운동이 반동성애주의와 함께 주요 정치 의제 중 하나로 강하게 드러나고 있다. 또한 반페미니즘 세력의 지지를 받아 당선된 윤석열 대통령 임기 중 헌법재판관 9명이 전원 교체되는 시간표도 예고되어 있다. 이에 이 글에서는 세속적 페미니즘과의 연대 지지 관계 너머, 여성신학적 윤리학의 고유한 문제의식과 논증 속에서 임신중지술에 대한 비범죄화가 어떻게 옹호될 수 있는지를 집중적으로 살펴보고자 한다.

II. 낙태죄 범죄화에 대한 여성계의 핵심 비판

분단 이후 북한과의 인구 경쟁을 벌이며 출산을 장려하던 이승만 정권이 박정희 군사정권으로 교체된 1960년대 중반 이후부터 국가는 정책을 바꿔 강력한 산아제한 정책을 폈다. "가족계획 운동을 통한 인구억제를 경제개발의 중요한 요소로 간주"했기 때문이다.[3] 이러한 분위기는 1970~80년대에 접어들며 국가에 의해 노골적으로 낙태 시술이 장려되는 일로 연결되었다. 국가는 1953년 만들어진 형법 269조(낙태

---

3 류민희, "낙태의 범죄화와 가족계획 정책의 그림자," 백영경 외, 『배틀그라운드』(서울: 후마니타스, 2018), 159.

한 부녀와 의사를 처벌하도록 명시한 법)를 폐지하지 않으면서도, 임신 초기 낙태 시술이라 할 수 있는 '월경조정술 사업'에 정부의 예산을 지원하였고, 의료 서비스 접근이 어려운 농촌 마을에는 영구 피임 시술과 낙태 수술이 가능한 '낙태 버스'를 운영하였다.[4] 이러한 상황에서 의료 현장의 낙태 시술은 처벌받는 이 없이 음성적으로 확산하였다.

분위기의 반전은 저출산이 사회적 문제로 대두되기 시작한 2009년 이후에 발생하였다. 이즈음 이명박 정부는 저출산 타계를 목적으로 '낙태 줄이기 캠페인 및 낙태 안 하는 사회 환경 조성'을 정책으로 제시하였으며, 이듬해 프로 라이프 의사회는 인공임신중절 시술 병원과 의료인들을 연이어 고발하였다.[5] 이에 따라, 낙태를 암묵적이거나 음성적으로 허용했던 우리 사회에 '낙태=살인죄'라는 형법적이고 도덕적인 낙인이 거침없이 퍼졌다. 이윽고 2012년 헌법재판소가 낙태 시술자에 대한 징역형 처벌에 대한 헌법 소원에 합헌 결정을 내리면서, 원치 않는 임신을 한 많은 여성은 자신의 건강을 심각하게 훼손할 위험이 있는, 더 음성적이고 더 시장적인 낙태 시술에 고통스럽게 내몰리게 되었다. 이러한 상황에서도 정부가 "2016년 보건복지부는 인공임신중절 수술을 '비도덕적인 진료 행위'로 규정하고 시술 의사의 처벌을 강화하는 의료법 개정안을 발표"하자,[6] 결국 여성계의 조직적 시민저항운동이 펼쳐지기에 이른다. 이러한 분위기 속에 2019년 4월 헌법재판소는

---

4 이소라, "'낙태버스'를 아시나요... 국가가 낙태 지원까지 했었다," 「한국일보」, 2020. 11. 2, https://www.hankookilbo.com/News/Read/A2020102915190002824?did=DA. 2022년 5월 27일 접속.
5 이유림, "낙태죄 정치화하기," 백영경 외, 『배틀그라운드』, 42.
6 백영경, "낙태죄 폐지가 시대의 상식이 되기까지," 백영경 외, 『배틀그라운드』, 6.

낙태한 여성과 낙태를 시행한 의사를 처벌하는 형법상 조항이 임신한 여성의 자기결정권을 침해한다는 이유로 '헌법불합치결정'을 다시 내리며, 2020년 12월 31일까지 개선 입법을 입법하도록 명시하였다. 그러나 사회적 갈등을 핑계로 국회는 해당 기한까지 형법 27장 269조와 270조를 대체할 새로운 입법을 하는 데 실패하였고, 이 두 조항은 자동적으로 폐지되며 낙태의 형법상 처벌이 사라지게 되었다. 하지만 새로운 입법의 공백은 인공임신 중지와 관련하여 여성의 자기결정권과 건강권을 지키는 데 필요한 후속 조치들을 제도화하는 일을 방기하는 결과를 초래하고 있다. 또한 서론에서 언급하였듯이 후속 입법의 공백은 형법상의 낙태죄를 부활시키려는 보수 세력의 정치화를 통해 끊임없이 번복될 수 있는 불안정한 상태를 조장하고 있다.

지금까지 요약한 한국 사회의 낙태죄 폐지 과정에서 여성계는 낙태죄를 범죄로 규정한 형법과 국가 정책에 반기를 들기 위해 어떠한 비판적 관점을 취하였는가? 크게 세 가지 관점에서 간추릴 수 있다.

1. 국제 인권 규약 위배

2020년 말 형법상의 낙태죄가 폐지되기 전까지, 대한민국의 법은 상위법인 형법 269조와 270조(1953년 제정)에 의해서는 예외 상황 없이 낙태를 형법상의 죄로 규정하며 여성의 자기 낙태와 의료진의 낙태 시술을 처벌하였으나, 하위법에 속하는 행정법으로 분류되는 모자보건법(1973년 제정) 제14조('인공임신중절수술의 허용한계')에 의해서는 처벌의 예외를 두어왔다.

1973년 제정된 「모자보건법」이라는 행정법을 통해 낙태를 허용하는 예외 사유(모자보건법 제14조 - '인공임신중절수술의 허용한계')를 규정하여 낙태 가능 범위를 국가가 통제해왔다. 2009년 개정된 이 법 조항에 따르면, 형법상의 낙태죄 폐지가 헌법재판소에서 결정되기 전까지 총 5가지 예외 상황을 인정하며 형법적 처벌을 면제했다.

1. 부모가 대통령령으로 정한 우생학적 또는 유전학적 정신장애나 신체 질환이 있는 경우
2. 부모가 대통령령으로 정한 전염성 질환이 있는 경우
3. 강간 또는 준강간에 의한 임신인 경우
4. 법률상 혼인할 수 없는 혈족이나 인척 간 임신인 경우
5. 임신의 지속이 모체의 건강을 심각하게 해칠 우려가 있는 경우이다.[7]

이런 이원화된 법체계는 법체계 자체로서의 모순을 안고 있다고 할 수 있다. 박용철에 따르면, 「형법」 그 자체에서 하위 규정으로 처벌을 배제할 수 있는 '위법성조각사유' 또는 '책임조각사유'를 두어 그 예외를 인정할 수 있었음에도, 「모자보건법」에 배제의 조문을 둔 것은 행정법에 불과한 "「모자보건법」을 이른바 특별 형법화함으로써 「형법」보다 우선하여 적용하게 하는 법리상의 우를 범하고" 있기 때문이다.[8]

그러나 더 실질적 문제는 대한민국 형법상의 처벌 조항이 국제적 인

---

7 그러나 이 다섯 가지 경우라 하더라도, 임부 혼자의 결정만으로는 인공임신중절이 형법 상의 처벌 조항에 예외가 될 수는 없다. 14조는 이 5개의 항목 중 1개 해당을 전제하면서도, "본인과 배우자(사실상의 혼인 관계에 있는 사람을 포함한다)의 동의를 받아 인공임신중절수술을 할 수 있다"(모자보건법 제14조 ①)라고 명시하고 있기 때문이다.
8 박용철, "낙태에 대한 법적 관점: 낙태는 범죄인가? 권리인가?," 「신학과 철학」 37(2020), 50.

권 기준에 현격히 부합하지 못했다는 사실이다. 대한민국은 유엔의 국제인권조약, 즉 자유권 규약과 사회권 규약에 가입(1990년)하여 이미 발효하였다. 유엔은 각각의 규약위원회를 하위에 두고 모든 당사국의 규약 이행 정도를 파악하여 보고하고 국제적 규약에 위배되는 당사국의 반인권적 상황이나 법률상의 수정을 권고한다. 김정혜에 따르면, 유엔 자유권규약위원회는 2019년 일반권고를 통해 자유권 규약의 모든 당사국에 임신을 중단한 여성과 시술을 제공한 의료진에게 형사 처벌을 해서는 안 된다고 명시하였다. 형사 처벌이 여성을 '안전하지 못한 인공임신중절'에 내몰기 때문이었다. 특히 이보다 2년 앞선 2017년 사회권규약위원회는 대한민국 정부에 직접 권고하며 "대한민국이 임신 중단을 형사 처벌하는 데에 우려를 표한다. 임신을 중단한 여성에 대한 처벌을 폐지하여 여성의 성적, 재생산적 건강권을 보장하고 존엄성을 보호하라"라고 명확히 요청하였다.9 이에 대해 김정혜는 "국제인권 규범에서 생명권 논의는, 태어나지 않은 존재의 생명이 아니라 이미 살고 있는 사람들의 생명을" 말하고 있다고 강조한다.10 그러나 이러한 국제적 결정이 태아의 생명을 무가치하게 보는 매정함에서 기원한 것이 아니라, 낙태를 형법으로 처벌하였을 때 현실적으로 발생하는 여성의 생명권과 건강권의 심각한 훼손 위험을 국제 인권 논의의 우선적 판단 기준으로 삼았다는 데에 의의가 있다.

---

9 김정혜, "처벌에서 온전한 의료행위로," 「'낙태죄' 개정 관련 공청회 자료집」(국회 법제사법위원회, 2020), 76.
10 앞의 글, 75.

2. 국가 통치 수단으로서의 낙태죄 비판

낙태죄 폐지 주장의 두 번째 견해는 형법상의 낙태죄가 1953년 이래 입법된 이후 인구정책에 따라 실효적 법이 되거나 사문화된 법으로 시시때때로 얼굴을 바꾸며 국가의 통치 수단으로 이용됐음을 강력히 비판한다. 이러한 관점은 낙태죄 폐지와 관련하여 사회-정치적 논쟁의 장에서 겉으로는 '태아의 생명권(프로 라이프)'과 '여성의 자기결정권(프로 초이스)'의 대립으로 논쟁의 구도가 가시화되지만, 실질적으로는 태아의 생명권이 국가의 통치권보다 열등한 것으로 취급되도록 방치해온 부끄러운 역사가 은폐되어 있다.

실제로「모자보건법」에는 낙태죄 유지를 주장하는 이들의 핵심 개념인 프로 라이프, 즉 태아 생명권의 절대적 우위를 주장하는 논리와 대치되는 항목이 존재한다. 낙태가 허용된 예외 조항 중에 부모의 우생학적이거나 유전적 정신장애나 신체 질환, 전염성 질환을 포함하는데, 이러한 조항은 결국 "좋은 인종을 육성하고, 반대로 열등한 것은 배제·제거하는 논리와 방법을 제공하는"[11] 근대 제국주의식 우생학적 관점을 벗어나지 못하고 있다. 한마디로「모자보건법」자체가 낙태해도 '괜찮은' 아이를 선별하고 있다는 역설적 해석을 모순적으로 가능하게 했다. 이러한 모순은 낙태 관련법이 입법과 집행의 목적에서 태아의 생명을 구하는 것보다 국가의 통치를 수월하게 하는 데에 더 많이 초점을 맞추고 있는 것은 아닌지 강력한 의구심을 불러일으킨다. 여성주의

---

11 김예림, "전시기 오락 정책과 문화로서의 우생학,"「역사비평」73(2005); 황지성, "건강한 국가와 우생학적 신체들", 백영경 외,『배틀그라운드』, 219에서 재인용.

자들은 사회경제적 요인이나 여성 본인의 요청에 의한 낙태는 범죄화하면서도 우생학적인 인구 통치를 가능하게 하는 장애나 유전병, 전염병 요인의 낙태는 허용하는 관련법의 윤리적 불공정성을 문제 삼는다. 나아가 낙태의 범죄화와 예외적 허용의 통치를 통해 여성의 몸이 어떻게 국가에 의해 통제되며 자기결정권과 건강권을 침해받는지 고발한다.

그러나 단순히 국가 권력만이 낙태법 적용에 관한 비일관적인 입장을 견지해온 것이 아니다. 한국 개신교 역시 낙태죄에 대한 비일관적인 태도를 보이며 국가 인구정책에 적극적으로 협조함으로써 결과적으로 냉전체제 이후 남한 사회의 보수 정권과 밀월관계를 강화한다. 1960년대까지 피임과 낙태와 관련하여 가톨릭교회와 입장 차가 있지 않았던 한국 개신교가 70년대로 접어들면서 박정희 정권의 가족계획사업을 적극적으로 지지하는 집단으로 변화하였다.[12] 특히 개신교 내부에서 YWCA연합회나 초교파 여성 개신교인 모임인 애국위원회 등이 가족계획정책에 부합하는 피임 교육과 임신중절에 대한 죄의식 해소에 큰 공헌을 하였다.[13] 그리고 대다수의 개신교 교회는 임신중절과 관련한 교계 내 활발한 여권 운동에 대해 보수 정권의 인구정책에 이바지하는 선에서 묵인하는 태도를 보여왔다.

1970년대 이후 인공임신중지술에 대한 암묵적 관용의 태도를 오랫동안 취해왔던 한국 개신교 교회는 2009년 이명박 정부가 낙태를 인구감소의 주요 원인으로 지목하며 낙태죄를 실효적으로 부활시키게 된

---

12 윤정란, "국가·여성·종교: 1960-1970년대 가족계획사업과 기독교 여성을 중심으로," 「여성과 역사」 8(2008), 68-70.
13 김혜령, "성 소수자 혐오의 혐오성에 대한 기독교윤리학의 비판적 논증," 「신학사상」 190(2020), 305.

즈음부터 이전과 다른 태도로 임신 중지 문제를 다루기 시작했다. 심지어 성도덕과 결혼, 가정관에서 교리상 가톨릭교회와 전통적으로 다른 태도를 보여왔던 개신교 전통을 무시하고, 가톨릭교회의 반낙태운동과 정치적 연합전선을 쉽게 이룩했다. 또한 70년대 이후 미국에서 유행하는 프로 라이프 운동을 그대로 수입하여 반낙태운동을 적그리스도와 맞서 싸우는 선교 전쟁으로 정치화하는 개신교 단체들이 세력을 빠르게 확장하였다.

낙태에 대한 주류 개신교의 급격한 입장 변화의 역사는 결국 다수의 개신교 교회와 기독교인들이 오늘날 주장하는 '낙태죄 존치'가 그 자체로 기독교 생명윤리에 부합해서가 아니라—반동성애운동과 반페미니즘운동과 함께—정권과의 밀월 속에 개신교계를 보수정치의 주류세력으로 집결시키려는 목적에 부합하기 때문이라는 의심을 피할 수 없게 한다. 특히 수정된 순간부터 창조주의 섭리에 근거한 절대적 생명권이 태아에게 부여된다며 낙태를 살인죄로 주장하는 개신교 계열의 반낙태운동 주동자들은 인공임신술 과정에서 수정 이후의 자궁에 착상된 다수의 배아 중 과도한 착상을 이유로 선별적으로 제거되는 일부 배아가 실제로는—낙태 시술과 거의 동일한 방식으로—모체로부터 제거되는 문제와 관련하여서 어떠한 비판적 입장을 표하지 않는다. 이러한 사실은 낙태죄 존치를 주장하는 그들의 윤리적 순수성이 이미 정치적으로 오염되어 있음을 스스로 증명하는 것이라 할 수 있다.

3. '프로 라이프'와 '프로 러브'의 관점

낙태죄 폐지를 주장하는 세 번째 견해는 낙태 금지 혹은 낙태 범죄화가 초래하는 여성의 건강권과 생명권, 나아가 더 나은 삶에 대한 권리를 심각하게 침해하고 있음을 공론화한다. 인공임신중지술은 우리 사회에서 오랫동안 흔히 '애를 지웠다'라는 말로 쉽게 표현되었다. 그러나 이러한 표현은 임신을 인공적으로 중지시키는 행위가 숙련된 지식과 기술을 지닌 전문 의료진에 의해 수행되어야 할 고도의 의료행위라는 사실을 의식하지 못하게 방해해왔다. 특히 형법상 낙태죄가 폐지된 2020년 이전까지 앞에서 언급한 다섯 가지 제한된 허용 사유를 제외하고 사회경제적 요인이나 임부 본인의 요청에 의한 임신중지술을 모두 불법으로 구분하였던 상황에서, 의료 행위로서의 임신중지수술은 한국의 의학 교육과 의료 현장에서 정당한 의료 행위의 지위를 얻기 매우 힘든 상황이었다. 실제로 의료진 스스로가 인공임신중지술의 필요성에 공감하고 심지어 이를 실시할 의사(意.思)가 있다고 하더라도, 임부 건강의 다양하고 특수한 상황에 따라 적절하게 달리 실시되어야 할 임신중지술 처치를 정당한 의료 행위로서 진지하게 교육받고 실습할 상황이 한국 사회에서 제대로 형성되기 어려운 것이 현실이다.

하지만 자발적 준법정신이나 법적 처벌에 대한 공포가 원치 않는 임신에 대해 여성이 임신 중지 의사를 포기하고 결국 출산을 수용하게 하는 것은 아니다. 형법상 낙태죄가 아직 폐지되지 않았던 「2018년 인공임신중절 실태조사 보고서」에 따르면, 만 15~44세 여성 10,000명의 조사 대상자 중 7.6%인 756명이 평생 1회 이상의 임신 중단을 경험한 것으로 조사되었다.[14] (실태조사에서는 임신 중단을 ① 약물복용 ② 약물복용에도 임신 중단이 실패하여 임신중절수술을 받은 경우, ③ 임신중절수술을 받은 경우로

---

14 이소영 외, 「인공임신중절 실태조사」(서울: 한국보건사회연구원, 2018), 193.

세분하여 질문하였다.) 그러나 전체 응답자 중 임신 경험자(3,792명)만을 기준으로 다시 보면, 임신을 경험한 여성 중의 약 20%(약 1/5에 해당)가 1회 이상의 임신 중단 경험이 있음이 알 수 있다. 이는 상당히 높은 수치라 할 수 있다.

이 실태조사에서는 임신 중단 경험자의 임신 중단 사유도 함께 물었는데, 이 사유 중「모건보건법」의 예외적 허용 조항 3항에 명백하게 해당하는 '강간 또는 준강간에 의해 임신해서'로 답한 이는 0.9%에 지나지 않았으며, 허용 조항 중 1항과 2항의 내용에 완전히 일치하지는 않지만 근접하다고 볼 수 있는 '나의 건강 상태가 문제가 있어서'나 '태아의 건강 문제 때문에'로 답한 이들은 각각 9.1%와 11.3%밖에 되지 않았다.[15] 한마디로 합법의 경계를 가장 개방적으로 잡아도, 임신 중지를 한 여성 중 최소 약 77%는「모건보건법」이 허용하지 않은 사유에 해당하기에 불법적 처치를 받을 수밖에 없었을 것으로 추정할 수 있다. 특히 인공임신 중지 허용 범위 논쟁에서 '전면적 허용' 여부를 가름하는 가장 급진적인 기준이 되는 '본인 요청' 사유에 근접하다고 볼 수 있는 '학업, 직장 등 사회 활동에 지장이 있을 것 같아서'라는 사유가 33.4%로 가장 큰 응답을 받았으며, 사회 통념상 불법 낙태술의 가장 큰 사유로 여겨지는 사회경제적 사유(설문상 질문은 '경제 상태상 양육이 힘들어서') 역시 32.9%라는 높은 응답률로 뒤를 잇고 있다.[16]

인공임신중지술을 선택하는 여성들이 절대로 사라지지 않는 현실을 고려할 때, 낙태의 범죄화는 결국 임공임신중절수술을 처치하는 의

---

15 앞의 보고서, 208.
16 앞의 보고서, 208.

료인 우위의 불공정한 의료시장을 기형적으로 만들어내었다. 실제로 실태조사에 인공임신 중지를 경험한 여성 중 기관(산부인과 개인병원이나 전문병원, 종합병원, 조산원 등)에서 임신중지수술을 받았다고 응답한 735 명의 여성은 인공임신중절술 방법과 후유증 등에 대한 정보를 사전에 충분히 제공받았는지를 묻는 물음에 평균 2.5점(4점 만점)을 답하였다.[17] 이는 상당수의 불법 시술을 포함했다고 추정되는 2018년의 조사 당시 인공임신중절술을 받는 '환자' 여성에게 만족할 만큼의 충분한 정보가 제공되지 않고 있다는 것을 보여준다. 또한 756명의 임신 중지 경험자 중 8.5%에 이르는 적지 않은 수의 여성이 '자궁천공, 자궁유착증, 습관성 유산, 불임 등'과 같은 상당한 수준의 위험이 동반된 신체적 증상을 겪었다고 응답하였다.[18] 임신 중지에 대한 도덕적 터부와 법적 처벌이 강력하게 존재하는 사회에서, 많은 여성이 결국 자신의 건강과 생명의 위험(모성 사망)에도 불구하고 의료법이 보호하지 않는, 즉 '안전을 보장받을 수 없는' 처방이나 수술 환경에 자신을 내몰았다.

이러한 사실 인식에서, 여성주의자들은 태아와 여성의 관계를 '프로 라이프' 대 '프로 초이스'로 설정하는 기존의 논쟁 구도를 강력하게 비판한다. 이러한 구도는 건강이 심각하게 훼손되거나 심지어 목숨을 잃을지도 모르는 위험 상황을 인지하고 있음에도 임신중지술을 선택할 수밖에 없는 여성의 절박한 상황을 전혀 고려하지 않으면서, 결과적으로 여성의 삶과 생명이 불법적 의료 환경에서 위험에 빠지는 것을 방조한다. 즉 임신 중지의 합법화를 주장하는 측 역시 여성의 프로 초이스

---

17 앞의 보고서, 231.
18 앞의 보고서, 236.

의 측면이 아니라, '여성의 생명과 삶을 위한 프로 라이프'(여성의 생명과 삶 모두 지시하는 의미로서 라이프)를 강조하며 논쟁의 새 국면을 연 것이다.

더 나아가 여성주의 연구자들은 임신 중지 사유와 관련하여 중요한 점을 추가로 지적하고 있다. 임신중지술 처치를 받기를 원하는 가장 큰 사유 중 하나에 해당하는 것이 '사회경제적 요인'이라는 점을 염두에 둔다면, 사회경제적 요인을 직접적으로 결정하는 계급뿐만 아니라, 간접적으로 영향을 주는 인종이나 국가, 연령, 결혼 여부나 배우자 존재 여부, 노동 능력 여부 등이 함께 교차적으로 작용하고 있음을 어렵지 않게 유추할 수 있다. 실제로 미국의 질병 통제와 예방 센터(Centre of Disease Control and Prevention)의 2010년 조사 결과에 따르면, 미국 사회에서 낙태한 여성의 85.3%가 미혼 상태였을 뿐만 아니라 낙태한 여성의 69%가 경제적 어려움으로 선택하였고, 실제로 42%의 여성이 연방 정부의 빈곤 기준에 못 미치는 수입으로 곤란한 지경에 처해 있다고 보고되었다.[19] 심지어 다민족 상황에서 낙태 경험은 인종 차별의 구도와도 거의 맞물리는 상황을 보여주는데—예상과 크게 다르지 않게—비(非)히스패닉 계열의 백인 여성의 낙태율이 가장 낮고, 비히스패닉 흑인 여성의 낙태율이 가장 높은 것으로 보고되었다.[20] 낙태하는 여성의 경험에서 발견되는 교차성의 강한 흔적은 낙태의 범죄화가 사회적 취약계층 여성의 건강권과 생명권, 나아가 더 나은 삶을 위한 권리를 더 심각하게 침해하고 있다는 것을 보여준다.

---

19 Jeanie Whitten-Andrews, "Calling for a Pro-Love Movement: A Contextualized Theo-Ethical Examination of Reproductive Health Care and Abortion in the United States," *Feminist Theology* 26(2)(2018/1), 150.

20 앞의 글, 150.

이러한 문제의식에서 여성신학자 제니 화이튼 앤드류(Jeanie Whitten-Andrews)는 낙태의 비범죄화를 위하여 임신 중지라는 비극에 처하는 많은 여성의 삶의 어려운 처지와 고통에 먼저 귀 기울이며 낙태 문제에 새롭게 접근하는 방법을 제안하였다. 그리로 이를 '프로 러브 접근(Pro-Love Approach)'이라 불렀다. 이 접근법은 여성의 몸을 통치의 대상물로 보거나 도덕적 논쟁의 대상으로 보는 과거의 논점에서 벗어나, "다양하고 복잡한 방식으로 여성이 경험하는 압제적인 구조나 제도, 나아가 상호인격적 관계에서의 문제들을 검토"한다.[21] 이러한 관점을 통해 그는 연약한 태아의 생명 대신 자기 삶의 질을 이기적으로 선택한 것으로 '모성' 여성을 몰아붙이는 반낙태주의자들의 낙인에서 벗어나, 실질적으로 다수의 사회 취약계층의 여성에게 임신 중지 말고는 다른 선택의 여지가 남아 있지 않음을 지적하였다.

특히 그는 신학자로서 '프로 러브' 관점의 낙태 비범죄화 운동이 근본적으로 임신과 임신 중지를 계기로 하여 여성들에게 더욱더 불공정하게 작동하는 사회의 가부장적인 통치구조가 결국 여성의 인간다운 삶을 방해하는 부정의의 상황 그 자체로 작동하기 때문에, '프로 러브' 운동 속 '사랑'은 정의롭지 못한 억압 구조를 해체하는 '정의'와 불가분의 관계에 있다는 것을 강조하였다. 또한 정의를 배제할 수 없는 사랑을 강조하기 위해 패트릭 챙(Patrick S. Cheng)의 '급진적 사랑'의 개념을 바탕으로, 낙태를 둘러싼 선과 악, 순결과 부정의 이분법적 프레임을 해체하고, 원치 않는 임신과 낙태에 내몰리는 여성들을 사회적 편견과 법적 처벌에서 해방하는 운동이야말로 기독교 성정의에 부합하는 것

---

21 위의 글, 154.

이라 주장하였다.[22]

임신 중지를 선택하는 여성이 겪는 교차적 차별 상황을 강조하는 방법은 근본적으로 임신 중지를 주제로 한 사회적 논쟁에서 낙태하는 여성을 '성적으로 문란한 여성'이라거나 '자연적 본성이라 할 수 있는 모성을 거부한 패륜적 여성', 나아가 '자기 자녀에 대한 살인을 저지를 만큼 이기적이고 사악한 여성'이라고 낙인찍어온 사회적 편견과 차별을 개선하는 데에 크게 공헌한다. 나아가 더 많은 시민이 판단을 균형 있게 할 수 있도록 임신 중지의 당사자로서의 여성이 처한 어려움과 고통을 공감하고 이해할 수 있도록 돕는다. 특히 '프로 러브' 관점에서 임신 중지 외에 다른 선택권을 갖지 못한 가난하고 소외된 처지에 처한 차별받는 인종과 청소녀, 빈민 계층의 여성들이야말로 기독교의 핵심 가르침인 '이웃사랑 명령'이 지시하는 '사랑해야 할' 주요 대상 중에 하나라는 것을 깨닫게 한다. 이와 같은 연장선에서 브라질의 여성해방신학자 이본 게바라(Ivone Gebara)는 "해방신학이 오랫동안 말해왔던 '가난한 자들에 대한 우선권'이 낙태라는 선택에 내몰린 (빈민층) 여성들에게 더 관용적으로 제공되어야 한다고 주장했다."[23]

그러나 이러한 방식이 근본적으로 노출하는 한계가 있다. '약자' 여성에 대한 과도한 강조는 임신 중지의 정당한 사유에서 여성의 약자적 상황만을 방어하는 데에 그치기 때문이다. 물론 이웃사랑의 윤리는 사랑받아야 할 이웃의 약자성이나 취약성을 인지하는 것에서 출발한다. 그러나 근본적으로 여성 간의 계급, 인종, 능력과 같은 요소의 차이에

---

22 위의 글, 156.
23 김혜령, "이본 게바라의 라틴 아메리카 여성해방신학과 생태여성신학 연구," 「한국기독교신학논총」 92(1)(2014), 200.

서 갈라치기의 위험도 발생시킬 수 있다. 사회경제적 혹은 신체적, 혹은 문화적 계급과 지위, 능력이 우월한 여성의 임신 중지는 어떻게 할 것인가? 임신 중지를 원하는 여성들의 교차적 차별 상황을 강조하거나 그에 대한 공감과 급진적 사랑의 책임을 불러일으키는 방식은 약자 보호와 이웃사랑의 가치를 아는 많은 선량한 시민을 대상으로 상당히 설득력을 갖춘 논리가 되어왔다. 그러나 이 방식은 그들의 선량한 관용과 아량이 근본적으로 '사회경제적 요인' 너머, '특정한 이유가 없어도 여성이 원하면 낙태를 허용해야 한다'는 의미로서의 '본인 요청'에까지 확대되도록 하기는 어렵다. 다른 말로, 결과론적으로 온정주의식 관용의 윤리를 벗어나기 힘들다. 이러한 방식은 기독교윤리학적으로 근본적인 궁지, 즉 아포리아에 직면하게 한다. 태아와 여성 중 어느 쪽이 더 비참한 존재인지 경쟁적으로 증명해야 하는 논쟁의 무한 고리에 빠지게 하기 때문이다.

III. 전면적 임신 중지 허용에 대한 여성주의적 기독교윤리학의 변증

사회적 약자를 향한 이웃사랑 명령은 기독교윤리학의 정초다. 그러나 임신 중지와 관련하여 성급하게 이웃사랑 윤리를 바로 적용하거나, 임신 중지를 지지하는 기독교윤리의 유일한 해답으로 이웃사랑 명령만을 주장하는 일은 사회의 통념상 경제사회적 약자로 구분될 수 없는 다른 여성들의 낙태 선택에 쏟아지는 도덕적 비난을 막을 수 없게 한다. 그들은 이웃사랑의 대상이 아니라 주체가 되어야 한다고 여겨지기 때문이다. 물론 사회를 경제사회적 구조가 아니라 가부장적 구조라는 관점에서 접근할 때 여성은 '누구나' 사회적 약자라는 점을 부각시킬 수는 있다. 그러나 이웃사랑 윤리는 결국 조금 더 나은 형편에 있는 존재에게 더 많은 책임을 '사랑'이라는 이름으로 의무 짓는다. 다시 말해 아무리 '프로 러브' 관점에서 급진적 사랑이 가부장적 사회의 억압으로부터 여성이 당하는 부정의를 인지하고 그를 '억압에서 해방시키는' 사랑을 주장한다고 해도, 그 관점은 '여성'과 '여성을 억압하는 사회' 간 관계의 부당함만을 드러낼 뿐이다. 그에 반해 '임신한 여성'과 '자궁 속 태아'의 관계 속에서 태아를 상대로 여성의 약자성이 더 크다는 주장을 펼치기는 쉽지 않다. 부당한 것은 사회이지 태아가 아니기 때문이다. 더군다나 태아는 이웃사랑의 명령이 전통적으로 지시해왔던 '이웃-타자'로 구분하기 힘듦에도 불구하고, 레비나스가 말했듯 "내 것인 동시에 내 것이 아닌" "낯선 이"로서 부모에게 여전히 '타자'로 남으며,[24] 타자성에 대한 인식이 가능하다면 그것은 부모의 주체성에 대한 자기 인식이자 타자에 대한 윤리적 무한 책임과 결국 다르지 않게 된다.

이러한 관점에서 볼 때, 잘 작동하는 급진적 사랑의 윤리학은 임신한 여성을 사회의 억압이 발생시키는 죄책감에서 해방될 수 있도록 하지만, 자궁 속 태아를 향한 죄책감과 관련해서는 근본적인 설명을 주지 못한다. 기독교 여성 중 상당수는 임신 중지를 창조 질서에 불복종하며 살인을 저지르는 죄라 비난하는 근본주의적 도덕주의도 수용하기 힘들지만, 태아의 주 수를 단순히 따져 마치 물질 단위처럼 설명하는 유물론적 사관도 쉽게 받아들일 수 없기 때문이다. 이러한 윤리학적 아포

---

24 에마뉘엘 레비나스, 『전체성과 무한』, 김도형 외 옮김(서울: 그린비, 2018), 405-406.

리아를 명백하게 인지하면서, 본 연구는 여성주의적 기독교윤리학의 관점에서 어떻게 임신한 여성 본인의 요청까지 포함한 광의로서의 임신 중지의 윤리적 가능성을 주장하여, 결과적으로 법적 정당성을 마련하는 데에 기초가 될 수 있는지 성찰하고자 한다.

1. 모성의 윤리적 주체성과 출산하지 않을 권리

교황 요한 바오로 2세는 『사랑과 책임』에서 인간의 자유의지를 통한 자기 결정 능력을 강조하며 충동적 본능은 인간이 타고난 본성일 수 없다는 것을 강조하였다.[25] 성적 행위가 문란함에 빠지지 않도록 통제할 수 있는 '이성적 능력'이 인간에게 본성상 있다는 것을 강조함으로써, 세속화된 현대 사회에서 점점 잊혀가는 가톨릭교회의 금욕적 성윤리의 기틀을 다시 놓고자 한 것이다. 물론 자연적 본능보다 이성적 본성을 인간 존재의 더 본질적인 핵심으로 설명하는 이원론적 존재론은 이미 고대 그리스 철학과 아우구스티누스 전통의 서양 신학의 거대한 융합 속에 깊은 뿌리를 두고 있다. 이 전통에서 '윤리'란 자연적 본능에 대한 이성적 본성의 우월적 통제와 지도를 의미해왔다. 존재론적으로는 자연과 문화의 이원론적인 구별을 명백하게 하면서도, 동시에 윤리학적으로는 모든 자연적 행위를 문화적 행위로 격상시켜야 할 당위를 부여하는 것이다.

그러나 본능을 통제해야 할 이성의 의무나 자연적 행위를 문화적 행위로 격상시켜야 할 윤리적 주체성은 성별의 이원적 위계질서 속에서

---

25 교황 요한 바오로 2세, 『사랑과 책임』, 김율 옮김(인천: 누멘, 2010), 65.

언제나 남성만이 전유하는 능력이었다. 여성은 언제나 '이성적인' 남성을 유혹하여 남성의 윤리적 주체성을 훼손하는 '본능적인' 존재로 규정되었다. 여성의 생식 능력을 핑계로 성차별적으로 재생산 활동(생존을 위한 가사노동과 양육, 노인 돌봄 등) 전반을 전담하도록 한 것은 가부장적 농업 문명이 만들어낸 차별적인 노동 분업이었지만, 이러한 성 역할에 고정된 여성의 현실은—남성처럼 이성적이며 문화적인 활동을 할 수 있는 능력을 갖추지 못한—'본능적이며 자연적인 존재'일 뿐이라는 주장의 근거가 되었다. 원인과 결과의 도치를 통해 성차별적 사회 구조를 고착시키는 근거가 되어온 것이다.

이러한 상황에서 전통적인 기독교윤리학은 재생산 활동으로서 남성의 성행위를 '본능적 충동'에서 기발하는 피할 수 없는 것으로 설명하면서도 동시에 이성으로 통제할 수 있으며 또한 통제해야 하는 것이라는 이중의 논리를 펼쳤다. 이에 비해 여성에게 성 충동은 이성에 의해 통제되어야 할 것이 아니었다. 사실 여성은 그것을 통제할 이성을 지니고 있는 존재로 인정받지 못하였다. 당연히 통제는 아버지와 남편의 의지 아래에서 이루어져야 했다. 여성 성행위의 윤리성은 여성의 자기 통제 능력의 지휘로 판단되는 것이 아니라, 오직 결혼제도를 통해 권리를 독점한 남편의 요구에 대한 성실한 응답으로 증명될 뿐이었다. '인간은 이성적 존재다'라는 명제는 실제로는 오직 남성에게만 해당하였다. 한마디로, 남성의 본성(nature)은 이성이지만, 여성의 본성은 본능으로 전제되었기 때문이었다.

이러한 배경에서 임신과 출산은 여성의 자연적 본능을 가장 충실하게 드러내는 가장 순수한 '자연적 행위'로 여겨졌다. 자연과 문화를 대비시키는 이원론적 사유 체계 안에 '자연적 행위'라는 말은 행위자에게 행위에 대한 어떠한 이성적 통제나 지도의 능력이 부재한다는 것을 의미하였다. 실제로 현대 사회에서 피임과 임신 중지에 대한 안전한 기술이 등장하기 전까지 임신과 출산은 인간의 자연 영역에 속한 것으로 여겨질 수밖에 없었다. 물론 기독교의 전통적 신학은—유물론적 세계관과 달리—'자연'을 창조주의 거룩한 피조물이자 '인간-남성'의 관리 대상물이라는 이중의 관점으로 바라보게 했다. 이에 따라 여성의 임신과 출산은 창조주의 절대적 주체성이 실현되는 섭리에 대한 수동적 체험이자, 아내와 태아(자녀)에 대한 '남성-남편-가부장'의 소유권이 실효성을 갖게 되는 법적 사건이었다. 한마디로 여성의 임신과 출산은 여성의 의지 아래 통제되고 지도받을 수 있는 주체적 행위로 인정받을 수 없었다. 오로지 '자연적 행위'로서 신의 창조 섭리에 대한 복종과 가부장적 질서에 대한 순응을 제외하고 여성에게 다른 선택이 남아 있지 않도록 만든 것이다.

결국 여성주의 기독교윤리학에서 '임신하지 않을 권리'와 '출산하지 않을 권리'의 정당성을 밝히는 작업은, 임신과 출산의 행위를 여성이 본성상 거부할 수 없는 '자연적 행위'로 규정해온 기독교 전통의 가르침에 대항하며, '인간 여성'의 의지로 선택할 수 있는 '문화적 행위'로서 새롭게 설명하는 데에서 시작해야 한다. 무엇을 하지 않을 권리는 결국 무엇을 할 권리와 조건적으로 같은 말이기 때문이다. 그러나 여성주의 기독교윤리학은 자연과 문화를 위계적으로 양분하여온 서양 전통의 이원론적 세계관과 이미 결별했다. 인간의 본성을 자연적인 요소와 문화적인 요소로 양분하거나, 복수로서의 인간들을 '자연적이기만 한 존재'와 '문화적이기도 한 존재'로 구별하는 인간관 속에는 근본적으로 여성과 남성 간의 성차별을 재생산하는 가부장적 지배 질서가 불가분의 관계로 일체되어 있다. 여성주의 기독교윤리학은 인간의 본성(nature)을 통전적으로 이해하는 데에서 시작한다. 즉, 인간의 자연 자체가 이미 그 시작부터 문화적이며, 인간 존재 그 자체가 '문화적 존재'임을 전제한다. 그리고 그 전제 아래 임신과 출산 행위 역시 문화적 행위로 지위를 복원시키는 작업이 동반될 수 있어야 한다.

인간의 문화는 기술적 행위와 윤리적 선택을 통해 변화하며 인간 본성을 새롭게 구성하고 생동시켜왔다. 물론 자크 엘룰(Jacque Ellul)의 경고처럼 현대 산업자본주의 문명에서 기술이 신(新)이데올로기의 기능으로 작동한 측면을 부인할 수 없다. 그러나 기술의 위험성으로 인해 반기술 문명이나 자연주의로의 환원을 현 인류의 목표로 삼을 수도 없다. 프랑스 개신교 신학자 가브리엘 바하니안(Gabriel Vahanian)의 통찰처럼, 기술은 인간의 문명과 불가분의 관계로서 '사람(l'humain)'이 '자연인(l'homme)'을 넘어서서 '참사람됨(l'humanité)'으로 나아갈 수 있도록 하는 인간적인 방법[26]일 수 있다. 그러나 이러한 관점이 기술우상주의를 쉽게 허용할 수 없는 것은, 히브리 성서 전통에서 기술이 첫 인류의 타락이 초래한 '추방'이란 형벌의 전제 속에서 하느님이 인간에게 베푼 '조건적' 은혜에서 시작되었다고 해석할 수 있기 때문이다. 인류의 첫 기술은 벌거벗은 것이 안타까워 인간에게 손수 가죽옷을 지어 입히신 하느님의 무두질에 대한 모방과, 선악과를 먹으면 '반드시 죽을 것이다'라는 말씀에도 불구하고 결국 죽음을 유예하며 에덴동산 밖에서 흙을 갈며(cultivate) 생존하도록 허락하신 농사 기술에 기원을 두고 있다고 신학적으로 해석할 수 있다.

---

26 가브리엘 바하니안, 『하나님과 유토피아』 양명수 옮김(서울: 성광문화사, 1991), 119.

기술은 인간의 생존과 삶을 위한 방법으로, 그 자체로 중립적이다. 그러나 기술의 잉여 생산력을 바탕으로 권력과 질서를 만드는 인간의 문화는 에덴동산 밖, 추방된 세계를 결국 성차별 세계이자 인종 차별 세계, 신분과 계급 차별 세계, 인간에 의한 생태계 착취 세계를 만들어 내기도 했다. 이러한 세계에서 아브람의 첫 번째 아들 이스마엘을 낳은 하갈의 고통은 하와가 명령받은 원천적 형벌로서의 아이 낳는 고통과는 이미 완전히 다른 것이 되었다. 이성애적 가부장적 질서와 고대 신분제의 지배 질서가 강하게 교차하는 문화에서 하갈의 임신과 출산은 인간의 의지와 상관없이 일어나는 자연적 행위가 아니라 지배 질서의 힘을 가진 자들(아브람과 사래)에 의해 착취적으로 일어난 문화적 행위였다. 하갈의 고통 역시 차별과 배제의 문화가 낳은 결과물이었다(창 16:11). 하갈을 학대한 늙은 사라의 임신과 출산도 마찬가지다. 하느님이 아브람에게 "너의 자손이 저 별처럼 많아질 것이다"(창 15:5)라고 오래전에 약속하신 말씀의 성취로 여겨졌던 사라의 출산은 그가 "늙은 아브라함에게 아들을 낳아주지 않았던가!"(창 21:7b)라며 자랑 섞어 '낄낄' 웃음을 멈추지 않았던 순간, 행위의 파생 결과가 완전히 달라졌다. 사라의 기쁨은 새로운 생명의 도래에 대한 순수한 기쁨이 아니라, 가부장적 문화 속에서 가계의 혈통을 이은 '본처'의 기쁨으로 전락했다.

　그러나 이성적 존재로서 인간은 윤리적 반성을 통해 자신과 문화를 변혁시키는 존재이기도 하다. 성서는 임신과 출산이란 문화적 행위를 통해 가부장적이고 이성애적이며 신분과 인종의 차별적인 문화에 순응하거나 적극적 재생산자로서 참여한 여성 인물만을 증언하지는 않는다. 문화적 행위로서 임신과 출산을 통해 낡은 문화에 저항하며 새로운 문화를 만들어낸 여성이 있다. 예수의 어머니 마리아다. 전통적 성서 해석에서 가브리엘 천사의 수태고지 이야기(눅 1:26-38)는 인간의 탄생에 임하시는 창조주 하느님의 섭리와 마리아의 '착한/거룩한' 순종 혹은 복종(모두 영어로 obedience)을 증거하는 것으로 해석되며 낙태를 반대하는 이들의 근거로 자주 사용된 본문이다. 그러나 마리아의 행위가 '착하다/거룩하다'라는 도덕적 지위를 정말로 얻기 위해서는 마리아가 창조주 하느님의 섭리를 거부할 수 있었음에도 거부하지 않기로 마음먹은 선택, 즉 자유에 기반한 선택이 전제되어야만 한다. 착함이나 거룩함 모두 행위자의 거부할 수 있는 권리를 전제할 때만 가능한 윤리적 개념이다. 다음은 영국 출신의 미국 시인 드니스 레버토프 (Denise Levertov)의 시 〈수태고지〉 중의 일부다.

> 헌데 우리는 온화한 순종을 듣네. 아무도 거론치 않은 용기
> 잉태케 하시는 성령
> 시작하지 않으시네, 그녀의 허락 없이는
> 하느님은 기다리셨고
> 그녀는 자유로웠네
> 받아들일 수도 거절할 수도 있었던, 선택
> 인간다움의 완성에 꼭 필요했기에[27]

레버토프는 이제까지 거의 모든 그리스도인이 주의하지 않았던 마리아의 '선택의 자유'를 언급한다. 더 나아가 그 선택의 자유를 존중하시는 하느님의 기다림에 대해서도 이야기한다. 이러한 새로운 상상은

---

27 리처드 카니, 『재신론』, 김동규 옮김(서울: 갈무리, 2021), 62.

여성의 임신과 출산 행위를 창조주의 거룩한 섭리이자 자연적 숙명으로 설명했던 교회의 오래된 가르침의 윤리적 맹점을 크게 두 가지 면에서 드러낸다. 첫째, 마리아의 "예, 저는 주님의 종입니다. 당신의 말씀대로 저에게 이루어지기 바랍니다"(눅 1:38)라는 응답이 자신은 선택권이 없는 '종'처럼 복종하겠다는 다짐에 불과하다면, 마리아는 그저 하느님의 재생산 계획에 의해 사용된 도구에 불과하게 된다. 그렇다면 그의 행위에는 착하다거나 거룩하다는 윤리적 가치평가가 적합하지 않다. 둘째, 만약 이 고지가 마리아의 거절할 선택권을 전제하지 않은 하느님의 완고한 의지라면, 혹여라도 마리아가 강력하게 저항하며 임신과 출산을 거부한다고 할 때 결국 하느님은 '임신을 원치 않는 여성'에게 임신하게 만드는 존재가 되었을 것이다. 인간 사회에서 임신을 원치 않는 여성을 임신하게 만드는 것은 '성폭력'을 사용하지 않고는 가능하지 않다. 성관계를 거치지 않는 성령에 의한 신비한 임신이라고 해도, 마리아를 임신하게 하는 행위의 '폭력성'은 쉽게 부인될 수 없다.

정리하자면, 수태고지의 이야기는 거부할 수 없는 임신과 출산에 대한 어머니의 생물학적 숙명이나 하나님의 생명 창조 섭리 등에 관한 이야기가 아니다. 그것은 임신과 출산 앞에 선택의 권리를 지닌 여성의 자유에 대한 이야기이자, 가부장적 결혼과 가족제도, 제국의 식민 통치 억압 속에서도 자유로운 선택을 통해 낡은 문화를 변혁하는 '창조적 문화 행위'에 대한 이야기이다. 그리고 궁극적으로 여성이 하느님의 창조 사역에 주체적 동역자로 참여하고 있다는 것을 증거하는 이야기이다. 그러나 그렇기에 이야기는 역설적으로 여성이 임신과 출산을 '잘' 선택하기 위해서라도 '선택하지 않을 권리'가 앞서 전제되어 있음을 드러내는 것이기도 하다.

여성의 모성 경험은 순전히 자연적인 경험이 아니다. 그것은 문화적 경험으로서, 문화에 기대어 혹은 문화를 변혁하여 일어나는 여성의 '(비)윤리적 경험'이다. 모성 경험이 (비)윤리적 경험일 수 있는 이유는 결국 주체 여성의 선택이 '자기 사랑'과 '자녀 사랑' 사이의 갈등 속에 일어나는 일이기 때문이다. 그러나 같은 모성 경험에 속한다고 해도— '임신'이나 '양육'과 달리—'출산'은 (비)윤리적 경험으로서의 갈등 상황에 차이가 있다. '임신할 것인가 혹은 하지 않을 것인가'라는 선택에는 이미 미래 자녀의 '타자성'에 대한 인정이 전제되어 있다. 주체 엄마는 임신을 고민하며 자녀 타자에 대한 책임을 질 수 있느냐 없느냐 갈등할 뿐이다. 양육 경험에서의 갈등도 유사하다. 이미 자녀는 세상에 나온 존재로서 눈앞의 '타자'이다. 그러니 양육 경험에서 엄마가 겪는 갈등은 '자녀의 사랑을 위해 얼마나 자기 사랑을 포기해야 하는가'에 달려 있다. 임신과 양육 모두, 엄마의 윤리적 책임을 불러일으키는 자녀의 타자성이 이미 (가상으로 혹은 현실적으로) 인정되고 있다.

그러나 출산, 특히 '원치 않는 출산'에서는 상황이 다르다. 출산을 원치 않는 여성의 갈등은 '출산 행위를 통해 내가 책임져야 할 존재로 인정할 것이냐, 인정하지 않을 것이냐'에 집중되어 있다. 임신과 양육의 갈등이 '타자 책임의 갈등'이라면, 출산의 갈등은—그보다 근본적인—'타자 인정의 갈등'이라 할 수 있다. 출산을 원치 않는 여성에게 '자궁 속 존재'는 태명을 붙일 수 없는 존재다. 아직 그 존재의 타자성 자체를 인정하지 못하는 것이다. 그래서 '자궁 속 익명의 존재'는 엠마누엘 레비나스(Emmanuel Levinas)가 '아들'을 설명하며 표현했던 '내 것이면서 동시에 (얼굴이) 낯선 타자'가 아니라, '낯(얼굴)을 직면한 바 없는 존재(무엇)'에 불과하다. 그래서 임신 중지를 고민하는 여성에게 어머니의 책임을 말하는 것은 아직 성급하다.

　자유주의적 페미니즘은 '자기결정권'이라는 개념을 통해 출산의 갈등에서 자궁 속 존재를 '타자'로 인정할지 말지를 결정할 권리가 임부에게 독점되어 있다고 주장한다. "내 몸속에서 일어나는 생식 현상이기에, 재생산의 권리 역시 나의 것"이라고 보는 것이다.[28] 자궁과 몸에 대한 배타적 소유권에 기반한 자유주의적 페미니즘은 자궁의 주인인 '여성'이 자궁 속 존재의 '타자성'을 인정하지도 않았는데, 생물학적 부성이나 가족, 종교 나아가 국가가 앞질러 그 존재의 잠재적 인간성을 인정하고 여성의 자기 몸에 대한 자유를 침해하는 것에 강하게 비판한다. '자기결정권'이라는 말은 출산 앞에 여성의 선택 권리의 배타성을 효과적으로 드러낼 수 있기에 여성주의적 기독교윤리학에서도 유용할 수 있다.

　그러나 '자기결정권'이라는 말은 임신을 인지한 뒤 '자궁 속 존재'를 놓고 자기 삶, 심지어 자기 생명을 놓고 저울질하는 여성의 심각한 존재론적 갈등을 너무 쉽게 은폐할 위험이 있다. 인간이 죽음 앞에 선 단독자라면, 임부 여성은 출산 앞에 선 단독자다. 자궁 속 존재의 생물학적 아버지도, 임신한 여성의 어머니도, 입양을 약속한 선량한 이웃도, 낙태를 죄라고 가르치는 교회 지도자도, 심지어 자궁 속 존재의 시작을 연 하느님도 출산을 대신할 수 없다. 아담과 하와를 제외하고, 하느님은 심지어 그의 아들까지 출산 앞에 선 단독자로서의 임부 여성을 통해 새 인간을 창조했다. 임부 여성만이 하느님의 '자궁 속에서 시작한 존재'를 사회적 존재이자 법적 존재로서 인정받을 수 있도록 인간 세계

---

28 백영경, "낙태죄 폐지가 시대의 상식이 되기까지," 16.

속에 낳아주는(give birth to a child) 유일무이한 존재인 것이다.

그러나 이 유일무이함이야말로 출산 앞의 단독자가 품은 두려움의 원천이다. 이 두려움은 타자 외면에 대한 윤리적 죄책감보다 앞서 있는 근원적 두려움이다. 하느님은 금지의 명령을 어긴 하와에게 '임신하는 고통이자, 해산하는 고통'(창 3:16)을 주었다고 했다. 이제까지 이 고통은 성관계 행위와 출산 행위에서 발생하는 신체적 고통으로 해석되어 왔다. 그러나 여성주의적 기독교윤리학의 관점에서, 이 두려움은 출산 앞의 단독자로서 감당해야만 하는 자기 삶의 중단에 대한 두려움이자 자기 파괴의 두려움이다. 하와에게 내린 형벌이 개인 하와만이 아니라 인류 여성 모두가 공유한 실존이라면, 그 두려움은 일부 이기적이고 무책임한 여성들만의 것이라 할 수 없다. 여성 모두가 처한 두려움이다. 출산은 다만 이 두려움을 감내하는 용기 있는 자에게만 가능하다.

자궁 속 존재를 타자로 인정하고 출산하기로 결단하는 행위는—단순히 자기 소유물로서 몸에 대한 결정권의 발동이 아니라—임부 여성만의 고유한 윤리적 행위다. 그러나 폴 리쾨르(Paul Ricoeur)의 성찰처럼, 인간의 윤리적 결단 능력은 역설적으로 인간의 윤리적 나약함(vulnérabilité)에서나 가능하다. 시몬 드 보부아르(Simone de Beauvoir) 역시 인간 조건에 포함된 실패(failure)의 요소를 강조하지 않고는 윤리학 자체가 불가능하다고 말했다.[29] 높은 수준의 사회경제적 조건이 인간에게 윤리적 결단의 수월성을 줄 수 있을지는 모르지만, 그것이 필요충분조건일 수는 없다. 많이 가진 자가 더 윤리적일 수 있는 것도 아니고, 덜 가진 자가 덜 윤리적이어야만 하는 것도 아니다. 자기중심성을

---

29 시몬 드 보부아르, 『그러나 혼자만은 아니다』, 한길석 옮김(서울: 꾸리에, 2016) 18.

탈피하여 타자를 환대하는 '자유'가 어디서 오는 것인지 무수히 많은 철학자와 신학자가 설명하려 했으나 모두가 동의하는 답을 찾은 이는 없다. 다만 그 기원을 설명하기가 너무 어렵기에 유신론자들은 신의 전적인 은혜라고 여겼고, 무신론자들은 거룩한 내면의 신비라 여겼다.

여성주의적 기독교윤리학의 관점에서 볼 때 여성의 임신 중지 결정이 그 자체로 비난받지 말아야 할 이유는 그 결정이 임부 개인의 지나친 자기중심성이 아니라, 인간의 보편적인 윤리적 나약함에서 비롯되었기 때문이다. '할 수 있음'의 윤리는 '할 수 없음'이란 인간의 보편적 실존을 딛고 일어서는 용기 있는 자들의 복(福)이다(눅 1:42). 그러나 아무리 '출산할 수 있음'이 용기 있는 자들의 복이라 하여도, 복 받을 용기를 법으로, 그것도 처벌이 따르는 형법으로 강제할 수는 없다. 더군다나 정교분리가 원칙이 된 세속적 시민 사회에서, 아무리 그것이 '복'의 은혜를 선물한다고 하여도, 복을 거부하거나 다른 복을 찾는 이에게 이것만이 복이라고 강제할 수 없다. 미국의 대표적 공공신학자 맥스 스택하우스(Max L. Stackhouse)는 신학이 일반은총의 영역인 시민 사회에 적극적으로 참여함으로써 기독교의 진리를 구현하기를 요청했지만,30 여성신학적 관점에서 기독교의 진리 구현 방식이 처벌을 전제한 형법을 방법론으로 삼아 공공 영역에 대한 지배권을 강화하는 방식으로 일어나게 하는 데에는 동의할 수 없다. 만약에 기독교가 여성의 임신 중지 문제와 관련하여 공공 영역에서 할 수 있는 것이 있다면, 그것은 원치 않는 임신이 발생하지 않도록 하는 성평등 문화와 제도가 형성될 수 있도록 직간접적으로 지원하는 일이거나, 어렵게 출산을 결심하

---

30 문시영, "낙태 비범죄화 논란에 관한 공공신학적 제언," 「장신논단」 50(1)(2018), 253.

고 출산한 여성들이 좌절하지 않고 아이를 키울 수 있도록 직간접적으로 지원하는 일에 제한되어야 한다.

2. 모성의 윤리적 실패를 위한 변호

출산은 자연적 행위가 아니라 기술적 행위와 윤리적 결단이 교차하는 문화적 행위다. 그렇다면 임신 중지 행위 역시 자연을 거스르는 행위가 아니라, 기술적 행위와 (비)윤리적 결단이 교차하는 문화적 행위다. 다만 후자의 행위는 인간 조건에 포함된 '윤리적 나약함'에서 비롯된 윤리적 실패이다. 그러나 여성신학적 기독교윤리학은 윤리적 실패로서의 임신 중지 행위를 임부 개인에게 탓을 돌려 법적 처벌의 죄를 묻거나 도덕적 비난을 쏟아 붓는 것에 반대한다. 이러한 입장은 결국 여성신학적 기독교윤리학으로 하여금 "임신 중지라는 윤리적 실패의 책임을 임신 중지를 한 여성 개인에게 귀속시키지 않으면서도, 책임의 주체를 해명할 수 있는지" 탐구하게 한다.

이에 답하기 위해 미국의 여성주의 정치학자 아이리스 매리언 영(Iris Marion Young)의 '책임에 관한 사회적 연결 모델'의 적용이 유용할 수 있다. 그는 한나 아렌트의 『예루살렘의 아이히만』의 영향을 받아, 인간 사회의 많은 문제가 단순히 문제를 직접적으로 발생시킨 행위자를 찾아 그의 도덕적이면서도 법적인 책임을 묻는 것만으로는 해결될 수 없음을 주장하였다. 그러한 문제는 어김없이 구조적 부정의와 깊은 관련이 있기 때문이다. 영은 "구조적 부정의는 선형적 연결로 추적할 수 없다"라고 지적하며, "불법적이거나 부도덕한 행위에 관여하는 사람들만 부정의를 저지르는 것이 아니다. 그 밖에도 부정의에 관여하는

사람들이 너무 많다"라고 주장하였다.[31]

영의 사회적 책임의 사회적 연결 모델은, 사회적 문제를 유발하는 불법적이고 비도덕적인 행위를 직접 저지른 사람이 아니더라도 같은 사회의 구성원으로서 "개인은 행위를 통해 부정의한 결과를 만들어내는 과정에 이바지하기 때문에 사회 부정의에 책임이 있다"라고 설명한다.[32] 우리가 사는 사회 자체가 각자의 이익을 추구하고 목표를 달성하기 위해 상호 의존적인 협력뿐만 아니라 서로 경쟁하는 체제를 구축하고 있기에, 사회적 연결 속에서 나의 행위들이—심지어 합법적이며 도덕적 행위들이라 하더라도—타인에게 부정적 결과를 끼칠 수 있기 때문이다. 그렇기에 영은 법적이고 도덕적 책임이 있는 사람들을 낙인찍어 사회적으로 격리를 초래함으로써 사회의 다른 구성원들의 책임을 은폐하는 법적 책임 모델보다는, "특별하게 잘못을 저지르지 않았더라도 부정의한 결과에 대해 책임"을[33] 지도록 요청하는 사회적 연결 모델이 사회적 문제를 해결하는 데에 훨씬 더 생산적일 수 있다는 것을 강조한다.

물론 영이 사회적 연결 모델을 제시하며 '임신 중지'의 문제를 직접 예시로 든 것은 아니다. 이제까지 '임신 중지 행위'야말로 임신중지술을 요청한 임부 여성 개인의 법적이고 도덕적 책임으로 취급되어왔다. 그러나 OECD 회원국을 대상으로 한 조사에 따르면, 한 사회의 임신중지율과 법률상의 금지와 처벌 규정이 직접적인 관련이 없다는 것이 드

---

31 아이리스 매리언 영, 『정의를 위한 정치적 책임』, 허라금 외 옮김(서울: 이화여자대학교 출판문화원, 2018), 176.

32 앞의 책, 189.

33 앞의 책, 191.

러났다. 슬로바키아는 임신 중지를 전면적으로 허용하는 나라지만 인공임신중절율이 조사 대상 1,000명당 8명에 불과하였다. 이에 반해 똑같이 임신 중지를 전면적으로 허용하는 스웨덴은 18명에 달하였다. 이에 반해, 본인 요청뿐만 아니라 경제사회적 사유, 심지어 모체의 정신적 건강의 사유의 경우 낙태를 불법화한 일본에서는 10명으로 조사되었다.[34] 이는 임신 중지를 선택할 자유를 법적으로 부여하거나 혹은 법적으로 금지하는 것이 임부 개인의 결정과 무관하다는 사실을 보여준다.

이러한 사실을 배경으로, 여성주의적 기독교윤리학의 관점에서 특별히 정당해 보이는 이유 없이 임신 중지를 한 임부 여성에 대해 법적 처벌이 완전히 면해져야 한다고 어떻게 주장할 수 있을까? 나아가 최소한 임신 자체에 대한 책임은 현명하게 피임하지 못한 임부 본인에게 근본적으로 존재하지 않느냐는 의심의 눈초리에 어떻게 답할 것인가? 성을 가톨릭교회의 금욕적인 관점에서 이해하는 이들에게 '원치 않는 임신'이란 말은 어불성설이다. 성은 오직 혼인 관계에서 '임신'을 하기 위한 목적에서만 이루어져야 하기에, 임신은 언제나 '원하는 임신' 밖에 될 수 없다. 그러나 개신교 전통의 성 윤리는—개신교도 여전히 혼인 관계 안의 배타적 행위로 규정하고 있지만—성을 통한 두 인격의 연합 행위로 이해함으로써 임신을 원하지 않더라도 성관계를 부부가 누릴 수 있도록 개방하였다.

그러나 제대로 된 성교육이 부재한 한국 상황에서 부부관계 안에서 임신을 원치 않으면서도 피임을 제대로 하지 않아 결국 인공임신중절

---

34 이소영 외, 「인공임신중절 실태조사」, 35.

을 고려했던 경험을 한 여성이 통계 조사상 상당수에 이른다. 「2018년 인공임신중절 실태조사」에 따르면, 인공임신중절을 하지는 않았지만 임신 기간 동안 인공임신중절을 고려한 여성(383명) 중 법률혼 관계에 있던 이들이 56.4%(216명)에 이르렀고, 이 수치는 미혼 상태로 응답한 여성의 29.8%(114명)보다 월등히 높은 수치였다. 더욱 놀라운 사실은 의학적으로 제대로 된 피임 방법이라고 할 수 없는 월경주기법을 아직도 사용하는 법적 부부들이 전체 조사 대상의 법적 부부(3,366명) 중 25.5%에 이르렀으며, 질외사정법을 사용하는 부부도 47.8%에 이르렀다(복수응답 가능). 법적 부부관계에서 피임하지 않는 이유는 단지 35.8%만이 임신을 원했기 때문이라고 응답했지만, 여성 응답자 본인의 피임 도구 사용이 불편해서(24.4%)라거나 파트너가 피임을 원치 않아서(17.9%)라는 답변도 꽤 상당한 수치를 보였다. 보수적으로 법적 부부관계 안의 피임 관련 통계들만 살펴보아도, 한국 부부들은 '원치 않는 임신'에 대한 직접적 책임을 다하는 데에 여전히 무능하고 무책임하며, 성차별적 특성까지 상당히 반영되어 있다고 할 수 있다.

그러나 이러한 상황에서도 임부 여성의 인공임신중절 선택에 법적 책임에 대한 면제를 주장하는 근거는, 성관계의 상호책임성에 근거하여 원치 않는 임신의 원인 제공자가 임부 여성뿐만 아니라 그의 남성 파트너도 되기 때문이다. 물론 법적 책임 모델을 강화하여 원치 않는 임신의 원인 제공자로서의 임부뿐만 아니라 그 파트너도 처벌하자는 주장이 가능할 수 있다. 그러나 양성 모두에게 법적 책임을 지우는 '법적 책임 모델'의 강화는 여전히 적절하지 못하다. 피임 기술을 이용한 커플의 노력에도 임신을 완전히 피할 수 없다. 콘돔을 정확하게 사용했을 때도 피임 실패율은 2%를 기록하는데, 실제로 일상의 성관계에서 콘돔을 사용하는 사람들을 대상으로 한 조사에서 콘돔 피임의 실패율은 15%에 이른다. 경구용 호르몬 피임약도 복용 안내에 따라 정확히 사용하면 0.3%이지만, 실제 사용자들의 조사에서는 8%라는 적지 않은 실패율을 나타낸다.[35] 성관계를 하는 커플의 특수성 말고도, 같은 커플이 그날에 갖는 성관계 상황의 특수성에 따라서도 피임 기술은 임신을 완벽히 막는 데에 실패할 수 있다. 여성의 몸은 어떠한가? 근본적으로 임신의 공간인 여성의 몸은 근대 철학자들의 사고처럼 정신이 소유하거나 완전히 통제할 수 있는 대상이 아니다. 근본적으로 완전한 통제가 불가능한 몸의 생식 작용에 대해 임부 여성에게만 법적 책임을 돌리는 것은 법적으로 정당하지 못하다.

원치 않은 임신을 한 여성에게 임신 중지의 법적 책임을 물을 수 없다고 해서 결국 아무도 책임이 없는 것은 아니다. 아이리스 영의 책임의 사회적 모델을 적용해보면, 커플의 피임 실패는 사회의 다양한 구조적 부정의와 끈끈하게 연결되어 있다. 가부장적 구조의 부정의는 남성 파트너의 피임에 대한 적극적 책임이 면해지도록 하는 배경이 되었으며, 왜곡된 사회의 성 관념은 성 정의에 기초한 건강한 성교육이 제대로 이행되지 못하게 된 공공 교육의 질적 저하와 관련이 있다. 실패율이 가장 낮은 여성용 피하이식제가 빈곤계층의 여성들에게 널리 사용되지 못하는 것은 우리나라의 의료건강보험 체계가 재생산권을 아직 적극적으로 보호하지 못하는 것과 깊은 관련이 있다. 남성용 호르몬 피임약의 개발이 더딘 것은 의료산업의 연구 투자 자체가 이미 성차별

---

35 김영신, "피임약 콘돔 실제 실패율 높아… 올바른 피임 방법은?," 「Medical World News」, 2021. 9. 27, http://medicalworldnews.co.kr/news/view.php?idx=1510945012. 2022년 5월 28일 접속.

적인 구도 아래 짜여 있음을 드러낸다. 또한 출산을 원치 않게 만드는 것 역시 구조적 부정의와 관련하고 있다. 장애 아동을 양육하기 힘든 현실이나 감당할 수 없는 교육과 주거 비용, 목숨을 건 도약을 요구하는 무한 경쟁 사회의 매정함, 경력 단절 등 여성이 출산을 원하지 않도록 만드는 사회적 부정의는 수도 없이 많다. 결국 이 모든 사회적 부정의의 구조망은 원치 않는 임신과 임공임신중절을 방지하는 데 필요한 사회정치적 제도와 문화의 변혁을 제대로 만들지 못한 시민 모두의 정치적 무관심과 무능, 나아가 사회적 연대의 붕괴와 깊은 관련이 있다.

책임의 사회적 연결 모델에서는 원치 않는 임신을 한 여성과 파트너가 아니더라도, 원치 않는 임신에 대한 책임을 사회가 공유한다. 그것이 개인의 불법적이거나 비도덕적 일탈에 의한 것이 아니더라도, 사회적 부정의에 의해 발생할 수 있기 때문이다. 바로 이러한 관점에서 문제에 접근할 때야 비로소 2020년 12월 31일 낙태죄 폐지 이후 국회에서 방치한 입법 공백의 문제가 명백하게 드러날 수 있을 것이다. 낙태죄가 형법상 폐지되었다고 하여 크게 달라진 것이 없다. 불법이지만 처벌을 거의 받지 않았던 인공임신중절술이 합법이 되어 처벌의 대상에서 벗어났다는 점을 빼고는 그대로이다. 새롭게 입법해야 할 「성·재생산권리 보장 기본법」[36] 없이는 근본적인 변화를 만들기 힘들다. 입법의 주체는 국회의원이며 다수당이지만, 그 주체를 움직이게 하는 것은 결국 시민이다. 원치 않는 임신과 출산 앞에 선 단독자로서 자기 삶의 중단과 자기 파괴의 두려움으로 인해 안타깝게도 윤리적 실패에 직면하게 될 많은 여성의 비극을 막을 방법은 여성 내면의 타자 책임 윤

---

36 2020년 성적 권리와 재생산정의를 위한 센터 SHARE가 제안한 법률안의 명칭.

리를 고양하는 것만으로는 거의 불가능하다. 윤리적 결단이 정치적 활동과 협업을 해야 할 이유가 바로 여기에 있다.

IV. 나가는 말

차별금지법(평등법)의 법안이 국회 법사위에 제출되어 공청회의 과정을 거치는 데 이르기까지 일부 교회와 그리스도인들의 조직적 반대가 너무 격렬하게 일어나고 있다. 이러한 현상이 단순히 기독교의 정치 세력화이기에 문제가 되는 것은 아니다. 인간의 문화를 변혁하는 기독교윤리가 되기 위해서는 정치적 활동을 배제해서는 안 된다. 그러나 문제는 세속화와 다종교의 현실에 직면한 사회에서 최근 몇 년간 지속되는 반동성애·반페미니즘·반낙태·반이슬람 기독교 운동이 도덕의 제국주의를 쌓고 있다는 사실에 있다. 심지어 나사렛 예수의 이웃사랑 명령과 구속 사역과는 전혀 상관없는 혐오와 차별의 이데올로기를 기독교인뿐만 아니라 비기독교 시민까지 지켜야 할 절대적 도덕으로 둔갑시키고 있다. 하느님의 선(善)의 칼을 위조하여 세상을 향해, 사람을 향해 거침없이 휘두르고 있다. 더 절망스러운 것은 이들이 합리적 대화 불능의 상태에 빠져 있다는 점이다. 이성의 지적 능력도 이성의 실천 능력도 모두 상실했다. 어디서부터 변혁을 이끌어야 할지 암담하다. 그러나 절망 속에서도, 자신과 이웃의 고통의 구조적 부정의를 사회에 알리고 다른 시민들을 설득하여 구조 자체를 바꿔내는 연대만이 여전히 우리의 희망이다. 여성신학적 관점에서 출산 앞의 단독자로 두려움에 떨고 있는 여성과 윤리적 실패로 깊은 좌절에서 헤어 나오지 못하는 여성은 우리 자신이면서 동시에 이웃 자매이다. 바로 지금, 여성주의 그리스도인들의 연대를 키워내야만 한다.

참고문헌

교황 요한 바오로 2세.『사랑과 책임』. 김율 옮김. 인천: 누멘, 2010.
김연희. "변증학으로서의 그리스도교 신학: 어제와 오늘."「철학과 현실」107(2015), 243.
김영신. "피임약 콘돔 실제 실패율 높아... 올바른 피임 방법은?."「Medical World News」. 2021. 9. 27. http://medicalworldnews.co.kr/news/view.php?idx=1510945012. 2022년 5월 28일 접속.
김정혜. "처벌에서 온전한 의료행위로."「'낙태죄' 개정 관련 공청회 자료집」(국회 법제사법위원회, 2020), 76.
김혜령. "이본 게바라의 라틴 아메리카 여성해방신학과 생태여성신학 연구."「한국기독교신학논총」92(1)(2014), 200.
_____. "성 소수자 혐오의 혐오성에 대한 기독교윤리학의 비판적 논증."「신학사상」190(2020), 305.
레비나스, 에마뉘엘.『전체성과 무한』. 김도형 외 옮김. 서울: 그린비, 2018.
문시영. "낙태 비범죄화 논란에 관한 공공신학적 제언."「장신논단」50(1)(2018), 253.
바하니안, 가브리엘.『하나님과 유토피아』. 양명수 옮김. 서울: 성광문화사, 1991.
박용철. "낙태에 대한 법적 관점: 낙태는 범죄인가? 권리인가?"「신학과 철학」37(2020), 50.
백영경 외.『배틀그라운드』. 서울: 후마니타스, 2018.
보부아르, 시몬 드.『그러나 혼자만은 아니다』. 한길석 옮김. 서울: 꾸리에, 2016.
영, 아이리스 매리언.『정의를 위한 정치적 책임』. 허라금 외 옮김. 서울: 이화여자대학교 출판문화원, 2018.
윤정란. "국가·여성·종교: 1960-1970년대 가족계획사업과 기독교 여성을 중심으로."「여성과 역사」8(2008), 68-70.
이소라. "'낙태버스'를 아시나요... 국가가 낙태 지원까지 했었다." 한국일보. 2020. 11. 2. https://www.hankookilbo.com/News/Read/A2020102915190002824?did=DA. 2022년 5월 27일 접속.
카니, 리처드.『재신론』. 김동규 옮김. 서울: 갈무리, 2021.
Whitten-Andrews, Jeanie. "Calling for a Pro-Love Movement: A Contextualized Theo-Ethical Examination of Reproductive Health Care and Abortion in the United States." *Feminist Theology* 26(2)(2018/1), 150.

질문하기
: 기독교의 정상 가족 이데올로기와 생물학적 모성 담론은
유일한 하나님의 질서이자 인간의 소명인가?

이주아 | 이화여자대학교, 기독교교육

I. 은혜가 가득 차 있을 거라고 생각했던 공동체 속에 은밀하게 존재하는 것들

나는 대기업에서 디자이너로 몇 년을 일하며 '세속적으로 즐거운' 삶을 살아가고 있었고, 부모님 뜻을 따라 '적령기'에 결혼을 하고, '당연히' 아이를 둘 정도는 낳아 살아갈 것을 믿어 의심치 않았던 20대를 보냈다. 그런데 사람의 인생이라는 것은 늘 그렇듯 생각대로 흘러가지 않는 법이다. 그냥저냥 부모님 때문에 다니던 교회에서 늦게 신앙심이 생겼고, 교파나 교단에 대한 의식이 전혀 없는, 오히려 청년부 활동조차 하지 않았던 이방인이 기독교 공동체에 몸을 담기 시작했다. 그리고 그것은 내가 한 번도 품어보지 않았던 질문들을 쏟아내게 만드는 인생을 살게 하는 계기가 되었다.

열심을 내어 주일학교 교사가 되고, 더 열심을 내니 대학원에서 기

독교교육을 전공하고 있다는 이유로 교육사라는 이름으로 좀 더 깊숙하게 일을 하게 되었다. 부서의 아침 회의에 '싹싹하게!' 거의 제일 먼저 출석하고, '당연하게!' 준비된 다과를 세팅해서 어른들을 대접했다. 한 번은 목사님께 돌아가면서 다과를 세팅하면 어떻겠냐고 여쭈었지만 웃음으로 가볍게 넘어가셨다. 젠더 감수성이라는 말 자체가 없었던 1990년대 말미에서 2000년대로 넘어가는 시점이었다. 지금 돌이켜보면 가부장제 사회에서 불편하지 않게 살려면 눈에 보이지 않게 정해져 있는 어느 정상성의 테두리를 벗어나지 않아야 하는 것 같다. 그러면 그 누구도 위협을 하지도, 예민하다고 하지도 않는다. 성별 고정관념에 따른 역할을 충실히 수행하고, 정상적이라고 이야기되는 삶의 주기를 따르면 공격당할 일 자체가 없다.

하지만 문제는 나였던 걸까? 대학원 공부는 재미있었지만, 교회에서 권하듯 교단 신학을 하고 싶지는 않았다. 눈에 보이기 시작했기 때문이다. 여성 목사와 장로 안수가 하나님이 정하신 질서가 아닌 교단에 속한 교회에서, 여전도사님들도 남성 목사님들과 똑같은 과정을 거쳐 학위를 받지만 지나친 박봉에 시달리며 나이가 아무리 들어도 전도사 직책에 머물러야만 하는 현실을…. 나는 아직도 이해할 수 없다. 여성과 남성이 하나님 앞에서 위계질서를 부여받았으며, 남성이 가정의 머리이자 공동체의 리더를 맡아야 하고, 여성은 이를 보조해야 한다는 성역할 고정관념이 하나님이 제정하신 질서라는 것을 믿을 수 없었다. 여성이 교회에서 잠잠해야 한다는 성서 말씀 때문에 목사가 되지 못한다면 전도사는 왜 시키나? 교사는 왜 시키나? 심지어 노방 전도는 여성들이 없으면 거의 존재하지 못할 것이다. 왜 여기에서는 잠잠해야 하고 여기에서는 열심을 내어 헌신해야 한다는 것인가? 아무리 생각해도 그것은 제도적 권위와 기득권 유지의 문제가 걸린, 취사 선택적 해석이라고밖에 이해되지 않는다.

주일예배를 드리고 부서 청소를 다 같이 하고 있을 때, 한 학생이 나에게 가볍게 이야기했다. "선생님, 선생님 전 커서 결혼은 안 하고 싶어요." 그때 목사님의 반응을 나는 아직도 잊지 못한다. 너무나 단호하게, 한 치의 의심이나 주저 없이, 그 이상 확신할 수 없을 정도로, "결혼을 하지 않는 건 죄야!"라고 이야기한 것이다. 결혼을 하지 않는 것은 죄다. 생육하고 번성하라는 말씀이 창세기부터 나오니까. 어머니가 되는 것은 하나님이 여성에게 주신 소명이며, 믿음으로 아이를 잘 양육하는 것이 첫 번째로 중요한 일이다….

정말로 결혼하지 않는 것은 죄인가? 평생을 독신으로 살아가는 여성 전도사님들이 얼마나 많은데, 그럼 그분들은 다 죄인이란 말인가? 아마 〈울지마 톤즈〉의 이태석 신부님도 죄인의 잣대를 피해가지는 못하겠지. 그럼 진짜 결혼을 하지 않는 것은 죄일까? 우리는 죄인이 되지 않으려면 결혼을 하고 아이를 낳아야 하는 걸까? 그렇게 나의 신학 여정은 "너무 당연한 거 아니야?"라고 회자되는 많은 것에 질문을 던지는 것들로부터 시작되었고, 지금도 진행 중이다.

II. 죄인으로 가득 차게 될 교회?
비혼과 비출산의 시대가 도래했다

현대 한국 사회에서 늘어가고 있는 비혼 및 비출산 문제와 이를 둘러싼 담론들은 다양하다. 기존의 생애사적 규범이었던 이성애 양성 부모의 결합과 출산 및 자녀 양육이라고 하는 정상 가족 이데올로기는 크게 변동을 일으키고 있다. 이처럼 다양한 형태의 삶의 부상에 대해 혹자는 가족 위기를 이야기하며 근대 핵가족 체계로의 복귀를 주장하기도 하고 혹자는 개인이 삶에 가질 수 있는 선택지의 증가와 이에 의한 자유와 권리, 행복이라는 면에서 긍정적으로 바라보기도 한다. 어떤 견해든 간에 비혼과 비출산은 부정할 수 없이 우리 사회 속에 자리 잡아가고 있는 삶의 형태이다. 사실 이전에도 있기는 했지만….

비혼과 결혼을 하더라도 출산—과 이에 따른 자녀 양육이라는 재생산 노동—은 하지 않겠다는 결심과 실천은 사회적으로, 또 가정 내부에서도 많은 비난을 받는 것이 현실이다. 여성들에게 이는 더욱 강압적으로 다가온다. '어머니는 위대하다'든지 '아이를 낳아보지 않은 여성은 어른이 되지 못한다'는 식의 전통적인 성 역할에 기댄 모성 담론의 강요와 '이기적이다', 더 심하게는 '사람 구실을 해야 한다'는 성 역할 고정관념… 특히 보수적·전통적 기독교에서 이러한 갈등은 더욱 심해진다. 보수적·전통적 기독교는 오랜 기간 동안 여성의 소명은 출산과 양육이고, 결혼은 하나님이 제정하신 신적 질서라고 가르쳐왔으며, 이에 어긋난 삶의 형태에 대해 상당히 부정적이거나 혹은 '아직 완성되지 않은 삶'이라는 시각을 견지해왔기 때문이다. 글쎄, 결혼을 하고 아이를 길러봐야 성숙해진다는 말이 정말 맞는다면 이 세상은 왜 이리도 혼탁한 것인지 설명할 수 없는데도 말이다.

기독교의 구성원들은 공동체의 가르침과 개인의 생애사 선택의 자율성과 주체성의 실천 사이의 갈등 안에서 여러 혼란을 겪는다. 특히 이것이 '신앙'의 영역과 결부됨에 따라 비혼 및 비출산을 택하는 기독교인들은 수치심과 죄책감 등을 겪으며 부정적인 자아정체성을 형성하거나 공동체 내에서 자신의 자리를 찾는 것을 어려워하게 되기도 한다. 정말로 성서의 증거, 예수의 말씀, 기독교 역사와 전통이 과연 이성애 결혼과 생물학적 모성 실천만을 유일한 성서적 진리이며 하나님의 뜻으로 제시하고 있는 걸까?

1. 정상 가족 이데올로기와 생물학적 모성 담론에 대한 여성주의의 접근

여성주의와 사회학자들에 따르면 지금 우리가 알고 있는 핵가족 형태의 정상 가족과 모성애의 모습은 근대의 산물이다. 여성주의는 기존의 '이성애 양성 부모의 결합'이라고 하는 정상 가족을 여성에 대한 남성의 위계를 구축하는 것으로 읽으며, 현대 한국 사회의 변화는 이러한 전통적 젠더 규범이 흔들리고 균열이 나기 시작한 것이라고 여긴다. 벡(Beck)은 현대 사회에서는 규범화되고 정형화된 삶의 양식에서 벗어나 자신의 삶의 길을 선택하는 것이 보편화될 것이라고 하는데,[1] 여성주의 역시 이러한 전망에 동조하는 경향이 짙다. 전통적 제도의 남성 중심성과 가부장적 위계 체제에 내재되어 있는 기존의 성별 노동 분업이나 섹슈얼리티 등이 해체되고 있다는 것이다.

같은 관점에서 여성주의는 비혼 및 비출산 증가 원인으로 한국의 결혼제도가 성별적으로 불평등하며 가족 돌봄 노동의 1차 책임자로 여성을 지목함으로써 여성의 부담을 가중한다는 인식이 생겨나기 시작한 것을 지목한다.[2] 여성주의는 가부장적 결혼은 더 이상 여성의 평생의

---

1 앤서니 기든스 외, 『기로에 선 자본주의』, 박찬욱 외 옮김 (서울: 생각의나무, 2000), 326.

생존과 안전을 보장하는 제도로 기능하고 있지 못하고, 따라서 여성들은 직장을 가지고 자신의 삶에 더욱 전념하는 것을 선택하게 되었다고 분석한다.[3] 여성의 경제력이 증가하면서 지속 가능한 생의 모델로 비혼을 선택하고 만들어가는 주체적인 실천들이라는 것이다.[4] 경제력의 증가는 아무튼 주체성 담보에 매우 중요한 요인임에는 틀림없는 것 같다. 이 자본주의 사회에서는 더더욱…. 윤지영은 비혼을 기존의 위계적 젠더와 이성애 가족주의에 속하지 않는 미래적 몸을 생산해내는 전략, 새로운 생애 주기의 발명이라고 하며, 비혼이 페미니즘 담론의 주요 키워드이자 대안적 제도의 변환점으로 부상하고 있다고 진단한다.[5] 이성은 역시 자발적 비혼의 선택을 남성 중심적인 결혼제도와 정상 가족 이데올로기에 대한 적극적 도전의 실천으로 읽는다.[6]

두 번째로 여성주의는 '모성'을 근대적 섹슈얼리티와 성 역할을 규정하는 핵심 이데올로기라고 여긴다.[7] 산업혁명이 인간의 노동력을 기계로 대체하기 전까지 인간의 삶은 늘 자연과 분투하며 생존을 위해 살아가야만 하는 것이었고, 아이와 여성의 노동력 역시 이를 위해 존재했다. 물론 성인 여성의 출산력은 중요하여, 출산을 통해 가족 공동체의

---

2 송다영, "가족가치 논쟁과 여성의 사회권에 관한 고찰," 「사회복지정책」 0(22)(2005), 235-236.

3 노미선, "고학력 30대 비혼여성의 성별/나이의 위치성에 관한 연구," 미출판 석사학위 논문(서울: 이화여자대학교 대학원, 2008), 4.

4 김순남, "이성애 비혼여성으로 살아가기: 지속가능한 비혼, 젠더, 친밀성," 「한국여성학」 32(1)(2016), 182-183.

5 윤지영, "비혼 선언의 미래적 용법 : 페미니스트 변이체들의 반란," 「현대유럽철학연구」 46(2017), 349.

6 이성은, "비혼 여성의 생활세계 분석을 통한 새로운 가족형태의 탐색," 「이화젠더법학」 7(2)(2015), 74.

7 이연정, "여성시각에서 본 모성론," 「여성과 사회」 6(1995), 160-183.

노동력을 증가시키는 능력은 평가받았지만, 지금 현대인들이 알고 있는 것처럼 생물학적 어머니가 자식의 양육을 주로 전담하거나 하지는 않았다. 전통적 확대 가족의 형태에서 생계를 위한 노동에 참여해야 할 중요한 노동력이었던 성인 여성이 자녀 양육을 전담할 수 있는 시간도 필요 없었으며, 주요 노동력에서 비켜난 노인 세대가 아이들의 양육을 담당하는 일이 많았다.

산업혁명 이후 생산 조직의 변화는 가족을 관계적이고 개인적 집단이자 사회의 사적 영역으로 만들었다.[8] 여성의 역할은 가정의 구성원들을 정서를 비롯한 여러 면에서 보살피는 것으로 옮겨갔으며, 새로운 형태의 돌봄 노동이 전개되기 시작함과 동시에 이것이 여성의 본질이라는 시각이 생겨나게 되었다. 임금노동 생산자를 돌보아 다시금 생산 현장으로 나가도록 돕는 재생산 노동에 필요한 감정적인 과제는 확대되었지만, 이것은 그렇게 쉬운 일이 아니었기에 여성의 본질은 이를 위해 존재하는 것이라는 관념이 대두되기 시작한 것이다. 재생산자로서 생산자를 치유하고 그의 욕구를 들어주며 보살피는 미덕을 선천적으로 타고났다는 여성의 본질론은 근대의 상황하에서 "만들어졌다"는 시각이다.[9] 조은주는 이에 대해 근대의 결혼은 명백히 성별화된 결합, 생산 노동과 재생산 노동의 결합이었다고 지적한다.[10]

사적 영역인 가정을 맡은 여성을 '돌보는 성'으로 규정한 새로운 성역할 정형화는 여성을 육아에도 가장 적합한 존재로 규정하는 것에 도

8 낸시 초도로우, 『모성의 재생산』, 김민예숙 외 옮김(서울: 한국심리치료연구소, 2008), 21.
9 엘리자베트 벡 게른스하임, 『모성애의 발명』, 이재원 옮김(서울: 알마, 2006), 59-62.
10 조은주, 『가족과 통치』 (파주: 창비, 2018), 223.

움을 주었다. 과거의 공고했던 신분 사회는 폐기되고 시장 법칙에 따라 인간의 가치가 결정되는 산업 사회에서 시장이 원하는 인간을 만들어 내기 위한 '의식적인 육아'가 시작되었다.[11] 아이의 중요성이 커질수록 아이를 전적으로 담당하는 어머니의 중요성이 커져갔고 나아가서는 모성을 여성의 '가장 고유한 것'으로 간주하게 되었다. 산업사회의 부르주아 계층 여성들은 자신들의 존재의 필요성을 어머니 역할 수행에서 찾기 시작했다. 이때 '어머니'는 단지 출산과 육아, 자녀 교육이라는 역할만을 의미하는 것이 아니라 여성의 천직, 지고의 소명으로 호명되었다.[12] 이와 같이 어머니를 승격시키고 어머니의 역할을 존중하는 태도는 곧 어머니의 모성을 숭배하는 모성 이데올로기로 이어져서 19세기 이후 오늘날까지도 각종 문학 작품과 미디어, 교과서 등에서 나타나고 있다.

낸시 초도로(Nancy Chodorow)는 모성에 대한 본성론을 반박한다. 본성론의 첫 번째 가정은 여성이 아이를 낳는 생물학적 구조를 가지고 있으므로 여성이 어머니 노릇을 하는 것이 자연스럽다는 것이다. 그러나 초도로는 여성의 생리학적 재생산 기능이 필수적으로 여성이 어머니인 성별 분업을 수반한다는 것은 성립되지 않으며 역사적으로 볼 때도 생물학적 재생산과 육아가 분리된 적이 많다는 예를 들며 성별 노동 분업은 여러 다른 상황에 의해 다양한 사회적 형태들로 변화해왔다는 것을 지적한다. 본성론의 두 번째 가정은 여성이 모성적 본능을 가지고 있기 때문에 어머니 노릇을 하는 것이 자연스럽다는 주장인데, 초도로

---

11 게른스하임, 『모성애의 발명』, 69.
12 앞의 책, 100.

는 이 주장 역시 성립하기 어렵다고 반박하며 돌봄의 호르몬적 기반이 무엇이며, 과연 존재하는 것인지에 대해 질문한다.[13]

여성주의는 여성의 어머니 노릇이 선천적인 본능이 아니라 사회화의 산물이라고 보는 '역할 훈련론'을 주장한다. 이성애적 결혼과 인간 재생산이라는 체제를 통해 성립하고 있는 사회를 존속시키기 위한 성별 노동 분업에 의해 부과된 역할이라는 것이다. 또한 이처럼 경제 제도의 재생산을 가능하게 하는 여성의 가족 내 노동력의 재생산 제도는 여성 자체에 의해서도 재생산되는 측면 역시 있다. 예를 들어 배은경은 1950년대 한국의 아들 선호를 단순한 남아선호사상에서 비롯된 것이 아니라 개별 여성이 정당한 사회적 성원권을 인정받을 수 있는 통로의 문제로 접근했다.[14] 마찬가지로 근대 서구 산업사회에서 모성의 사회적 의미는 중산층 부르주아 여성들이 취할 수 있는 가장 중요한 잠재적 권력이었다.[15] 이와 같은 모성 이데올로기—여성의 출산과 이어지는 육아의 자연스러움, 여성은 남성보다 더 나은 양육을 할 수 있는 생물학적 이유들을 지니고 있다는 가정, 여성은 어머니가 되어야 한다는 도덕적 주장 등—은 섹스-젠더 체계의 현 질서를 유지하는 동시에, 섹스-젠더 체계의 변화에 저항하는 기제로 작동하였다.[16]

여성주의에서는 모성이 여성의 '본질적인' 부분이 아님을 다양하게 이야기한다. 여성주의는 모성을 무조건 부정하거나 비판하는 것이 아니다. 경험으로서의 모성은 분명히 여성에게 다양한 의미를 주는 과정

---

13 초도로우, 『모성의 재생산』, 60.

14 배은경, 『현대 한국의 인간 재생산』 (서울: 시간여행, 2012), 35.

15 엘리자베트 B. 게른스하임, 『모성애의 발명』, 이재원 옮김(서울: 알마, 2006), 100.

16 초도로우, 『모성의 재생산』, 343.

이며 성장의 한 과정일 수 있다는 것을 인정하고 있다. 모성 경험은 각자에게 다를 수 있으며, 모든 여성이 사회가 이야기하는 희생적이고 자신을 돌보지 않는 어머니로 기능할 수는 없는데, 이것이 여성의 본질이자 사명으로 강요될 때 여성들이 느끼는 억압감과 자기 부정이 생겨난다는 것을 지적하는 것이다.[17] 이러한 관점에서 여성주의는 제도화되고 이데올로기화된 모성 제도가 여성에게 얼마나 억압적으로 작용하는지에 대해 비판적 분석을 해왔다. 베티 프리단(Betty Friedan)은 1960년대 미국 중산층 백인 전업주부들을 인터뷰한『여성의 신비』라는 책을 통해 가족을 위한 희생이 여성의 유전자에 새겨져 있는 것이 아니라 사회화의 결과, 가부장적 사회 권력이 만들어낸 환상이라는 결론을 내렸다.[18] 한국의 여성학자들 역시 모성 이데올로기의 여성 억압적 측면을 비판해왔다.[19] 그럼에도 근대 산업사회에서 이루어진 모성 신화화는 사회와 개인에게 여전히 강력한 영향력을 발휘하고 있다. 그리고 이를 벗어나고자 하는 이들과 이를 지속하고자 하는 이들 사이의 갈등은 커져가고 있다.

2. 정상 가족 이데올로기와 생물학적 모성 담론에 대한 보수적 · 전통적 기독교의 접근

보수적 · 전통적 기독교 전통과 역사 안에서 결혼과 생물학적인 출산은 하나님의 축복이자 질서로 받아들여진다. 고대 부족국가 시대상을

---

17 한지희,『모성과 모성 경험에 관하여』(서울: 소명출판, 2018), 49-86.
18 앞의 책, 18-21.
19 손덕수,『수레를 미는 여성들』(서울: 시작, 2020), 26-34.

반영하는 구약의 본문들은 자손을 하나님의 축복으로 규정한다. 노동력과 군사력의 근원이 인구, 그것도 남성 인구수에 달려 있었기 때문에 이는 비단 유대교뿐 아니라 당시 거의 모든 문화권에서 공통되는 현상이었다고 할 수 있다. 영아 사망률과 산모 사망률이 높았던 고대 이스라엘 사회에서 여성의 사회적 의무는 아들을 낳아 가계를 잇는 것이었다. 여성의 노동력 중에서 가장 중요한 것은 재생산 능력이었으며, 이에 의해 여성의 사회적 지위가 결정되었다. 구약 시대의 여성들은 어머니 역할을 수행하였을 때 비로소 사회의 인정을 얻을 수 있었고, 자식이 없는 것은 일종의 저주로 여겨지기까지 했다. 따라서 여성들이 더 이상 출산을 할 수 없다는 것은 크나큰 위협이었다.[20]

반면 뒤에서 좀 더 자세히 살펴보겠지만 예수 운동이나 초대교회 공동체의 기록들에는 구약성서에 나타난 가족 형태와는 상당히 다른 강조점을 가지는 것이 관찰되기도 한다. 예수는 그의 제자들에게 '누구든지 신의 뜻을 행하는 사람이 곧 내 형제요 자매요 어머니이다'(막 3:35; 마 12:50; 눅 8:21)라 하는데, 이는 혈연 중심의 가부장적 가족 형태에서의 탈피와 상대화를 의미한다고 볼 수 있다.[21] 이것은 초대교회 공동체 전통에서도 일부 관찰되는 일이다.

중세의 기독교에서 성을 보는 관점은 크게 금욕주의와 결혼 안에서의 성관계로 나눌 수 있다. 기독교가 공인 및 국교화되는 과정에서 유입된 그리스·로마 철학의 이원론적인 세계 이해의 문화의 영향을 받아 형성된 독신 생활과 순결에 대한 강조가 생겨나게 되었다. 이러한 방향

---

20 바버라 J. 맥해피, 『기독교 전통 속의 여성』, 손승희 옮김(서울: 이화여자대학교출판부, 1995), 4-5.
21 강남순, 『페미니즘과 기독교』(파주: 동녘, 2018), 189-191.

성은 중세까지 지속되어, 중세 시대의 신학자들은 인간의 본질적 성격을 영혼으로 설명하며 육체적 실존과 성을 극히 경시하는 방향으로 흘렀다. 그러나 재생산을 담당하는 성의 기능적 면을 무시할 수는 없었기 때문에, 도덕적 제도 안에서 성행위와 재생산을 포함하고자 하는 신학적 이해 역시 기독교의 성에 대한 시각의 다른 한 축을 이루게 되었다.[22]

종교개혁을 기점으로 개신교는 기존의 독신주의와 금욕주의를 폐지하고 결혼이 더욱 바람직한 기독교적 삶이라는 시선을 견지하게 되었다. 가정에서 여성 역할의 중요성은 출산 및 가정과 가족을 돌보는 것으로 소명 지어졌다. 강남순은 수도원을 통해 독립적인 삶을 추구할 수 있었던 중세에 비해 가정을 이루고 출산과 양육을 하는 것을 여성과 인간의 소명으로 이야기하는 종교개혁 시대에 들어서서 여성에 대한 가부장제적 이데올로기가 강화되었다고 여긴다.[23] 이전에는 인간의 소명이라는 것이 성직자들에게만 적용되었으나, 종교개혁가들이 소명 개념을 확장하는 과정에서 결혼과 가정, 출산과 양육을 포함하게 되면서 여성이 전통적인 성 역할 구분에 이의를 제기하거나 다른 삶의 형태를 모색하기 어렵게 되었다는 것이다. 종교개혁 이후 개신교는 여성에게 가정을 극도로 이상화하여 제안하고, 중세와는 달리 교육의 기회를 제공하였지만, 이 역시 어머니로서 역할을 위해 필요한 범위를 벗어나지 못했으며, 양육 전담자인 동시에 가정의 돌봄 전담자, 자녀의 교육 전담자로서 역할만이 여성에게 주어졌다.

1960년대 미국에서 피임약의 등장 등으로 성 해방 운동이 일어나며

---

22 스탠리 그렌즈, 『성 윤리학』, 남정우 옮김(서울: 살림, 2003), 17-23.
23 강남순, 『페미니즘과 기독교』, 320-322.

기존 보수적·전통적 성 윤리 지형에 크나큰 변화가 생겨나자 이에 대한 저항으로 근본주의 개신교를 중심으로 전통적 가족 모델을 회복하고자 하는 운동이 벌어졌다. 이 운동은 창세기 1장과 2장의 성서 본문을 기반으로, 하나님은 남자와 여자를 창조하시고 이 둘은 서로 연합해야 한다는 신적 질서를 만드셨으며, 생육하고 번성해야 하기 때문에 결혼과 출산이 하나님이 제정하신 인간의 소명이라고 강조하였다.[24] 가정에 대한 성서적 개념은 남편과 아내가 결합하여 자녀를 낳는 것이며 하나님이 제정하신 이 구조를 이해하고 따르는 것은 모든 기독교인에게 필수적인 것으로 여긴다. 결혼은 인간의 제도가 아니라 하나님이 만드시고 축복하신 제도라는 것이다.[25]

현재 한국 보수적·전통적 개신교의 결혼과 출산, 가족 형태에 대한 시선은 이러한 당시 미국 근본주의 개신교의 시각을 대부분 그대로 계승하고 있다. 이성애 양성 부모의 결합과 생물학적 출산과 자녀 양육의 순환 과정이 건강한 사회와 구성원의 유지와 존속에 필수적인 것이며, 이것이 제대로 기능하고 있지 않기 때문에 사회의 혼돈과 불안이 생겨나고 있다는 것이다. 이들에게 결혼은 '이 사회를 지탱해주는 힘이며 사회에 힘을 불어넣는 강력한 심장'이다.[26] 근대와 달라진 것이라면, 기존 가족 형태인 가부장적이고 남성 중심적인 모습을 인식하고 이를 비판하고 있다는 것이다. 연구자와 속한 교단의 신학적 해석에 따라 차이를 보이는 부분은 존재하지만, 남성과 여성, 남편과 아내 사이의

---

24 F. A. Schaeffer, *The Great Evangelical Disaster* (Westchester, IL: Crossway Books, 1982), 130.

25 메리 캐시언, 『여자, 창조, 그리고 타락』, 이정선 옮김(서울: 바울, 1992), 68-69.

26 조명기, "21세기 현대한국사회와 기독교적 결혼관," 「복음과 상담」 10(2008), 224.

절대적인 위계를 주장하기보다는 존재론적 평등에 기반한 질서를 위한 위계가 있어야 함을 이야기하는 경우가 대부분이다. 성서적인 가족, 하나님이 제정하신 참된 결혼이라는 것은 권위주의적이거나 여성 억압적인 것이 아니라 남성과 여성이 평등한 인격적 관계를 맺으며 서로의 연합을 통하여 하나님과 관계를 맺고 강화해나가는 공동체적 합일이어야 한다는 것이다.

이처럼 현재의 보수적·전통적 기독교는 이성애적 결합과 생물학적 출산 및 양육을 기본 골자로 함은 유지하되, 과거의 결혼 관계 안에서 존재해왔던 위계질서는 지양할 것을 강조한다. 또한 중세의 금욕주의가 지녔던 몸에 대한 부정적인 시각과 죄에 대한 인식을 벗어나 결혼 안에서의 성관계를 긍정하고, 서로에 대한 헌신과 충성의 관계성 안에서 이해하고 있다. 이러한 점들은 부부간의 연대와 평등성을 좀 더 강조하며 결혼과 가족을 조명하고 있다는 점에서 긍정적 부분이 있다. 그럼에도 생물학적 양성부모 가족 형태만을 인간에게 주어진 바람직한 삶의 형태로 강조하는 면이 강하기 때문에 내가 이 글에서 중점적으로 조명하고 있는 비혼 및 비출산이라는 삶의 형태에 대해서는 여전히 부정적인 시각을 투영할 수밖에 없다는 한계 또한 지닌다. 부족 공동체의 가부장적 가족 형태를 가질 수밖에 없었던 구약 시대는 논외로 하더라도 예수 운동 당시나 초대교회 공동체 그리고 중세에 이르기까지 기독교의 삶의 형태가 자발적 독신(비혼) 및 비출산과 이혼, 결합 가족까지 다양하게 아울렀다는 점을 생각해볼 때 지금 한국 개신교의 정상 가족 이데올로기 및 생물학적 모성 실천 담론이 과연 성서적인 것인지 아니면 근대 서구 사회 시기에 형성된 일시적 이데올로기에 불과한 것인지는 더욱 면밀하게 분석하고 재개념화할 필요가 있다.

III. 그렇다면 우리는

앞서 살펴보았듯이 보수적·전통적 개신교는 정상 가족 이데올로기에 기반한 이성애 결혼과 생물학적 모성 실천을 인간의 소명이자 하나님이 주신 창조질서로 여기고 교육하고 있다. 이와 같은 공동체에서 자발적이든 비자발적이든 비혼 및 비출산을 선택하는 구성원들은 공동체의 가르침에 따르지 않는다는 비난과 의심을 받기도 하고, 수치심이나 죄책감을 가지며 혼란스러움을 토로하기도 한다. 강희천은 수치심을 자신의 부족이나 부적절함 등 자신에 대한 부정적인 평가에서 기인하는 것으로, 죄책감은 자신의 행동이 내면적 판단 기준이나 원칙에 어긋날 때 생기는 것으로 보며, 이에 대한 관심의 증대를 기독교 교육의 현장에서 요청한다.27 이때 강희천의 관심은 주 양육자 및 사회적 환경의 부족함을 기독교 공동체가 돌보아주는 것에 있다. 그러나 기독교 공동체 자체가 오히려 불필요한 수치심이나 죄책감을 구성원들에게 부여하고 있는 것은 아닐까?

기독교 공동체가 정상 가족 이데올로기 및 생물학적 모성 실천을 하나님의 질서로 교육하는 가운데 생겨나는 종교적 죄책감과 수치심에 대한 연구는 이혼, 난임 등의 문제 등을 통해 먼저 시작되었다. 한 연구는 과거에 금기시되었던 이혼을 삶을 위한 선택으로 보는 시각이 늘어가는 시대에 교회가 더 이상 이혼은 불가하다고 외치는 것이 아니라 목회적 돌봄으로 전환해야 한다고 하며, 이때 '우리는 어떤 세계에 살고

---

27 강희천, "수치심과 기독교교육," 「연세대학교 연신원 목회자 하기 신학세미나 강의집」 (서울: 연세대학교, 2000), 194.

있으며 무엇이 가장 궁극적인지 물어야 한다'고 지적한다.[28] 기독교 공동체는 현대 세계의 삶의 형태를 직시함과 동시에 기독교 전통과 성서적 진리 안에서 무엇이 가장 궁극적인 하나님의 뜻인지 새롭게 돌아보아야 한다. 기독교 공동체는 인습적인 관점을 하나님의 뜻으로 해석하는 시대적 오류를 간혹 범해왔다. 그것은 때로는 거시적인 역사적 사건이기도 했고, 가족이나 지역 공동체 안에서 일어나는 차별이나 배제이기도 했다. 보편적이고 불변하는 규범적 전통은 분명 존재하지만, 그것이 우리의 문화적 관습이나 고정관념과 혼동되어서는 안 된다는 원칙을 가지고 성서와 우리의 삶을 다시 톺아보는 태도가 필요한 이유이다. 그렇다면 우리는 어떻게 할 수 있을까?

1. 질문하기: 기독교의 정상 가족 이데올로기와 생물학적 모성 담론, 유일한 성서적 진리인가?

먼저, 과연 정상 가족 이데올로기와 생물학적 모성 담론이 진정으로 유일한 인간의 소명이자 하나님의 뜻인지 질문해보는 것이 어떨까? 가족 변화론을 지지하는 학자들은 정상 가족에 대한 개념이 일종의 이데올로기일 뿐 우리가 생각하는 전형적이고 전통적인 가족 형태라는 개념은 역사적으로 존재하지 않았다고 말한다. 부족 공동체, 전통적 대가족, 핵가족 형태로 가족의 구조는 늘 변화하고 있으며 현재 목도되는 1인 가구 및 비출산 가구의 증가는 사회 구조의 변화와 함께 자연스럽

---

28 김규리, "종교적 죄책감과 수치심을 느끼는 기독교인 이혼자를 위한 목회적 돌봄 연구: Don Browning의 다섯 가지 실천적 도덕적 차원을 중심으로," 「신학논단」 95(2019), 8.

게 발생하는 변화라고 보는 관점이다.[29] 그런데 한국교회는 전통적 핵가족·정상 가족 이데올로기·생물학적 모성 실천 등에만 집중하여 공동체의 사역에 집중하기 때문에 이러한 변화에 적응하는 데 상당한 한계점을 보인다.[30] 임희숙은 미국의 1980년대 가정 수호 운동—청교도 가족 공동체 재건을 통해 '기독교적 미국'을 다시 건설하고자 한—을 '근본주의적 기획으로서의 가족 회복 운동'이라고 하며 이는 하나님의 이름으로 가부장제 질서와 성 역할 분업을 고정시키는 것이라 비판하였다.[31] 기독교 전통과 역사 안에서 독신, 이혼, 금욕주의, 결합 가족 등 다양한 삶의 형태가 분명히 존재하고 있기 때문에 우리는 이에 대한 시각을 다시 한번 진지하게 고찰해야 할 필요가 있다.

우리는 지배적인 현실을 생래적이고 당연한 것으로 받아들이게 하는 기존 교육의 재생산적인 면을 비판하고 현재의 부조리와 모순을 의심하고 질문해보아야 한다.[32] 자신의 눈으로 성서를 보고 읽는다는 것은 사실 익숙한 일이 아닐 수 있다. 우리는 대부분 목회자의 성서 해석을 일방향적으로 받아들이는 것이 신앙이고 믿음이라고 생각하는 종교적 관습 안에서 살아간다. 질문을 허용하지 않는 기독교 공동체 현장에서 주체적으로 사고하고 행동하는 자유를 누리는 구성원으로 성장하기란 매우 힘든 일이다. 제임스 파울러(James Fowler)가 종교 심리의 발달을 이야기하며 상당한 비율의 구성원이 종합적이고 인습적인 3단

---

29 이성은, "비혼 여성의 생활세계 분석을 통한 새로운 가족형태의 탐색," 73-112.

30 김은혜, "한국사회의 가족해체와 가족신학의 정립의 필요성,"「장신논단」39(2010), 224.

31 임희숙, "현대 미국사회에서 가족변화에 대한 기독교 근본주의의 대응에 관한 성 인지적 연구,"「한국기독교신학논총」56(1)(2008), 261.

32 백은미,『여성과 기독교교육』(서울: 이화여자대학교출판부, 2014), 70.

계에서 평생을 벗어나지 못한다고 지적한 이유가 이 때문이다.[33] 쇠얀 키르케고르(Søren Kierkegaard)는 신앙은 교리나 지식의 형식이 아니라 실존하는 인간의 경험이어야 한다고 말하며 "진리는 주체성"이라는 신학적 명제를 세웠다.[34] 그렇다면 우리는 자신의 눈과 경험, 진리에 대한 탐색을 통해 얻어진 주체적인 신앙을 지니고 있는가?

레티 러셀(Letty Russell)은 교육이 구원의 행위가 되기 위해서는 끊임없이 질문하고, 질문을 사랑하는 삶을 살도록 도와야 한다고 강조한다.[35] 성찰적인 질문은 우리가 가해자가 되지 않도록 돕는다. 여기에서 질문하기란 공동체 전체가, 그 위치와 신앙의 이력이 무엇이든 간에, 정상 가족 이데올로기와 생물학적 모성 담론이 정말로 하나님의 질서의 전부인지 아니면 성서와 기독교 전통 안에서 있어 왔던 다양한 삶의 형태들이 존중될 가치가 없는 것인지에 대해 진지하게 서로의 질문을 주고받으며 숙고하는 과정을 의미한다. 성서는 계속 새로운 눈으로 읽어야 하는 텍스트이다. 재개념주의는 교육 과정과 내용이 보편적이고 불변의 진리 및 사실로 구성된 것이 아니라 특정한 시대 상황에서 형성되어온 지배 계층의 이익과 관심이 반영되어 있는 역사적 산물로 이해한다.[36] 모든 것에 대하여 성찰적인 질문을 계속 던질 때, 우리는 비로소 문화, 사회 구조, 제도, 종교 등을 재형성하면서 변화를 일으킬 수

---

33 제임스 파울러, 『신앙의 발달단계』, 사미자 옮김(서울: 장로회신학대학교출판부, 1996), 243-279.

34 S. Kierkegaard, *Concluding Unscientific Postscript* (Princeton: Princeton University Press, 1968), 169.

35 L. M. Russel, *The Future of Partnership* (Philadelphia: Westminster Press, 1979), 145-147.

36 강희천, 『기독교교육의 비판적 성찰』(서울: 대한기독교서회, 1999), 63.

있게 되는 것은 아닐까.

우선 성서 구절의 해석에 대해 질문해보자. 생물학적 모성의 정당성을 뒷받침하는 주요 성서 구절로는 창세기의 "생육하고 번성하라"와 디모데전서 2장의 "여성의 구원은 해산이라"가 있다. 생육하고 번성하라는 구절은 창조 이야기에서뿐 아니라 구약 전반에 걸쳐 반복되는 약속이기도 하며, 인간뿐 아니라 모든 피조물에게 주어진 것이다. 그런데 인간 사회(기독교 전통)에서는 이것이 주로 인간의 생물학적 출산으로 개념 지어져왔다.37 구약 시대의 상황을 생각해보면 다자녀 출산과 그로 인한 공동체의 번영이 직결되었기에 생물학적 출산이 하나님의 축복으로 명명돼온 것은 충분히 이해할 만한 여지가 있다. 루터 역시 이 구절을 들어 아이를 가능한 한 많이 출산하여 선한 기독교인으로 잘 양육하는 것이 기독교인 여성의 지고한 사명이라고 주장했다.38 그리고 현대에까지도 교회에서는 이 본문을 이용하여 경제적 이유나 자아정체성 실현 등의 이유로 출산을 기피하는 것을 죽음의 문화로 규정하고 '아이는 낳으면(하나님께서 생명을 주시면)' 그 생명을 하나님께서 먹여 살려주시니 생육하고, 번성하고, 땅에 충만하는 생명 창조의 문화를 만들어가야 한다고 가르친다.39

---

37 이종근, ""생육하고 번성하라"는 문화명령(창 1:28; 2:15)의 신학적 고찰," 「구약논단」 8(2000), 17.

38 "Luther and the Protestant Reformation: From Nun to Person's Wife," in Elizabeth Clark and Herbert Richardson ed., *Women and Religion A Feminist Sourcebook of Christian Thought* (New York: Harper & Row Publishers, 1977), 131-148; 백소영, 『엄마되기: 아프거나 미치거나』 (서울: 대한기독교서회, 2010), 249에서 재인용.

39 김상복, "〔같은 본문 다른 설교〕 "생육하고 번성하라"(창 1:24-31)," 「헤르메네이아 투데이」 35(2006), 87-90.

그러나 오늘날, 과연 이 구절이 육체적인 출산에 머무르거나 혹은 한정돼야만 하는가? 인구가 넘쳐나고 그로 인한 자원의 낭비로 전 지구가 신음하고 있는 이때에 생육하고 번성한다는 의미는 어떤 것이어야 하는가? 이미 태어난 생명들이 전쟁과 전염병, 기아와 빈곤으로 죽어가고 있는 현대에 개인의 생물학적 출산만이 과연 인류 전체의 생육과 번성을 바라시는 하나님의 뜻에 부합하는 것일까? 또한 인간뿐 아니라 모든 피조물을 만드신 하나님의 눈에 인간은 지금 어떻게 보일까? 생육하고 번성하라는 명령이 모두를 향한 것이라면, 개인과 공동체 전체의 삶을 풍요롭게 하고, 서로를 살리고 번성하게 만드는 삶의 형태를 새롭게 고민해볼 필요가 있다.

디모데전서 2장의 "여자의 구원은 해산이라"는 구절도 학자들 간에 다양한 해석이 있다. 강호숙은 이를 종속주의자와 평등주의자의 해석으로 나누면서 두 가지 모두를 소개한다.[40] 종속주의자들은 이를 여성 리더십을 제한하는 가장 강력한 본문으로 보면서 여성의 해산만을 단독으로 다루는 것이 아니라 교회에서의 여성 리더십을 제한하는 동시에 여성의 역할을 해산으로 한정한다고 파악한다. 교회에서의 여성의 적극적 역할을 제한하는 동시에, 여성이 할 수 있는 전형적인 역할을 해산으로 제안하는 규범적 본문이라는 것이다.[41]

반면 평등주의자들은 이를 당시 여성들이 주도적이고 공격적인 역할을 하는 영지주의자 집단 때문에 일어난 한정된 상황적 금지 명령으로 여긴다. 그 여성들이 혼인 및 자녀 출산의 포기를 주장했고 이를 방

---

40 강호숙,『성경적 페미니즘과 여성리더십』(서울: 새물결플러스, 2020), 155-160.
41 권성수, "딤전 2:11-15에 관한 주석적 고찰,"「신학지남」63(3)(1996), 65-120.

어하기 위해 바울이 여성의 역할로 순종이나 출산 등을 더욱 강력하게 강조했다는 관점이다. 즉 인간의 결혼을 교리적으로 억압하려 한 것이 아니라 당시 통념에 위배되는 형태의 여성들의 행동 방식에 대한 견제 의도가 있다는 것이다. 이러한 관점에서는 바울의 해당 언급이 기독교 공동체를 반사회적 집단으로 규정하고자 했던 당시의 시대 상황과 자녀 출산의 거부로 인한 공동체의 생물학적 생존 위기 상황에서의 방어라는 의미가 강하다고 본다.[42] 또한 적대적이고 불안정한 역사적 상황에서 여성의 행동 양식을 규정하는 로마 문화의 입장을 어느 정도 받아들이는 선택에서 나온 것으로도 여긴다.[43]

두 번째로 질문해야 할 것은 예수 운동 및 초대교회 공동체 그리고 그 이후의 교회 역사와 전통에서 과연 지금의 교회가 주장하는 정상 가족 이데올로기와 생물학적 모성 담론에 대한 근거가 얼마나 존재하는가 하는 것이다. 강남순은 구약의 가족 이야기는 위계주의적, 가부장주의적 가족이라고 하며 이것을 기독교의 기본 가족 이해로 삼는 것을 비판한다. 또한 예수가 신의 뜻을 행하는 사람이 본인의 가족이라고 함으로써 새로운 가족의 형태와 의미를 제시했다고 지적한다. 생물학적 가족이라고 하는 전통적 의미를 상대화하고, 기독교적 가정을 신학적으로 재규정하면서 사회학적 실체로서의 가족을 가시화했다는 것이다.[44] 예수의 이해는 신과의 관계가 삶의 근본적인 중심이어야 한다는 것이었으며 따라서 기독교 공동체는 생물학적 또는 사회학적 단위를 넘어서는 '급진적 포괄성'과 '잠재적 다양성'을 갖는 새로운 가족 개념

---

42 차정식, 『거꾸로 읽는 신약성서』 (서울: 포이에마, 2015), 305-316.
43 맥해피, 『기독교 전통 속의 여성』, 34.
44 강남순, 『페미니즘과 기독교』, 189-191.

을 창출해야 한다는 것이다. 수잔네 하이네(Sussane Heine) 역시 예수 전통의 특성 중 하나로 세례자 전통의 한 요소였던 가족에 대한 적대성을 꼽는다.[45] 계통이나 혈통보다는 믿음과 하나님과의 관계에 의해 공동의 확신으로 결합되는 것이 '진정한' 가족이라는 선언이 중요하다는 것이다. 자식이 없거나 사람이 혼자 거처하는 것을 꺼리는 구약성서에 비해 신약성서에서는 곳곳에 비혼에 대한 언급이 발견되기도 한다. 마태복음 19장에서는 결혼이 창조질서에 속한 것이라는 언급도 있지만 자발적 비혼에 대한 이야기도 있다. "천국을 위하여 스스로 된 고자"라는 예수의 말씀을 보면 여러 종류의 비혼과 특히 신앙을 위한 비혼을 인정한다.

초대교회 공동체 상황 역시 전통적인 가족 이해보다는 이상적인 기독교인의 삶의 양태를 미혼 및 독신, 무자녀 등으로 간주한 경향이 있었다. 물론 서신서의 독신 및 이혼, 결혼 등에 대한 언급들이 당시의 임박한 종말론을 믿는 특정 공동체의 상황에서 나온 것이라는 역사적 이해를 피해갈 수는 없지만, 전통적 가족 형태를 따르지 않았던 예수 운동의 삶의 모습을 어느 정도 이어받는 것으로 보인다. 고린도전서에서도 비혼에 대한 긍정적인 언급이 나온다. 중세 시대에는 결혼한 사람들보다 독신인 성직자들이 신에게 더 가까운 것으로 인식되었다. 16세기 종교개혁자들에 의해 결혼이 신적 질서에 가까운 것으로 재해석되기 전까지는 금욕주의와 독신주의 그리고 출산을 위해 제정된 결혼 정도가 결혼 및 출산을 둘러싼 삶에 대한 이해였다는 점을 생각해보아야

---

45 수잔네 하이네, 『초기 기독교 세계의 여성들』, 정미현 옮김(서울: 이화여자대학교출판 문화원, 1998), 106-107.

한다. 또한 결혼이 반드시 생물학적 출산으로 이어져야만 하는 것인가하는 질문도 던져볼 여지가 있다. 성과 출산에 대한 역사적 조망은 성이 출산의 기능만을 위한 것이 아니라 상대방과 친밀함을 나누는 연합에 있다는 데에 이르렀다.[46] 결혼의 초점은 생물학적 출산보다는 두 사람 사이의 헌신과 응답으로 이루어진 신실한 결합에 있어야만 하는 것아닌가? 이렇게 돌아보면 현재 한국교회가 주장하는 정상 가족 이데올로기와 생물학적 출산 담론이 정말로 성서적이고 기독교적인 근거를갖추고 있는지 질문해볼 여지가 충분하다.

2. 안전한 공동체 안에서 삶을 이야기하기

기독교 공동체 안에서는 이미 정상 가족 이데올로기와 생물학적 모성 실천을 둘러싼 생각과 삶의 형태 결정에서 구성원들의 변화가 감지된다. 나는 우선 보수적·전통적 기독교의 가르침에 대해 구성원들의질문이 이어지고 있고, 기독교가 그 질문을 무시하거나 기존의 가르침만을 하나님의 질서라고 강요할 것이 아니라 진지하게 질문들에 직면하여 성서와 기독교 전통 및 역사를 다시 돌아보며 재개념화할 것을요청하였다. 그 다음으로는 비혼과 비출산을 선택했거나 선택을 모색하는 중인 구성원들 사이에 경험과 이야기의 교환을 통해 서로의 삶에용기와 확신을 부여하는 연대의 장 안에서 일어나는 무언가에 대해 다루고자 한다.

윤영훈은 보수적·전통적 기독교가 말하는 기독교 가족의 이상적인

---

46 Adrian Thatcher, *Liberating Sex* (London: SCM Press, 1993), 12.

모습은 성서적 진리라기보다는 근대의 산물이지만 기독교인들에게는 현대의 변화가 마치 복음의 본질, 성서적 진리가 훼손되고 있는 것처럼 느껴져 충격과 두려움, 혐오감을 주고 있다고 말한다.[47] 그리고 그 충격과 두려움 등의 감정은 기존 제도의 정당성을 더욱 주장하게 만드는 동시에 그에 속하지 않은 구성원들을 암묵적으로 혹은 가시적으로 압박하게 만든다. 이때 비혼 및 비출산을 삶의 형태로 선택한 공동체의 구성원들이 갖게 되는 수치심이나 죄책감은 통합적인 신앙의 형성을 방해한다.[48] 자신의 삶의 선택이 존중받지 못하거나 암묵적인 비난에 직면할 때 생겨나는 수치심은 자신의 존재 자체에 결함이 있다는 생각으로 발전한다. 이는 타인에게 수용될 수 없고 공동체의 일원으로 환영받을 자격이 없다는 고통스러운 경험이다.[49] 김용우는 한국 사회와 기독교 공동체가 아직도 정상 가족 이데올로기 체계를 구조적으로 강요하기에 기독교 남녀의 비혼 경험에서 관계적 고독이나 편견 및 수치심이 생겨난다고 한다.[50] 공동체의 임무는 구성원들이 자신의 삶과 자신의 존재에 대해 긍정적인 인식을 가지고 통합적이고 전인적인 신앙을 형성하도록 돕는 것이므로 이를 위한 방안을 고민할 필요가 있다.

　기독교 공동체는 이와 같은 선택을 했거나 혹은 앞으로 모색 중인 구성원들이 자유롭게 자신의 경험이나 생각을 교환할 수 있는 자리를

---

47 윤영훈, "'가족의 탄생' - 한국 영화/드라마 속 가족 풍경을 통해 재고하는 기독교 가족의 의미,"「한국기독교신학논총」119(2021), 216.

48 J. W. Fowler,『신앙의 발달단계』, 92.

49 Br. Brown, *I thought it was just me (but it isn't): making the journey from "what will people think?" to "I am enough"* (New York: Gotham Books, 2007), 27.

50 김용우, "40대 기독교 남녀의 비혼 경험에 관한 연구,"「한국기독교상담학회지」32(3) (2021), 63.

제공해야 한다. 메리 필드 벨렌키(Mary Field Belenky)는 지지와 공감 속에서 이루어지는 대화를 통해 여성들이 침묵과 수용적 지식에서 벗어나 주관적인 지식을 형성하고 이를 성장시킬 수 있다고 주장한다.[51] 기독교 공동체의 구성원들은 제도적으로 종교적 권위를 지닌 교수자들의 이야기를 일방향적으로 듣는 역할에 충실하도록 교육받아왔다. 그러나 서로의 삶의 경험을 이야기하고 듣는 과정은 개인이 그 과정 안에서 자신의 경험의 의미를 찾아갈 수 있도록 돕기에, 인간의 삶과 신앙의 성숙에서 매우 중요하게 작용한다.[52]

특히 이는 안전한 공동체 안에서 이루어져야 한다. 따라서 대화에 참여하는 구성원을 세심하게 선택하는 것이 중요하다. 그동안 정상 가족 이데올로기와 생물학적 모성 담론이 신적 질서로 이야기돼온 공동체의 역사와 문화 속에서 '다른' 생각을 하고 있다는 것을 공개적으로 이야기한다는 것은 큰 용기가 필요한 일일 수 있다. 이민은 수치심을 다루기 위한 기독교 교육을 이야기하면서 거울 자기대상(Mirroring) 개념을 소개한다. 거울을 통해 자신의 모습을 보는 것처럼 생각을 같이 하고 구성원들에게 자신의 생각을 내어놓고 긍정적이고 호의적인 시선, 반응, 지지와 연대를 받을 때 인간은 자신의 가치와 존재감을 긍정적으로 형성할 수 있다는 것이다.[53] 공감적 연대는 참여하는 구성원이 서로의 존재와 가치관, 삶의 방식을 인정하고 신뢰하며 살아가는 방식이다. 수치심과 죄책감을 경험하는 구성원은 공동체 안에서 수치심을

51 M. F. Belenky et al., *Women's Ways of Knowing: The Development of Self, Voice, and Mind* (New York: Basic Books, 1986), 56-62.
52 백은미, 『여성과 기독교교육』, 251.
53 이민, "수치심의 생태계 이해와 기독교적 양육," 「신학과 실천」 78(2022), 497-526.

직시하는 동시에 자신을 잃지 않으며 성장하는 방식을 배울 수 있어야 한다.[54] 신뢰로 가득 찬 안전한 공간 안에서 비로소 공감적 연대가 활성화되고, 참여자는 부정적 감정을 성찰하는 동시에 서로가 하나님의 소중한 자녀이고 사랑받을 자격이 있는 존재라는 사실을 체화하게 된다. 캐롤 라키 헤스(Carol Lakey Hess)는 이를 "안전한 집"으로 부르면서 공동체 안에서의 비난이나 배제를 경계하고, 연대와 지지를 강조하였다.[55] 따라서 기독교 공동체는 정상 가족 이데올로기와 생물학적 모성 실천에 대한 기존의 보수적·전통적 관점에 대한 질문하기를 통해 신학적 재개념화를 먼저 형성한 후 이와 같은 안전한 공동체를 마련해야 한다.

단 이 과정에 반드시 전 구성원이 참여할 필요는 없을 것이다. 이야기를 나누는 스토리텔링 방법은 억압된 감정을 표현하고 치유하는 데 큰 도움이 되지만,[56] 전통적 삶의 방식이 깊이 내면화된 구성원이 섣부르게 참여하면 오히려 상처를 덧낼 수 있기 때문이다. 이야기를 하는 과정에서는 개인의 고통스러운 경험, 소외감과 좌절, 분노와 의심 등이 여과 없이 드러날 수 있으며 충분히 공감적 연대가 형성되지 않은 구성원의 참여는 서로에게 더 큰 상처를 줄 수 있다. 여성의 경험이라고 다 같은 것이 아니고 가부장제를 깊이 전유하고 있는 여성들도 많다는 것을 생각해볼 때 더욱 섬세하게 참여자를 초대해야 하는 수고가

---

54 N. Pembroke, "Pastoral care for shame-based perfectionism" in *Pastoral Psychology* 61(California: Springer Nature, 2012), 252.

55 C. L. Hess, *Caretakers of Our Common House: Women's Development in Communities of Faith* (Nashville: Abingdon Press, 1997).

56 C. Goldman, "Creating Sacred Emotional Space" in *Sacred Dimensions of Women's Experience* (Wellesley, Mass.: Roundtable Press, 1988), 21.

초기 단계에는 필요하다. 하지만 참여자 선별이 필요하다는 것이 이 과정이 목표로 하는 가치관이나 방향성에 동조하지 않는 이를 배제하는 의미로 받아들여져서는 안 된다. 경험과 이야기의 교환이 일어나는 스토리텔링은 참여자의 감정과 직관뿐 아니라 이성적이고 분석적 차원까지 변화시킬 수 있기 때문이다. 다양한 정보 습득이 가능한 안전한 공간에서 참여자들은 이를 분석하고 평가하며 종합적으로 성찰할 수도 있다.[57] 그러므로 안내자는 이러한 부분들에 대해 면밀하게 주의하며 과정을 구성해야 한다.

3. 하나님의 큰 가족으로서 참여적·사회적 모성을 상상하기

기독교 공동체는 성서적 진리를 해석하고 개념화함에 있어 전통적 해석이 기대고 있는 시대 문화적 상황이 아니라 현재의 시점에서 이를 지속적으로 새롭게 해석하며 새로운 앎을 이끌어내야 한다. 토마스 그룸(Thomas Groome)이 말한 것처럼 성서의 전통과 현재의 이야기들은 서로를 존중하는 가운데 변증법적으로 해석하는 공동체적 프락시스가 필요하다.[58] 그러나 이는 사실 쉬운 일이 아니다. 이미 습득된 기존의 가르침들이 가부장주의적이고 남성 중심적인 위계와 긴밀하게 연결되어 있는 경우가 많기 때문이다. 따라서 우리는 이러한 과정을 계획할 때에 다양한 질문하기(1단계)와 삶의 이야기와 경험의 교환(2단계)을

---

57 S. M. Shaw, *Storytelling in Religious Education* (AL: Religious Education Press, 1999), 127-134.

58 T. H. Groome, *Christian Religious Education: Sharing Our Story and Vision* (San Francisco: HarperSanFrancisco, 1980), 207-223.

통해 우선적으로 참여자의 시각을 확대하고, 고정관념을 흔들고, 그 이후 정말로 새로운 눈으로 성서를 바라보고 미래를 이야기할 수 있도록 도와야 한다.

기독교 공동체는 어떠한 공동체이어야 하는가? 하나님은 어떤 분이시며 우리에게 어떤 삶의 실천의 결단을 바라실 것인가? 다양한 삶의 양식 안에서 진실로 성서적인 사랑이란 과연 어떠한 형태로 나타나야 하는 것일까? 이혼, 결합 가정, 자발적 혹은 비자발적 비혼과 비출산, 다문화 가정, 한 부모 가정, 조손 가정 등에 대해 하나님은 어떤 반응을 보이실 것이라고 생각하는가? 이 같은 질문들을 던지며 깊은 상상의 시간을 잠시 가져보는 것이 필요하다. 참여자들이 이와 같은 질문들을 깊이 숙고하고 명상하면서 성서 안의 하나님 이미지에 대해 새롭게 이야기하거나, 읊어주거나 이미지들을 보며 상상력을 자극하는 것도 좋다. 보수적·전통적 기독교에서 굳어진 하나님 이미지는 주로 창조주, 주권자, 초월자, 죄인인 인간을 구원하는 부성적 아버지, 죄에 대해 진노하고 벌을 주시는 존재, 위계적인 통치와 질서의 제공자, 전능한 아버지, 역사의 주인 등이다.[59] 그러나 이러한 아버지나 왕, 전사, 주인 등과 같은 남성 이미지가 성서에 나타난 하나님 이미지를 전부 표현하고 있는 것은 아니다. 남성적 이미지에만 의존하여 그려지고 있는 하나님 이미지는 오히려 구성원들에게 종교적 죄책감이나 불안, 억압 등을 갖게 하며 위계적인 종교 제도 질서에 복종하도록 만드는 역기능이 존재한다.[60]

---

59 K. O. Gangel & C. Sullivan, "Evangelical theology and religious education," in *Theologies of Religious Education* (Birmingham: Religious Education Press, 1995), 60-65.

여성신학자들은 성서 속에 다양하게 제시되어 있는 하나님 이미지가 가부장적이고 남성 중심적인 가치관에 의해 편향적으로 고착화되었다는 사실을 지적하며 이를 수정하기 위해 노력해왔다. 성서는 아버지, 남편, 왕, 용사뿐 아니라 젖먹이의 어머니, 토기장이, 산파, 유모, 하늘을 나는 어미 새, 화가 난 어미 곰, 출산하는 여성, 새끼를 보호하는 암탉 등의 여성 및 어머니 이미지에 대해서도 이야기한다. 이러한 이미지에서 나타나는 하나님은 진노하고 벌주는 하나님이 아니라 긍휼과 창조의 원리로서의 하나님, 생명을 보호하고 양육하는 하나님이다. 성서의 하나님의 구원 행동이 출산하는 여성의 고통으로 비유된다고 하여 이것이 인간의 생물학적 모성 실천의 당위성을 말하는 것이라고 해석하는 사람은 아마 없을 것이다. 이는 새로운 거룩한 지혜와 해방의 과정이다. 미래를 위해 생명을 해방하는 과정에 필요한 노력을 말한다.[61] 백소영은 모성을 생물학적 출산으로 제한하는 것에서 벗어나 생명의 탄생과 성장에 관여하는 더욱 큰 활동으로 읽어야 한다고 지적한다. 이 활동은 남성이나 여성이라는 생물학적 혹은 사회적 역할에 제한되지 않으며, 생명의 존속과 성장에 참여하는 모든 이가 '모성'을 지닌 존재라는 것이다. 백소영은 이를 '참여적 모성'이라고 개념화하는 동시에 이러한 참여적 모성이 일어나는 모든 곳, 모든 사회가 생명을 기르는 사회적 포궁(자궁 - 백소영은 기존의 자식을 기른다는 의미가 들어간 자궁이 아니라 존재를 품는다는 뜻을 지닌 포궁으로 지칭한다)이 되어야 한다고 주

---

60 이민선, "아버지의 양육 유형이 자녀의 정서적 발달 그리고 하나님 아버지 이미지 형성에 미치는 영향에 관한 통합적 고찰," 「기독교교육논총」 55(2018), 183-184.

61 이영미, "여성의 눈으로 다시 읽는 구약 성서의 하나님," 「구약논단」 19(3)(2013), 197-198.

장한다.62

하나님의 백성들인 기독교 공동체는 창조와 생명, 긍휼의 하나님 이미지를 재건하고 새로운 시대의 형성을 위해 함께 참여해야 한다. 성서텍스트에 나타난 하나님의 긍휼을 지닌, 생명을 부르시고 새롭게 창조하시는 어머니로서의 모습을 그려보고 상상하는 과정을 통하여 참여자들은 생물학적 모성 개념에서 벗어나 더욱 큰 모성, 돌봄으로써의 모성, 생명을 살려내는 모성을 지닌 하나님과 이를 따르는 기독교 공동체의 모습을 그려볼 수 있다. 소태영에 따르면 상상력은 이성과 감각을 조화시키며 추상화된 개념을 삶에 비추어 재해석하고 재개념화하는 능력이다. 그는 인간은 하나님을 상상함으로써 세상을 향한 하나님의 비전을 알게 되고 이를 이 땅에서 실현할 수 있게 된다고 하며, 교육에서 상상력의 역할을 매우 중요하게 강조한다.63 마리아 해리스(Maria Harris)도 상상력을 통한 예술적이고 심미적인 방식의 교육이 형식이나 관습에 얽매인 이성을 넘어서는 심오한 차원으로 참여자들을 이끌 수 있다고 강조한 바 있다.64

상상하기는 그룹으로도 이루어질 수 있지만, 명상이나 묵상을 통해서도 이루어질 수 있다. 토머스 머튼(Thomas Merton)에 따르면 명상은 진리를 위한 탐색이며 하나님과의 친밀한 관계성 속에서 새로운 실재를 경험하기 위한 것이다.65 하나님의 모성의 이미지를 담은 텍스트를

---

62 백소영, "인공자궁/태반 기술 시대, "참여적 모성"에 대한 윤리적 제언," 「기독교사회윤리」 51(2021), 167-199.

63 소태영, "기독교교육에서의 예술적 상상력의 역할," 「기독교교육정보」 22(2009), 167.

64 M. Harris, *Teaching and Religious Imagination* (San Francisco: HarperSanfrancisco, 1987).

65 T. Merton, *Spiritual Direction & Meditation* (MI.: Liturgical Press, 1960), 52-53.

몇 개 앞에 두고 혼자 그 텍스트에서 그리는 하나님께 말을 걸고 하나님의 뜻을 구하는 대화를 하는 것이 필요하다. "사랑이 현대 시대에는 어떤 모습으로 나타나야 하는가"라는 질문을 앞에 두고 우리는 하나님과의 깊은 대화 속으로 들어가는 명상하기를 통해 현실을 진지하게 자각하고 비전을 재형성할 수 있다. 새로운 하나님을 상상하고 명상하는 과정을 통해 기독교 공동체의 구성원들은 과거의 전통에 기반하지만 이를 재해석하고 변혁하는 신앙 안에서 성찰적인 삶을 살아갈 수 있을 것이다.

우리는 변화해 가는 현대 사회 속에서 보수적·전통적 개신교의 정상 가족 이데올로기와 생물학적 모성 담론이 과연 유일한 성서적 진리인지 물어보자. 기독교 공동체가 하나님의 진리라고 이야기하는 삶의 틀에서 벗어난 수많은 구성원이 교회의 가르침에서 일정 정도의 억압을 받아온 것이 사실이다. 이는 구성원들에게 수치심과 죄책감 등을 느끼게 하면서 통합적이고 전인적인 신앙을 형성하는 데 방해가 되어 왔을뿐더러, 공동체의 갈등이나 혼란 등을 일으키는 요인으로도 작동해왔다. 물론 결혼과 출산 자체를 거부하는 것은 결단코 아니다. 이는 존중되어야 마땅한 삶의 양식임에는 틀림없다. 그러나 '유일한 인간의 소명'이라고 강조되는 것은 무리가 있다. 기독교 공동체는 종교적 관습으로 이를 해석하던 것에서 벗어나 성서를 다시 읽고, 현대에도 살아 움직이는 하나님의 말씀의 실천이 어떠해야 하는지 다시금 질문해야 하지 않을까? 성서는 지속적으로 새롭게 읽혀야 한다. 기독교의 전통은 과거에 완결된 것이 아니라 지금도 만들어지고, 앞으로도 만들어져 나가야 하는 것이다. 우리는 끊임없이 질문하고, 구성원들의 이야기에 서로의 귀를 기울이고, 하나님을 상상하고 명상하며 진리의 실재에 계

속 다가가야 한다. 앞으로 기독교 공동체의 삶에서 성찰적인 질문이
계속 제기되고 격려되기를 바란다.

참고문헌

강남순. 『페미니즘과 기독교』. 파주: 동녘, 2018.

강호숙. 『성경적 페미니즘과 여성리더십』. 서울: 새물결플러스, 2020.

강희천. 『기독교교육의 비판적 성찰』. 서울: 대한기독교서회, 1999.

_____. "수치심과 기독교교육." 「연세대학교 연신원 목회자 하기 신학세미나 강의집」. 서울: 연세대학교, 2000.

게른스하임, 엘리자베트 벡. 『모성애의 발명』. 이재원 옮김. 서울: 알마, 2006.

권성수. "딤전 2:11-15에 관한 주석적 고찰." 「신학지남」 63(3)(1996), 65-120.

그렌즈, 스탠리. 『성 윤리학』. 남정우 옮김. 서울: 살림, 2003.

기든스, 앤서니, 허튼, 윌. 『기로에 선 자본주의』. 박찬욱, 형선호, 홍윤기, 최형익 옮김. 서울: 생각의나무, 2000.

김규리. "종교적 죄책감과 수치심을 느끼는 기독교인 이혼자를 위한 목회적 돌봄 연구: Don Browning의 다섯 가지 실천적 도덕적 차원을 중심으로." 「신학논단」 95 (2019), 8.

김상복. "〔같은 본문 다른 설교〕 "생육하고 번성하라"(창 1:24-31)." 「헤르메네이아 투데이」 35(2006), 87-90.

김순남. "이성애 비혼여성으로 살아가기: 지속가능한 비혼, 젠더, 친밀성." 「한국여성학」 32(1)(2016), 182-183.

김용우. "40대 기독교 남녀의 비혼 경험에 관한 연구." 「한국기독교상담학회지」 32(3) (2021), 63.

김은혜. "한국사회의 가족해체와 가족신학의 정립의 필요성." 「장신논단」 39(2010), 224.

노미선. "고학력 30대 비혼여성의 성별/나이의 위치성에 관한 연구." 미출판 석사학위 논문. 서울: 이화여자대학교 대학원, 2008.

맥해피, 바버라 J. 『기독교 전통 속의 여성』. 손승희 옮김. 서울: 이화여자대학교출판부, 1995.

배은경. 『현대 한국의 인간 재생산』. 서울: 시간여행, 2012.

백소영. 『엄마되기: 아프거나 미치거나』. 서울: 대한기독교서회, 2010.

_____. "인공자궁/태반 기술 시대, "참여적 모성"에 대한 윤리적 제언." 「기독교사회윤리」 51(2021), 167-199.

백은미. 『여성과 기독교교육』. 서울: 이화여자대학교출판부, 2014.

소태영. "기독교교육에서의 예술적 상상력의 역할." 「기독교교육정보」 22(2009), 167.

손덕수. 『수레를 미는 여성들』. 서울: 시작. 2020.

송다영. "가족가치 논쟁과 여성의 사회권에 관한 고찰." 「사회복지정책」 0(22)(2005), 235-236.

윤영훈. "'가족의 탄생' - 한국 영화/드라마 속 가족 풍경을 통해 재고하는 기독교 가족의 의미." 「한국기독교신학논총」 119(2021), 216.

윤지영. "비혼 선언의 미래적 용법 : 페미니스트 변이체들의 반란." 「현대유럽철학연구」 46(2017), 349.

이민. "수치심의 생태계 이해와 기독교적 양육." 「신학과 실천」 78(2022), 497-526.

이민선. "아버지의 양육 유형이 자녀의 정서적 발달 그리고 하나님 아버지 이미지 형성에 미치는 영향에 관한 통합적 고찰." 「기독교교육논총」 55(2018), 183-184.

이성은. "비혼 여성의 생활세계 분석을 통한 새로운 가족형태의 탐색." 「이화젠더법학」 7(2)(2015), 74.

이연정. "여성시각에서 본 모성론." 「여성과 사회」 6(1995), 160-183.

이영미. "여성의 눈으로 다시 읽는 구약 성서의 하나님." 「구약논단」 19(3)(2013), 197-198.

이종근. ""생육하고 번성하라"는 문화명령(창 1:28; 2:15)의 신학적 고찰." 「구약논단」 8(2000), 17.

임희숙. "현대 미국사회에서 가족변화에 대한 기독교 근본주의의 대응에 관한 성 인지적 연구." 「한국기독교신학논총」 56(1)(2008), 261.

조명기. "21세기 현대한국사회와 기독교적 결혼관." 「복음과 상담」 10(2008), 224.

조은주. 『가족과 통치』. 파주: 창비, 2018.

차정식. 『거꾸로 읽는 신약성서』. 서울: 포이에마, 2015.

초도로우, 낸시. 『모성의 재생산』, 김민예숙, 강문순 옮김. 서울: 한국심리치료연구소, 2008.

캐시언, 메리. 『여자, 창조, 그리고 타락』. 이정선 옮김. 서울: 바울, 1992.

파울러, 제임스. 『신앙의 발달단계』. 사미자 옮김. 서울: 장로회신학대학교출판부, 1996.

하이네, 수잔네. 『초기 기독교 세계의 여성들』, 정미현 옮김. 서울: 이화여자대학교출판 문화원, 1998.

한지희. 『모성과 모성 경험에 관하여』. 서울: 소명출판, 2018.

Belenky, M. F., Blythe. M. C., Goldberger, N. R., Tarule. J. M. *Women's Ways of Knowing: the Development of Self, Voice, and Mind*. New York: Basic Books, 1986.

Gangel, K. O. & Sullivan, C. "Evangelical theology and religious education." in *Theologies of Religious Education*. Birmingham: Religious Education Press, 1995, 60-65.

Goldman, C. "Creating Sacred Emotional Space" in *Sacred Dimensions of Women's Experience*. Wellesley, Mass.: Roundtable Press, 1988, 21.

Groome, T. H. *Christian Religious Education: Sharing Our Story and Vision*. San Francisco: HarperSanFrancisco, 1980.

Harris, M. *Teaching and Religious Imagination*. San Francisco; HarperSanfrancisco, 1987.

Hess, C. L. *Caretakers of Our Common House: Women's Development in Communities of Faith*. Nashville: Abingdon Press, 1997.

Kierkegaard, S. *Concluding Unscientific Postscript*. Princeton: Princeton University Press, 1968.

"Luther and the Protestant Reformation: From Nun to Person's Wife." in Elizabeth Clark and Herbert Richardson. Ed. *Women and Religion A Feminist Sourcebook of Christian Thought*. New York: Harper & Row Publishers, 1977, 131-148.

Merton, T. *Spiritual Direction & Meditation*. MI: Liturgical Press, 1960.

Pembroke, N. "Pastoral care for shame-based perfectionism." in *Pastoral Psychology* 61(2012), 245-258.

Russel, L. M. *The Future of Partnership*. Philadelphia: Westminster Press, 1979.

Schaeffer, F. A. *The Great Evangelical Disaster*. Westchester. IL: Crossway Books, 1982.

Shaw, S. M. *Storytelling in Religious Education*. AL: Religious Education Press, 1999.

Thatcher, Adrian. *Liberating Sex*. London: SCM Press, 1993.

| 글쓴이 알림 |
(가나다 순)

강호숙

총신대학교 대학원에서 실천신학(Ph.D.)을 전공한 후, 총신대에서 〈현대사회와 여성〉을, 총신 신대원에서 〈교회 여성의 이해와 사역〉을 강의하였다. 보수 교단의 차별적인 여성관에 문제의식을 느껴, 성경적 페미니즘과 젠더 정의에 입각한 교회 직제와 정치, 생태 여성 실천신학과 젠더 교회법 모색에 관심을 가지며 연구하고 있다.

『여성이 만난 하나님』,『성경적 페미니즘과 여성 리더십』,『혐오를 부르는 이름 차별』(공저),『생태 위기와 기독교』(공저), "교회 리더의 성(聖)과 성(性)에 관한 연구"(2018) 등 저서들과 논문들이 있다. 현재 복음주의교회연합회 공동대표를 맡고 있으며 비블로스 성경인문학연구소 연구원으로 활동 중이다.

구미정

이화여자대학교 학부에서 철학을, 대학원에서 기독교윤리학을 공부했다. 여성과 자연의 상관성에 주목하는 생태여성주의 관점에서 지구공동체 안의 풍성한 삶을 꿈꾸는 다양한 길을 모색한다. 계명대학교 강의전담교수, 대구대학교 겸임교수, 한가람역사문화연구소 전임연구원을 거쳐 현재는 숭실대학교 기독교학과 초빙교수로 학생들을 가르치며 이은교회 목사로도 활동한다.

주요 저서로는『한 글자로 신학하기』,『두 글자로 신학하기』,『그림으로 신학하기』,『교회 밖 인문학 수업』,『교회 옆 미술관』 등이 있으며, 옮긴 책으로는『교회 다시 살리기』,『작은 교회가 답이다』,『낯선 덕: 다문화 시대의 윤리』 등이 있다.

김성희

이화여대 학부와 대학원, 미국의 듀크대학(M.Div.)과 드류대학(Ph.D.)에서 수학하였다. 연세대학교 겸임교수, 안산대학교 강의전담교수 및 기독연구원 느헤미야의 연구원으로 재직 중이며 감리교 목사이다.

저서로는 *Mark, Women and Empire*, 『헬라어 365』. 공저로는 *Korean Feminists in Conversation with the Bible: Church and Society, Asian Feminist Biblical Studies*, 『21세기 세계 여성신학의 동향』 등이 있고, 대표 학술논문으로는 "하나님나라를 위한 과부의 랩소디(눅 18:1-8)", "십자가, (빈)무덤, 부활장면의 여인들 비교연구", "지혜는 그 행한 일로 인하여 옳다함을 얻는다(마 11:19b)에 대한 해석학적 고찰", "3.1정신과 마가신학을 통해 바라본 한국 교회의 길", "마태의 침노당하는 천국(마 11:12)에 대한 소고" 외 여러 논문이 있다.

김순영

삶의 상황성과 일상을 신학의 자료 삼는 구약성서 연구자다. 백석대학교에서 구약학으로 박사학위를 받고 오랜 시간 강사 생활을 해왔다. 백석대 신학대학원과 평생교육원, 안양대 신학대학원, 한영대에서 히브리어 및 구약성서 과목들을 강의했다. 현재는 미주 장신대학교 구약학 강사로 일하면서 비블로스성경인문학연구소 연구원으로 구약 지혜와 영성, 생태학, 미학적 신학 분야에 관심을 갖고 성서와 융합적인 해석을 시도하고 있다.

저서로는 『어찌하여 그 여자와 이야기하십니까』, 『일상의 신학, 전도서』, 공저로 『성서, 생태위기에 답하다』, 『현대사회와 그리스도인의 경제윤리』 등이 있다.

김혜령

이화여자대학교와 프랑스 스트라스부르 대학에서 공부했다. 이화여대 호크마교양대학 부교수로 일하고 있다.

저서로는 『기독교시민교양을 위한 나눔윤리학』와 『레비나스 철학의 맥락들』(공저),

『한국의 에큐메니컬 신학 — 부산에서 칼스루에까지』(공저) 등이 있다. 기독교의 가르침을 21세기 세계와 교회의 현실을 고려하여 새롭게 비판하고 해석하는 작업을 하고 있다. 최근에는 성폭력, 성소수자 혐오, 여성의 재생산권 등 여성주의적 이슈를 기독교 윤리학 영역에서 풀어내고자 노력하고 있다.

박유미

이화여자대학교를 졸업하고 총신대학교에서 구약학으로 박사학위를 받았다. 사사기 4-5장 드보라 사사에 대한 연구를 시작으로 가부장적 시각에서 해석되던 구약의 여성들을 새롭게 해석하는 작업을 해오고 있다. 총신대 신대원에서 오랫동안 강사로 활동하였고, 현재 안양대학교 겸임교수로 있다. 그리고 각 분야의 인문, 신학자들이 모여 연구하는 비블로스 성경인문학연구소 소장과 기독교반성폭력센터 공동대표를 맡고 있다. 저서로는『이스라엘의 어머니 드보라』,『내러티브로 읽는 사사기』,『오늘 다시 만나는 구약 여성』이 있고 공저로는『이런 악한 일을 내게 하지 말라』,『현대사회와 그리스도인의 경제윤리』공역으로는『최근의 성서비평 방법론과 그 적용』등이 있다.

백소영

이화여자대학교와 보스턴 대학교에서 수학했다. 변화하는 사회 속에서 그리스도인의 의미 추구와 공동체적 삶의 규범에 관심하다 보니 학제간 학문인 기독교사회윤리학에 이끌렸다. (후기) 근대성, 여성/젠더, 교회론/공동체 등의 주요 핵심어가 연결된 지점에서 학문하고 있다. 이화여자대학교 기독교학과 초빙교수, 이화인문과학원 HK연구교수를 역임하였으며 현재는 강남대학교 기독교학과 교수로 재직 중이다.
주요 저서로는『페미니즘과 기독교의 맥락들』,『기독교 허스토리』,『살아내고 살려내고: 사이-공동체로 사는 법』,『엄마되기, 힐링과 킬링 사이』,『사실은 당연하지 않은 것들』,『교회를 교회되게』,『우리의 사랑이 의롭기 위하여』등이 있다.

이주아

이화여자대학교 대학원에서 기독교교육(Ph.D.)을 전공했다. 미디어와 여성을 주제로 연구하고 있으며 특히 첨단기술과 여성, 기독교의 연결고리에 관심을 두고 있다. 대학에서 강의를 하고 있으며 기독여성주의 "교회언니 페미토크" 유튜브 채널의 일원으로 활동 중이다.

『혐오와 여성신학』(공저), 『위험사회와 여성신학』(공저), "한국교회 성평등을 위한 내재적 교육과정 분석과 여성주의 기독교교육방안 모색"(2021) 등 다수의 저서와 논문이 있다.

최순양

드류(Drew)대학에서 "알 수 없는 하나님을 닮은 알 수 없는 인간"(The Non- Knowing Self and 'The Impossible' Other)이라는 제목으로 박사학위(Ph.D.)를 취득하였다 (2009). 현재 이화여자대학교와 감신대학교에서 강의하며, 이화여대 대학교회에서 청년부 담당 목사로 일하고 있다.

대표 논문으로는 "낙인찍힌 죄에 대한 해체: 민중신학적 죄론에 대한 재해석", "한국 이주민 여성들과 유목적 주체로의 신학적 형상화", "쥬디스 버틀러(Judith Butler)의 '젠더 수행성'과 '취약성' 그리고 그 신학적 적용"과 "스피박의 서발턴의 관점에서 바라본 아시아 여성신학과 민중신학적 담론에 대한 문제제기" 등이 있다.